ANNALES DE L'INSTITUT DE PHILOSOPHIE
ET DE SCIENCES MORALES
(UNIVERSITÉ LIBRE DE BRUXELLES)

La collection des *Annales de l'Institut de Philosophie et de Sciences Morales de l'Université libre de Bruxelles* est la lointaine descendante de la revue *Morale et Enseignement* fondée en 1951 sous la direction du professeur Jeanne Croissant-Goedert. De simple liasse de seize à vingt pages agrafées, elle est reliée et dotée d'une couverture à partir des n° 33-34 en 1960. Le n° 64 publié fin 1967 est le dernier de *Morale et Enseignement* proprement dit. La revue revient sous le titre *Annales de l'Institut de Philosophie* et la direction du professeur Chaïm Perelman en 1969. « Morale et Enseignement » apparaît désormais comme une sorte de sous-titre, reconnaissance symbolique du passé, car un éditorial souligne qu'il ne s'agit plus de se limiter à « des problèmes de morale » mais bien de pouvoir « couvrir la totalité du champ de la philosophie ». Les volumes sont annuels et, à partir de 1974, édités par Ch. Perelman et J. Sojcher. En 1979, les *Annales* deviennent thématiques et sont éditées par J. Sojcher et G. Hottois. En 1985, Gilbert Hottois devient le directeur de la collection qui quitte, en 1989, les Éditions de l'Université de Bruxelles pour être désormais publiée chez Vrin. C'est en 1992, avec le titre « H. Arendt et la Modernité », que les *Annales* acquièrent tout à fait leur forme actuelle : celle d'un livre collectif sur un thème ou un auteur traité par des spécialistes internationaux sous la responsabilité scientifique d'un coordinateur. La référence aux anciennes *Annales* n'apparaît plus qu'en pages intérieures. Il demeure cependant que, depuis plus d'un demi-siècle, la série de publications qui va de *Morale et Enseignement* à la collection d'aujourd'hui (dirigée depuis 2017 par Thierry Lenain) constitue un bon témoignage historique de l'activité philosophique à l'Université libre de Bruxelles.

LES BIOGRAPHIES EXISTENTIELLES DE SARTRE
THÈMES, MÉTHODES, ENJEUX

DANS LA MÊME COLLECTION

ANNALES DE L'INSTITUT DE PHILOSOPHIE DE BRUXELLES

Directeur : Thierry LENAIN

LES BIOGRAPHIES EXISTENTIELLES DE SARTRE
THÈMES, MÉTHODES, ENJEUX

coordination scientifique

Vincent de Coorebyter

PARIS

LIBRAIRIE PHILOSOPHIQUE J. VRIN

6, place de la Sorbonne, Vᵉ

2022

© *Librairie Philosophique J. VRIN, 2022*
Imprimé en France

ISSN 0778-4600
ISBN 978-2-7116-3063-9

www.vrin.fr

INTRODUCTION

L'EXISTENCE PAR-DELÀ LA LIBERTÉ

Sous leur forme anthume, les biographies existentielles sartriennes forment un massif courant de 1947, date de la publication du *Baudelaire* en volume séparé[1], à 1971-1972, moment où paraissent les trois premiers tomes de la biographie de Flaubert, *L'Idiot de la famille*, en passant par le *Saint Genet, comédien et martyr* paru en 1952 en tant que préface aux œuvres complètes de Jean Genet. Sous la forme plus large qui est prise en compte ici, il faut y adjoindre deux études sur Mallarmé rassemblées de manière posthume, en 1986, sous le titre *Mallarmé. La lucidité et sa face d'ombre*. La plus importante, qui ouvre ce volume, avait été publiée pour la première fois en 1979, la plus synthétique en 1953; toutes deux ont été achevées en 1952 sur la base d'un travail entamé à la fin des années 1940. Enfin, ce massif s'est enrichi encore de la publication d'une partie des notes prises par Sartre en vue de la publication d'un quatrième tome de *L'Idiot de la famille* qui devait être centré sur *Madame Bovary*, et dont on trouve un large aperçu dans la réédition du tome III en 1988.

Quatre œuvres centrales, donc, dont la publication court sur quatre décennies, et qui n'épuisent pas à elles seules l'atelier biographique sartrien : on pourrait y adjoindre des textes d'hommage, des esquisses circonstancielles et, plus légitimement sans doute, plusieurs essais sur le Tintoret, sans parler du *Scénario Freud* ou des nombreux écrits autobiographiques auxquels Sartre s'est essayé tout au long de sa vie, avant comme

---

1. L'essai de Sartre a d'abord été publié au titre d' « Introduction » à Charles Baudelaire, *Écrits intimes. Fusées – Mon cœur mis à nu – Carnet – Correspondance*, Paris, Éditions du Point du jour, 1946, p. I-CLXV.

après *Les Mots*. Cette livraison des *Annales de l'Institut de philosophie de l'Université de Bruxelles* se limite néanmoins à ce massif quadripartite, qui offre le bénéfice de la cohérence puisque Sartre y traite, exclusivement, de l'œuvre et de la vie d'écrivains célèbres, tous masculins comme y inclinait l'époque.

Dans l'université française, on croit encore souvent que ce volet de l'œuvre sartrienne constitue l'application de la méthode de psychanalyse existentielle exposée à la fin de *L'Être et le Néant*, avec la notion de « choix » ou de « projet », « originel » ou « fondamental », comme fil conducteur de la démarche adoptée par Sartre. Plus précisément, et sur la base cette fois de la quatrième de couverture du *Saint Genet*, dans laquelle Sartre revendique d'avoir fait le récit d'une libération afin de montrer les limites de la psychanalyse et du marxisme, on imagine que la liberté constitue le postulat transversal de l'ensemble des biographies existentielles. Les quatre œuvres traitées ici sont consacrées à des auteurs qui ont bouleversé la littérature de leur temps : comment ne pas penser que Sartre est fasciné par la puissance prométhéenne de l'humain, dont la Révolution serait le versant politique, et qu'il a voulu montrer que les déterminismes privés ou sociaux, psychanalytiques ou idéologiques, ne pèsent pas lourd face à la capacité de dépassement, de rupture ou de transfiguration qu'atteste tout travail de création ? Pour Bourdieu et ses épigones[1], tel est le programme général de Sartre, dont les biographies existentielles formeraient une éclatante illustration, toujours identique à elle-même car procédant tout entière d'un même principe séminal :

> Il faudrait ici relire Sartre dont toute l'œuvre et toute l'existence ont pour principe cette affirmation du point d'honneur subversif de l'intellectuel et, par exemple, les pages de *L'Être et le Néant* sur la psychologie de Flaubert, effort pathétique pour arracher la personne, en la personne de l'intellectuel, créateur incréé, fils de ses œuvres hanté par le « projet d'être Dieu », à toute espèce de réduction au général, au genre, à la classe, pour affirmer la transcendance de l'ego contre « ce que Comte appelait le *matérialisme*, c'est-à-dire l'explication du supérieur par l'inférieur » […][2].

---

1. Nous pensons notamment à A. Boschetti, *Sartre et « Les Temps Modernes ». Une entreprise intellectuelle*, Paris, Minuit, 1985, et à I. Jablonka, *Les vérités inavouables de Jean Genet*, Paris, Seuil, 2004.

2. P. Bourdieu, *La Distinction*, Paris, Minuit, 1979, n. 8, p. 550.

À en croire Bourdieu, Sartre ne se serait jamais détaché de *L'Être et le Néant*, qui livrerait jusqu'à la fin la formule secrète de son œuvre, cette «horreur de la pensée génétique»[1] que Bourdieu lui impute encore dans ses *Méditations pascaliennes*, en 1997, comme il le faisait déjà en 1979 dans *La Distinction*, dont nous venons de donner quelques lignes, mais aussi en 1992 dans *Les Règles de l'art*. À vrai dire, ainsi qu'en attestent ces deux derniers ouvrages – qui attaquent Sartre exactement dans les mêmes termes, sur la base de la même citation et des mêmes pages de *L'Être et le Néant*[2] –, c'est Bourdieu qui reste bloqué sur l'ontologie phénoménologique de 1943. Bourdieu ignore manifestement que le corpus des biographies existentielles constitue une œuvre à part entière, évolutive, fonctionnant par paliers, par bifurcations et en spirale, alimentée sans doute par les grands essais philosophiques de Sartre, dont la *Critique de la raison dialectique*, mais les alimentant aussi en retour par les questionnements inhérents à la démarche biographique et aux méthodes qu'elle impose d'expérimenter. Même le *Baudelaire*, le plus proche de *L'Être et le Néant*, temporellement et conceptuellement (au point qu'il pourrait servir d'introduction à sa lecture), marque déjà un écart majeur quant à la conception du projet original. Alors qu'il constitue, en 1943, une sorte de structure *a priori*, un projet fondamental placé en amont de toutes les situations rencontrées par un individu et qui *sous-tend* la manière de les vivre, le choix original se transmue, dans le *Baudelaire*, en *réponse* circonstancielle à une situation vécue, en l'occurrence le remariage de la mère de Baudelaire un an et demi après le décès de son premier époux. Cette inversion, qui réduit l'empire de la liberté cartographié par *L'Être et le Néant*, n'est que la première d'une longue série d'infléchissements au terme desquels la notion même de projet original s'éclipsera, remplacée dans *L'Idiot de la famille* par une analyse dont le premier volet, «La constitution», dément à lui seul le refus de toute pensée génétique imputé par Bourdieu à Sartre. D'où le titre donné à notre introduction : «l'existence par-delà la liberté», non pas au sens où les biographies existentielles ignoreraient cette dernière – qui en constituent le sol et le résultat ultime, toujours réaffirmé –, mais au sens où elles explorent avant tout les *envers* de la liberté, ses impasses et ses conditionnements, son aliénation et son impuissance, son affrontement avec les normes instituées et son incapacité à dépasser la finitude.

1. P. Bourdieu, *Méditations pascaliennes*, Paris, Seuil, 1997, p. 137.
2. Voir P. Bourdieu, *Les règles de l'art. Genèse et structure du champ littéraire*, Paris, Seuil, 1992, p. 265, à comparer avec la note de la page 550 de *La distinction, op. cit.*

Ce que nous semblons proposer ici comme un programme dont les conclusions auraient été tracées d'avance découle en fait d'une convergence imprévue. Les contributeurs que nous avons sollicités n'appartiennent pas à la même génération, s'inscrivent dans des traditions de pensée différentes et entretiennent une familiarité variable avec l'œuvre de Sartre, entre spécialistes patentés et interprètes nourris d'autres auteurs. En outre, s'ils ont dû marquer leur accord pour traiter de telle biographie en particulier (ou d'un thème transversal comme l'enfance), ils ont été libres de choisir leur démarche et leurs angles d'attaque. Or, sans que leurs conclusions s'accordent toujours pleinement, ces contributions ont en commun de ne pas s'attarder sur la liberté mais plutôt sur ce qui en mine la puissance et qui rectifie l'image établie de Sartre. C'est pourquoi nous prenons ce thème pour fil rouge de notre introduction : nous ne ferons rien de plus que tisser quelques-uns des motifs auxquels il conduit, étant bien convaincu que le lecteur, lui, rendra pleinement justice à toute la richesse des différentes analyses proposées dans ces pages.

Dans son étude sur le *Baudelaire*, Samuel R. Webb résout le mystère qui était resté béant dans *L'Être et le Néant*, à savoir que le choix originel, qui aux yeux de Sartre devait livrer l'intelligibilité de chaque existence, rendre compte de son irréductible singularité, de la signification commune à toutes ses manifestations, restait lui-même *inintelligible* puisque placé en deçà de toute cause et de toute mise en situation, en position d'origine, fruit de la seule liberté – soit le niveau même où s'arrête l'intelligibilité, comme l'a fait remarquer Pierre Verstraeten[1]. Dans le *Baudelaire* par contre, montre Samuel Webb, le choix de la rancune et de la solitude qui dominera toute la vie du poète est rendu parfaitement compréhensible par la manière dont Sartre le rattache à sa « fêlure » infantile (le terme est de Baudelaire lui-même). Après plusieurs années de bonheur absolu, en symbiose ininterrompue avec sa mère, le remariage de cette dernière fait figure de trahison pour le petit Charles. Face à ce scandale, l'indifférence n'est pas concevable pour Baudelaire, qui n'a alors que 7 ans : il refuse de s'accommoder de son malheur, il s'y jette au contraire à corps perdu, il en fait le pivot de son existence. Il fait le choix du chagrin, de la solitude hautaine, de la mise à distance de tout ce qui pourrait encore le toucher, d'où, plus tard, sa froideur et son dandysme : son choix est intelligible mais, par une sorte de retournement maléfique, il se transforme en destin car il constitue

---

1. P. Verstraeten, « Sartre et Mallarmé », *Revue d'esthétique*, hors-série *Sartre/Barthes*, 1991, p. 37.

«la libre reprise d'une situation aliénante dont le sens vient d'abord d'autrui»[1], de l'abandon subi et du sentiment de déchéance qu'il a engendré. Samuel Webb le développe finement en suivant le fil conducteur de la connaissance de soi : le drame de Baudelaire est d'être comme nous tous dépendant de la reconnaissance que seuls des parents aimants et présents peuvent apporter, de sorte que la défection maternelle est vécue comme un tremblement de terre. «Ce qu'autrui nous livre n'est pas un objet que l'on voit mais une perspective que l'on comprend» : alors que, dans *L'Être et le Néant*, l'Autre entrait dans le champ visuel d'un adulte déjà construit pour lui voler son monde[2], dans les biographies existentielles le monde est offert aux enfants par le regard des parents, de sorte que le retrait de ces derniers prive l'enfant de sa confusion natale avec l'Être et de son droit d'exister, expérience commune à Baudelaire et à Mallarmé.

Dès cette première contribution, un nouage s'opère auquel Sartre ne renoncera jamais mais dont il revisitera incessamment les composantes et les méandres : la liberté s'affirme sur fond de drame, de «cas désespérés» comme le dit le *Saint Genet*[3], qui ne peuvent laisser sans réaction mais qui, du coup, suscitent aussi bien leur intériorisation que leur dépassement. Comme Mallarmé, Genet et Flaubert, le Baudelaire de Sartre revendique fièrement le malheur qui l'accable, il lui donne tout son poids dans le geste même par lequel il le dénonce, il devient actif à force de subir, de déguster son drame. La subjectivation s'opère par engloutissement dans une situation venue du dehors, lestée de la contingence brute de ce qui nous *arrive* sans l'avoir voulu : c'est à un tel choc que répond le projet fondamental de Baudelaire, le choix de l'humiliation et de l'orgueil. Dès lors, observe fort justement Samuel Webb, le schéma de l'intelligibilité s'inverse : ce ne sont plus les conduites qui, comme le voulait l'herméneutique de *L'Être et le Néant*, doivent permettre d'approcher et d'identifier le choix fondamental qui les innerve toutes souterrainement[4], c'est le choix posé par Baudelaire dans son enfance qui permet de comprendre ses conduites, et ce, jusqu'au terme de son existence : «Tel il était à vingt ans, tel nous le retrouvons à la veille de sa mort»[5], écrit Sartre. De manière

---

1. Ici comme dans la suite de notre propos, les termes que nous empruntons à la contribution évoquée ne font pas l'objet d'une note de références.
2. J.-P. Sartre, *L'Être et Néant* [1943], «Bibliothèque des Idées», Paris, Gallimard, 1966, p. 311-313.
3. *Cf.* la quatrième de couverture, qui reprend la page 645 de J.-P. Sartre, *Saint Genet, comédien et martyr* [1952], «Nrf», Paris, Gallimard, 1978.
4. J.-P. Sartre, *L'Être et le Néant, op. cit.*, p. 650-651.
5. *Id.*, *Baudelaire* [1946], «Idées», Paris, Gallimard, 1980, p. 245.

délibérée, les premières pages du *Baudelaire* contiennent en puissance toutes celles qui suivent parce que, selon Sartre, « chaque événement nous renvoie le reflet de cette totalité indécomposable [que Baudelaire] fut du premier jour jusqu'au dernier »[1]. Dans l'étude de Sartre, Baudelaire n'a ni jeunesse ni adolescence, nous passons immédiatement de l'enfant à l'adulte. Sartre ne retrace pas une genèse, il propose ce que nous avons appelé ailleurs une biographie immobile : Baudelaire a fait son choix, et ce choix *l'a fait*, parce qu'il n'a rien été d'autre que la libre reprise orgueilleuse de son drame d'enfance.

Le *Baudelaire* débouche ainsi sur ce qui a tant frappé Antonino Mazzù dans le *Mallarmé*, à savoir l'explication par les causes au moins autant que par la liberté. C'est que les deux poètes ont connu la même expérience, presque au même âge : le retrait brutal de la présence maternelle, à l'âge de 6 ans et par décès en ce qui concerne Mallarmé. Comme pour Baudelaire, « la relation de Mallarmé au monde suit la courbe de la relation avec sa mère », qui donne à Sartre l'occasion d'écrire certaines de ses plus belles pages[2]. Si l'on pense en outre à Genet et au rôle – là aussi destinal dans l'interprétation qu'en donne Sartre – de sa désignation comme Voleur, il faut prendre comme une constante ce biffage presque complet des capacités de rupture qui a marqué Antonino Mazzù. Dans le droit fil de ce qu'enseigne la psychanalyse, il est pour Sartre des blessures qui ne s'effacent jamais, qui ne condamnent pas à la répétition, certes, mais qui nous empêchent de nous arracher « à l'action de notre indépassable enfance sur notre vie d'adulte »[3]. Sartre évoquera d'ailleurs lui-même le « vertige de l'explication par les causes »[4], qui côtoie le déterminisme.

Mais avec cette découverte, se demande Antonino Mazzù, « ne doit-on pas craindre [...] que les "séries causales" pèsent au point de remettre en question la compréhension par la liberté ? » Sa réponse, négative, s'appuie sur les pages centrales du *Mallarmé* qui montrent en quoi les accidents biographiques altèrent la structure de l'être-au-monde, l'incurvent dans un sens défini, modèlent une forme *a priori* qui devient notre style propre.

1. J.-P. Sartre, *Baudelaire, op. cit.,* p. 245.

2. Voir, dans *id., Mallarmé. La lucidité et sa face d'ombre,* Paris, Gallimard, 1986, les pages 97-102 sur la configuration du monde avec puis sans la présence maternelle.

3. *Id., Questions de méthode* [1957], dans *Critique de la Raison dialectique,* Paris, Gallimard, 1985, t. I, p. 58. *Cf.* aussi *id., Les Mots,* Paris, Gallimard, 1964, p. 211 : « on se défait d'une névrose, on ne se guérit pas de soi ».

4. *Id., Carnets de la drôle de guerre. Septembre 1939-Mars 1940,* Paris, Gallimard, 1995, p. 196.

Cet *a priori* empirique et singulier, observe-t-il, est toujours pour Sartre
« la déclinaison particulière du projet primordial de l'existence » : c'est un
a priori dérivé du mode d'être originaire établi par l'ontologie phénoménologique de 1943, c'est une modalité de la transcendance et du dépassement, jamais le reflet passif du cours du monde. Au moment précis où il
s'interroge sur l'apport de la psychanalyse, le *Mallarmé* rétablit l'éidétique
de *L'Être et le Néant*, note fort justement Antonino Mazzù. Sartre ne cède
rien, il montre que le décès de la mère de Mallarmé ne possède un impact
destinal que dans la mesure où il renverse un rapport au monde porté à la
première personne, « vécu, *existé* »[1]. C'est pour s'être jeté au monde sur le
mode de l'éblouissement confiant, pour avoir joui avec délectation de ce
spectacle qui reflétait le regard maternel, que l'Être est devenu synonyme
de Néant, de distance, d'extinction de tous les feux, une fois la lumière
maternelle éteinte. Comme pour Baudelaire, la fêlure de Mallarmé est à la
mesure de l'investissement sans réserve qui avait été le sien : un enfant
moins fusionnel aurait éprouvé tout autrement la disparition de la figure
aimée ; c'est une libre orientation de la liberté qui s'infléchit sous l'impact
de la facticité. « Un pont est ainsi jeté vers la rive de l'histoire empirique de
l'individu » : les structures ontologiques ne forment pas un arrière-plan
abstrait qui attendrait le contact des événements historiques, sociaux ou
familiaux pour s'épaissir ; pour Sartre, le concret réside dans cette couche
ontologique plus fondamentale qui peut seule donner du poids à
l'événementialité brute.

Comme Antonino Mazzù le souligne, Sartre articule ainsi l'universel et
le particulier, l'ontologique et l'individuel, pour mieux faire ressortir ce
qu'il est permis d'abandonner, cette fois, à un régime d'*explication* pure et
simple : l'attitude moyenne des poètes contemporains de Mallarmé, de
ceux qui, faute de personnalité, « se laissent traverser par un esprit du
monde plus qu'ils ne le pensent » et qui sont passibles, à ce titre, d'une
approche marxiste. Si le *Mallarmé* surprend par le fait d'invoquer « des
superstructures qui ne sont guère plus que des reflets du social »[2], c'est
dans la stricte mesure où Sartre vise ici des groupes et non des singularités.
Il faut à Sartre des outils adaptés à son objet, et c'est la raison pour laquelle,
dans le *Mallarmé*, il tâtonne, il cherche. L'explication par la position de
classe est ajustée à des individus quelconques, ordinaires, mais l'élément
commun aux biographies sartriennes, fort bien mis en évidence par
Antonino Mazzù, est de s'intéresser toujours à « un individu d'exception,

---

1. J.-P. Sartre, *Mallarmé, op. cit.*, p. 94.
2. *Ibid.*, p. 66.

qui l'est de suivre jusqu'au bout, et en pensée et en action, les douloureuses nervures de son époque, qui l'est de ne faire aucune concession à la facilité, à la paresse ou aux honneurs». C'est en raison de cette alchimie que les héros des biographies existentielles sont emblématiques de la puissance de la liberté *et* de son envers : à l'instar de Mallarmé, ils ne lâchent rien, ils forcent une solution, fût-elle impuissante, ils préfèrent se cogner aux murs que d'esquiver le drame qui les a assaillis. Comme Dieu selon *Apocalypse*, 3.15, Sartre vomit les tièdes – qui sont plus autonomes, d'une certaine manière, moins asservis à leurs idéaux, mais dont la liberté côtoie l'indifférence.

Jean Genet est sans doute le plus emblématique de ces prises de risque inhérentes à une quête impossible, et Corentin Tresnie, qui relève ce point, aurait pu en faire l'axe principal de son approche du *Saint Genet, comédien et martyr*. Mais, plus que par ce tropisme subjectif qui permettra à Genet de forcer un chemin d'émancipation, il est surtout frappé par l'épaisseur de l'objectivité sociale et symbolique qui s'est dressée devant Genet et que ce dernier a, tout à la fois, intériorisée, fétichisée et combattue.

Cette objectivité ne relève pas d'un positivisme déterministe qui ferait de l'aliénation une modalité de la passivité. Corentin Tresnie relève à son tour la prééminence des structures ontologiques dans l'analyse sartrienne : l'allégeance de Genet aux catégories du Bien et du Mal est le fait d'une conscience dépourvue de détermination native, dont le manque d'être appelle un remplissement, une identification à un rôle qui lui permette de se définir et de se socialiser. Mais ce manque n'explique pas, à lui seul, la quête éperdue d'une essence, fût-elle maléfique comme celle de Voleur. La spécificité de la narration du *Saint Genet*, montre Corentin Tresnie, est de déployer une double galerie de rôles archétypaux, souvent nantis d'une majuscule comme chez Genet lui-même. Des rôles idéaux, d'une part, « qui se rapportent aux catégories de Bien et de Mal prises au sérieux dans leur idéalité », et des rôles sociaux, d'autre part, « qui sont les fonctions effectivement assumées par et envers des individus humains concrets » et qui ne cèdent en rien aux premiers quant à leur capacité à orienter les choix de Genet. En ramassant en quelques pages les caractères inhérents à ces différentes figures (le Héros, le Saint, le Sage ; le Juste, le Martyr, l'Enfant), Corentin Tresnie fait ressortir de manière saisissante la normativité à laquelle Genet se confronte, et qui n'est pas un simple effet de l'éducation reçue, du bain idéologique dans lequel il a été plongé. Certes, cette éducation joue son rôle, « les mots véhiculent à eux seuls les valeurs dominantes » d'une société agricole « qui a modelé le monde à son image ». Mais raisonner dans ces termes sociologiques risque de masquer l'essentiel : c'est à des Idées, à des catégories, à des rôles fétichisés que s'aliène Genet dans le récit sartrien. S'il ira jusqu'au bout des tourniquets impliqués par sa décision de devenir Voleur, s'il en éprouvera les impasses jusqu'à côtoyer la folie, si sa sexualité même en sera redevable, c'est pour avoir pris ces catégories au pied de la lettre, pour leur avoir accordé bien plus de sérieux que ne le font les Justes, qui ne se sentent pas tenus d'être à la hauteur de leurs propres normes. C'est Genet, et Genet seul, qui s'est fait le « Martyr d'entités éidétiques qui engagent la liberté dans une ornière menant, directement ou sournoisement, à l'objectivité ».

Cette leçon doit être entendue, car elle corrige le marxisme standard que Sartre, par moment, semblait concéder dans son *Mallarmé*. Il est vrai, rappelle Corentin Tresnie, que la morale paysanne de la propriété est une donnée socio-historique, le fruit d'une collectivité qui, par son mode de production, place le Bien dans l'avoir. Mais rappeler la contribution de cette couche infrastructurelle au parcours de Genet n'est pas suffisant : les idéalités auxquelles il se voue « sont porteuses d'une action [...] irréductible à la matérialité dont elles émergent », et cela vaut également pour *Mallarmé* et pour Flaubert tels que Sartre les interprète. Il y a ici à l'œuvre, suggère Corentin Tresnie, un procédé proprement sartrien, et surprenant de la part d'un auteur réputé existentialiste : une manière de prendre les idéalités au sérieux, d'en déployer majestueusement la logique et les conséquences, de faire sentir toute la pression que ce système idéal « peut exercer de l'intérieur sur une conscience pourtant libre ». Cette mise en évidence est sans doute indispensable pour se défaire de l'aliénation ainsi élucidée, note Corentin Tresnie, mais elle donne avant tout une image saisissante de l'emprise exercée par ces normes.

Faudrait-il dès lors s'inquiéter que cette analyse aille trop loin, qu'elle déséquilibre le propos de Sartre ? Ce serait peut-être le cas si Corentin Tresnie ne soulignait pas, avec autant de force, le caractère facticiel, contingent, du système d'idéalités mobilisé par Sartre : « il ne peut y avoir [...] de Justes et de Martyrs que d'une morale du siècle ». Corentin Tresnie ébauche ainsi ce que Sartre appellera le « paradoxe éthique » dans ses conférences sur la morale des années 1960[1], ce qui confirme l'apport des

---

1. Sartre en donnera une première formulation dans sa conférence sur la morale à l'Institut Gramsci de Rome, en 1964, qui sera publiée dans les *Études sartriennes* en 2015, puis le retravaillera dans ses conférences pour l'université Cornell, en 1964-1965, dont un large fragment est paru dans *Les Temps Modernes* en 2005, *cf.* J.-P. Sartre, « Les racines de l'éthique », *Études sartriennes*, 19, 2015, p. 11-118, et « Morale et Histoire », *Les Temps Modernes*, 632-633-634, *Notre Sartre*, 2005, p. 268-414.

biographies à ses grandes œuvres théoriques. Dès 1952, il discerne ce paradoxe selon lequel les normes morales, qui sont les produits et les vecteurs de reproduction d'un système historique donné, d'une réalité de fait, d'un monde socialement structuré, sont sincèrement vécues comme des absolus transhistoriques, ce que le positivisme marxiste peine à admettre : il faut dépasser ce point de vue positiviste pour comprendre comment la terre du Morvan dans laquelle Genet a grandi lui a littéralement cousu sous la peau sa conception du Bien et du Mal.

En donnant tout son relief à la galerie des archétypes dont le *Saint Genet* fait son miel, Corentin Tresnie suscite la question même à laquelle répond Florence Caeymaex : Sartre a-t-il conçu cette épopée en terre symbolique grâce au seul Genet, ou a-t-il également puisé à une autre source ? Florence Caeymaex fait l'hypothèse – qui devient certitude au terme de sa démonstration – qu'une source clé réside dans l'*Introduction à l'œuvre de Marcel Mauss* publiée par Lévi-Strauss en 1950, en ouverture de *Sociologie et anthropologie*. Pour Sartre, qui était un lecteur attentif de Mauss depuis les années 1930, la présentation de Lévi-Strauss permettait de plonger le petit Genet dans les profondeurs d'un système social donné tout en l'arrachant aux griffes du marxisme déterministe : grâce à Mauss et à Lévi-Strauss, il était possible de montrer que « la vie de Genet n'est pas un simple *reflet* des exigences morales et du manichéisme de la petite bourgeoisie paysanne et propriétaire ».

À lui seul, le mécanisme de l'intériorisation ne permet pas comprendre pourquoi Genet s'est encombré des catégories dominantes de la région du Morvan. S'il s'est trouvé hautement tributaire de la symbolique de ce système social, c'est parce qu'il lui fallait s'assurer d'une position en son sein, c'est parce qu'il avait été placé *hors* système *par* ce système, lequel a forgé à la fois sa fragilité et ses capacités de réassurance : enfant bâtard condamné d'avance, il lui fallait se jeter dans les bras de l'ordre social qui le condamnait, sans quoi sa faille serait devenue béance. Le principe séminal est ici l'observation de Lévi-Strauss selon laquelle, dans toute société, certains individus sont placés à l'intersection de plusieurs systèmes de valeurs irréductibles, sont victimes du caractère instable du système social global, sont contraints par le groupe « de figurer certaines formes de compromis irréalisables sur le plan collectif, de feindre des transitions imaginaires, d'incarner des synthèses incompatibles »[1] : telle

---

1. Voir *infra* pour ce passage de Lévi-Strauss cité par Sartre lui-même dans le *Saint Genet*.

devient, pour Sartre, l'origine *socialement normée* des conduites apparemment antisociales de Genet, le vol, l'homosexualité, la prostitution... Pour un bâtard, la conduite antisociale est un rôle social, une vocation, montre Florence Caeymaex, et c'est pour s'être trouvé en position d'incarner le Criminel indispensable à la vertu des Justes que Genet a dû s'écarteler entre deux tables axiologiques irréductibles, celle du Bien et celle du Mal. Genet n'a pas repris à son compte les catégories établies d'une idéologie dominante : il est le produit de la conflictualité secrète du système social, de ses tensions farouches, de ses déséquilibres.

En outre, révèle Florence Caeymaex en ouvrant un champ d'investigation passionnant, Sartre s'est aussi emparé de la thèse de Lévi-Strauss sur la réalité et la bi-dimensionnalité du symbolique, qui est à la fois un mode de fonctionnement du collectif et une capacité des sujets sociaux. Relevant d'une puissance subjective autant que collective, les symboles ont une portée supérieure à ce qu'ils signifient : ils sont le « lieu de [cette] connexion du mental et du social », de l'individu et du groupe, que Sartre voit à l'œuvre dans l'écriture de Genet. Les catégories absolutisées du Bien et du Mal et la galerie de personnages qui les incarnent font sens, chez Genet – et leur sens est élucidé par Sartre –, parce que Genet fait travailler en elles une symbolique sociale qui est la clé même de sa situation personnelle. Sartre peut ainsi « prendre au sérieux *la* symbolique de Genet comme régime de sens à part entière », irréductiblement singulier *et* immédiatement parlant pour son public, qui baigne dans le même langage.

Signalons encore qu'en adossant ainsi le *Saint Genet* à l'*Introduction à l'œuvre de Marcel Mauss*, Florence Caeymaex en fait ressortir d'autant mieux l'autre facette, ce récit d'une libération que revendiquait Sartre et qui contraste si fortement avec le traitement réservé à Baudelaire. En raison de ses contradictions internes, qui sont celles du système social et symbolique lui-même, le choix original de Genet – je serai le Voleur – l'a conduit à liquider sa crise originelle et à trouver le chemin d'une victoire, purement littéraire, sans doute, mais effective. Sans pouvoir développer ce nouveau volet de la contribution de Florence Caeymaex, notons qu'il donne, à son tour, toute leur importance aux recherches phénoménologiques et ontologiques menées par Sartre. Genet a buté, *ad nauseam*, sur l'impuissance de l'Imaginaire, sur l'impossibilité de dépasser son drame originel en se projetant dans des rêves, dans le Beau ou dans la fiction : c'est à force de se voir cantonné dans l'irréel qu'il a fini par découvrir, dans le *travail* des mots en tant que tel, dans le détournement du langage et dans les pièges tendus à ses lecteurs, le seul moyen de confondre ces Autres que sont les Justes, de se libérer de leur verdict et de s'arrimer au réel. Malgré Mauss et

Lévi-Strauss, les structures de la subjectivité restent indispensables à la compréhension des effets du social.

C'est précisément la raison pour laquelle Juliette Simont s'est emparée du thème de l'enfance dans la pensée sartrienne. Définir le social, avec Marcel Mauss, comme un monde de rapports symboliques[1] ne nous dit pas encore pourquoi, selon Sartre, « on se perd toujours dans l'enfance »[2], on s'aliène à une morale dont on subira la morsure et les illusions jusqu'au terme de son existence. Comment les psychanalyses existentielles peuvent-elles, à chaque fois, rendre compte de la formidable « énergie créatrice » de leur sujet d'étude tout en l'engageant si radicalement dans un réseau de normes impératives et d'impasses dues à cette impérativité ?

La réponse sartrienne est que tout se noue « *dans l'enfance*, c'est-à-dire dans une condition radicalement distincte de la condition adulte » et qui est à la source de « préjugés indépassables »[3]. Mais cette réponse, montre avec brio Juliette Simont, n'a rien de constant ni d'apaisé dans l'œuvre de Sartre : l'enfance est un thème instable, aux angles fluctuants. Il reste qu'en mobilisant des textes parfois ignorés de la critique et appartenant à tous les registres sartriens d'écriture, Juliette Simont parvient à reconstituer une trame cohérente qui sous-tend l'ensemble des biographies existentielles.

Après des tentatives en sens divers, une première certitude s'ancre dans l'esprit de Sartre à la fin des années 1940 : l'enfant est toujours « laminé par une éducation qui, quelles que soient les modalités concrètes de son exercice, ne peut être qu'intrinsèquement violente ». Dans ses *Cahiers pour une morale* (1947-1948), Sartre va bien au-delà de son thème classique – repris par Bourdieu – de l'indétermination originelle de la conscience, jetée dans le monde et en proie au monde, donc lancée sur la voie de l'intériorisation de l'extériorité[4]. Sartre est ici moins irénique : la différence entre l'enfant et ses parents ne tient pas seulement à un contraste entre l'indéterminé et le déterminé. Comme le montre Juliette Simont, les parents sont *supérieurs* en puissance et en connaissance, ils sont chargés *d'ordonner* le monde pour l'offrir à leurs rejetons sous une forme digeste, intelligible, et ils doivent à ce titre les *plier* à leurs propres projets et à leurs impératifs, à leurs fins et à leur morale, sans quoi ils les laisseraient

1. *Cf.* C. Lévi-Strauss, « Introduction à l'œuvre de Marcel Mauss », dans M. Mauss, *Sociologie et anthropologie* [1950], Paris, P.U.F., 1995, p. XV.

2. J.-P. Sartre, « Sur "L'Idiot de la famille" » [1971], dans *Situations, X*, Paris, Gallimard, 1976, p. 99.

3. Juliette Simont cite ici J.-P. Sartre, *Questions de méthode, op. cit.*, p. 56.

4. Voir P. Bourdieu, *Méditations pascaliennes, op. cit.*, p. 161.

désarmés. Aux antipodes des pages vibrantes du *Mallarmé* dans lesquelles le Regard maternel offre l'univers en cadeau, l'éducation est ici un dressage, qui apprend à l'enfant à reconnaître ses limites et à s'en remettre aux adultes quant à ce qu'il convient de faire pour ne pas se laisser broyer. La plasticité du petit d'homme et les bombardements signifiants de la société ne seraient pas décisifs sans cette fragilité de l'enfant couplée à l'autorité de parents dont il dépend pour survivre. Le terme d'*aliénation* trouve ici son sens le plus propre, étymologique.

Or ce premier acquis va prendre toujours plus de densité dans le parcours de Sartre. Comme Juliette Simont le démontre, dans la *Critique de la raison dialectique* l'aliénation aux normes morales devient « une figure particulièrement redoutable » du pratico-inerte. Issue des relations matérielles de l'homme avec son environnement, des techniques et des contraintes auxquelles une société se voue pour assurer sa survie, la morale traduit ces relations sous la forme d'impératifs indépassables – puisque littéralement *vitaux* – tout en les nimbant d'une idéalité qui les transforme en piège. L'homme y retrouve l'aspiration à la Valeur établie dans *L'Être et le Néant*, toujours ancrée dans la projection de la liberté vers le futur, mais avec cette différence que l'orientation de la liberté lui est cette fois dictée, à son insu, par le pratico-inerte. Dès lors, ces noces du pour-soi et de l'en-soi portent à son comble l'illusion propre à la moralité : « la liberté s'y investit tout entière, croyant ne reproduire que sa propre translucidité ».

Cela pourrait être le dernier mot de Sartre sur le thème qui nous occupe, le secret de ces existences mobilisées par des normes qui les entraînent par-delà la liberté dont elles sont pourtant aussi empreintes. Mais Juliette Simont observe que jamais Sartre n'abandonne le mystère auquel nous nous sommes déjà heurtés, celui du paradoxe éthique. Comment « un réquisit de la matérialité » tel que la morale, qui selon une analyse positiviste constitue un fait tiré d'autres faits, peut-il se charger d'une « sournoise idéalité » ? L'ultime réponse débusquée par Juliette Simont renvoie à nouveau à l'enfance, et creuse encore plus profond la veine de la fragilité originelle. L'enfant a faim, il doit vivre, c'est « un absolu et un droit » – mais une impasse aussi, puisque seul l'Autre peut satisfaire son besoin. Ce dernier se mue ainsi en *désir*, en réplétion toujours inquiète, différée, en obsession de dépasser l'être vers le devoir-être. Telle est en fin de compte l'origine, pour Sartre, de la forme de la Valeur élaborée abstraitement par *L'Être et le Néant* : celle d'une plénitude jamais atteinte, toujours à venir, dont il *faut* incessamment s'approcher – soit la forme même des normes sociales, ancrée « dans l'humus enfantin de l'existence, avec son impuissance spécifique ».

Le *Baudelaire* était axé sur l'individuel, le *Genet* sur le social. L'Histoire, elle, a fait irruption dans le *Mallarmé*, mais son impact y restait ambigu : pourvoyeuse d'un cadre commun pour les poètes de la génération de Mallarmé, elle apparaissait d'un maigre apport pour comprendre la spécificité de l'auteur d'*Un coup de dés*, qui relevait avant tout de la relation maternelle. D'où l'intérêt de plonger, avec Hadi Rizk, dans la double logique de *L'Idiot de la famille*. Soit le récit, une fois de plus, d'un dépassement créateur, à l'origine d'un chef-d'œuvre absolu, *Madame Bovary*. Mais aussi sa rigoureuse dépendance à l'égard de l'Histoire, qui dans le « Flaubert » n'est pas seulement un contexte mais la condition de possibilité même de ce dépassement, on pourrait presque dire son auteur.

D'entrée de jeu, Hadi Rizk s'empare de la chute de Flaubert sur la route de Pont-l'Evêque, en 1844, treize ans avant la publication de *Madame Bovary*. Sartre y voit un geste désespéré de la part de Gustave : le choix de mourir au monde, de sombrer dans la maladie faute d'avoir pu dépasser ses contradictions (entre esprit d'analyse et esprit de synthèse, entre la profession juridique voulue par ses parents et la vie d'artiste). Mais Sartre y voit également, souligne Hadi Rizk dans sa contribution aussi dense que complexe, l'annonce d'une autre chute, celle de la bourgeoisie après 1848, qui s'abandonnera à l'autorité de Louis-Napoléon Bonaparte faute de trouver sa propre voie entre l'aristocratie qu'elle conteste et le monde ouvrier qui gronde et lui fait peur. D'emblée, l'empereur apparaît doublement *nécessaire* : à toute une classe sociale mais aussi à un de ses membres, Flaubert, qui se retrouve dans ce simulacre de grandeur auquel sacrifie le neveu de Napoléon. Cet « empereur *imaginaire* dans sa manière d'agir et d'être présent » déploie, au plan politique, la machine irréalisante à laquelle rêve Gustave au plan littéraire : comme le montrera le succès foudroyant de *Madame Bovary*, Flaubert devient l'oracle du régime parce que sa vie « reprend et totalise, selon sa constitution singulière et son rythme propre, la conjoncture générale qui affecte [son] époque ». Voué à la passivité par son statut de cadet, Flaubert l'est aussi par son statut de bourgeois, membre d'une classe dépassée par l'accélération des antagonismes sociaux au milieu du XIXe siècle : c'est l'Histoire même qui le prédestine, qui le programme pour produire l'œuvre emblématique de cette double impuissance. C'est la bourgeoisie rêveuse, effrayée par le réel, qui parle et se projette dans Emma Bovary, en qui s'expriment à la fois les structures les plus singulières de Flaubert et la conjoncture particulière de son temps, les unes et les autres se répondant jusque dans leur détail. La facticité des événements subis, point de départ pour Baudelaire et Genet, ou trame de fond pour Mallarmé, devient ici *constituante*, comme l'indiquent les titres des deux premiers livres de *L'Idiot de la famille*, «La constitution» et «La personnalisation».

En conséquence de cette approche, Hadi Rizk nous confronte à l'effacement de la notion de choix originel. Certes, comme ses pairs, Flaubert a forcé son chemin, inventé son style et la manière d'y chercher l'apaisement de sa névrose, au point que Sartre verra dans son chef-d'œuvre un «Flaubert vainqueur»[1]. Mais ce parcours n'a pas le tranchant des ripostes orgueilleuses de Baudelaire, Mallarmé et Genet, qui avaient résolu d'assumer jusqu'au bout la Séparation due à un remariage, un décès ou une condamnation. Loin de ces éclats de liberté qui définissent leur auteur, *L'Idiot de la famille* «montre que l'unité organique de la personne est hantée par des déterminations multiples et contradictoires», motif pour lequel Sartre abandonne l'idée de projet fondamental et lui substitue de nouvelles clés d'intelligibilité, puisées à de multiples sources: la personnalisation, le stress, l'activité passive, l'esprit objectif, la névrose subjective ou objective…, notions liées aux contradictions historiques dans lesquelles Sartre plonge Flaubert. En se donnant pour sujet «que peut-on savoir d'un homme, aujourd'hui?»[2], *L'Idiot de la famille* mobilise une foule d'outils auxquels nul n'aurait pu songer à la lecture du programme de psychanalyse existentielle défini dans *L'Être et le Néant*.

Par ailleurs, il est frappant de voir Hadi Rizk pointer à son tour le *leitmotiv* sartrien du mur dressé devant l'Imaginaire, acte par excellence de la liberté mais aussi dépassement impuissant vers l'irréel, qui laisse la société et la réalité intactes. Mais Hadi Rizk repère aussi, dans *L'Idiot de la famille*, la thèse inverse: l'imaginaire est mis en échec, non pas parce que la néantisation qu'il suppose le coupe de la réalité, mais parce qu'il existe «une force d'attraction et d'inertie de l'*analogon*, qui perturbe la néantisation et enfonce dans le réel l'entreprise de dépassement vers l'irréel». On ne fait pas sa part à l'Être: l'imaginaire – par exemple le *jeu* d'un acteur – est un acte de dépassement qui engage celui qui le pose, qui mobilise ses puissances, qui s'appuie sur son être et le définit en retour. De même, la bourgeoisie à laquelle adhère Flaubert peut bien espérer s'affranchir de ses turpitudes en s'enivrant de bals et de cérémonies, en se faisant société du spectacle impérial: ses rituels irréalisants ne font sens qu'à la condition d'être le revers d'une violence sociale qui y trouve sa dissimulation. Et il en va de même de l'Art pour l'Art dans lequel

---

1. Selon l'expression citée par Esther Demoulin au début de sa contribution, voir *infra*.
2. J.-P. Sartre, *L'Idiot de la famille. Gustave Flaubert de 1821 à 1857*, t. I, Paris, Gallimard, 1971, p. 7.

Gustave cherche une échappatoire : « l'époque impose le réel comme une plénitude que l'art ne peut pas annuler ».

C'est au même type de verdict qu'aboutit la dernière contribution qu'il nous reste à évoquer. Mais elle y parvient par une voie très différente, et précisément située : son originalité est de ressaisir le quatrième tome de *L'Idiot de la famille*, resté inachevé et centré sur *Madame Bovary*, à l'aune d'une question apparemment externe, celle de la spécificité de l'écriture féminine et de la possibilité, pour un homme, de rompre le cercle de cette spécificité.

En reconstituant, à l'aide d'une enquête serrée, le positionnement de Sartre sur le combat féministe à l'époque de la rédaction du quatrième tome du « Flaubert », Esther Demoulin montre l'importance accordée par Sartre à l'irréductibilité de la lutte des femmes, qu'il refuse de rabattre sur celle du prolétariat comme le faisait encore une partie de la gauche à ce moment. Il faut donc prendre au sérieux le fait que Sartre retrouve, dans les mêmes années et grâce à Simone de Beauvoir, l'interrogation qu'il avait formulée dès 1957, dans *Questions de méthode* : à quelles conditions la féminisation de l'expérience est-elle possible, qui permettrait à un Flaubert de se mettre dans la peau d'Emma Bovary – ou aux hommes de prétendre lutter aussi bien que les femmes pour leur libération ? Pour Simone de Beauvoir, rappelle Esther Demoulin, cette féminisation ne peut être que factice : un romancier peut décrire un personnage féminin de l'extérieur – c'est-à-dire, en fait, tel qu'il le voit *en tant qu'homme* – mais pas de l'intérieur, comme s'il pouvait savoir ou ressentir ce qu'il en est d'être femme.

La question ainsi posée est celle de la finitude, dont font partie les identités de sexe et de genre. En réalité, elle est traitée par tous les auteurs rassemblés ici, mais la place nous a manqué pour leur rendre justice sur ce point : nous l'abordons *in extremis*, et trop rapidement, à la faveur d'une contribution qui en dépend tout entière. De manière frontale, et au plan politique, l'enjeu est celui de l'implication des hommes dans le mouvement féministe et de l'universalisme : que reste-t-il de ces virtualités si seuls les opprimés peuvent valablement parler de l'oppression subie ? De manière sous-jacente, et au plan philosophique, ce sont toujours les pouvoirs de la liberté et de l'imaginaire qui sont en jeu : comme Baudelaire se l'était déjà demandé, peut-on totalement se dépouiller de son sexe pour adopter l'autre position ? Flaubert a-t-il pu desserrer l'étau de la finitude pour réellement se dépasser en femme (« Madame Bovary, c'est moi ») ?

Esther Demoulin analyse finement la réponse sartrienne, qui est complexe et dont elle dévoile les sources, souvent ignorées. La clé de cette réponse est que Gustave a pu se faire femme *dans l'imaginaire* parce qu'il l'était déjà *dans la réalité* : Sartre parle à ce propos d'un hermaphrodisme double, « car la féminité de Mme Bovary répond à celle de Flaubert ». Le personnage d'Emma ainsi créé ne résulte donc pas d'une sortie hors de la gangue personnelle. Flaubert l'a construit pièce par pièce, à partir de sa propre sexualité, faite de passivité et d'inertie comme il convenait à l'époque aux femmes, et de sa dépendance financière à l'égard des membres de sa famille, qui constituait l'autre pilier du destin des bourgeoises au XIX⁰ siècle. « La sexualité et la dépendance économique de Flaubert sont dès lors les deux conditions de la féminisation de l'expérience propres à la composition de *Madame Bovary* » : en fait, l'expérience féminisée est celle de Gustave lui-même, ce qui conduit Sartre à retrouver, sur le cas Flaubert, la position plus générale de Simone de Beauvoir. Comme le note Esther Demoulin, ce sont les limites de la féminisation littéraire de l'expérience que Sartre semblait vouloir interroger dans le quatrième tome de *L'Idiot de la famille*, puisque les conditions d'une telle féminisation romanesque semblent être une féminisation *réelle* et préalable du romancier lui-même. Et cela semble être d'autant plus le cas que Sartre, en accord avec les observations de Baudelaire, ne concède qu'un hermaphrodisme à Flaubert, dont la virilité persiste dans le personnage d'Emma. L'auteur de *Madame Bovary* est bien un homme, qui se projette dans une certaine mesure en femme parce qu'il l'est déjà (le non-être se nourrit de l'être) et qui reste homme dans sa manière de se projeter en femme (l'être retient le non-être, le tire en arrière, l'infecte de sa facticité).

Revenant à l'hypothèse de Sartre, « se créer femme par les mots »[1], Esther Demoulin suggère qu'il en aurait démontré « la relative impossibilité » s'il avait pu achever *L'Idiot de la famille*. À tort ou à raison, nous y voyons la confirmation que Sartre est avant tout, non pas le philosophe du dépassement du donné par la liberté, mais le théoricien des déterminations qui s'imposent implacablement à l'existence par-delà la liberté.

Vincent DE COOREBYTER
Université libre de Bruxelles

---

1. J.-P. Sartre, *L'Idiot de la famille. Gustave Flaubert de 1821 à 1857*, t. I, *op. cit.*, p. 952.

CHOISIR DE SE MÉCONNAÎTRE
CONNAISSANCE DE SOI, MAUVAISE FOI ET AUTRUI DANS LE *BAUDELAIRE* DE SARTRE

Mais dans ce choix même il entre l'intention de ne pas se dire,
d'embrasser toute connaissance et de ne pas se faire connaître [1].

Le *Baudelaire* met en scène un homme qui choisit de se méconnaître. Ce dernier perçoit cependant ce choix, de façon paradoxale, comme une aspiration à la connaissance de soi. Le remariage de sa mère amène Baudelaire à se découvrir seul et différent, et à rechercher sa singularité essentielle. À travers cet acte réflexif, il tente de se voir comme un autre. Selon Sartre, Baudelaire vise ce faisant une image réifiée de lui-même et se détourne de la manière dont il choisit réellement son être. Le choix originel est ici choix de se dissimuler comme choix, ce qui est une forme de mauvaise foi. Comment un tel choix est-il possible ? L'objet de cet article est de comprendre la manière dont le choix de la méconnaissance de soi peut s'intégrer au projet de se connaître. Il vise à analyser les ressorts du choix originel attribué par Sartre à Baudelaire [2].

Le concept de choix originel est introduit dans *L'Être et le Néant* comme objet de la psychanalyse existentielle. Il y est défini comme le choix que chaque individu fait d'un projet fondamental qui définit sa manière d'être et son rapport au monde. Déterminant pour la vie d'un individu, ce choix serait aussi méconnu de lui, sans pour autant être

---

1. J.-P. Sartre, *Baudelaire* [désormais *B*] [1947], « Folio essais », Paris, Gallimard, 1975, p. 76.

2. Je tiens à remercier Vincent de Coorebyter pour ses précieuses remarques dans la préparation du texte, ainsi qu'Antoine Rogé, François Kammerer et Charlotte Geindre pour leurs relectures attentives et constructives.

inconscient. Il est présenté comme un « irréductible » psychique, radicalement libre et inconditionné.

Cette conception a fait l'objet de critiques sévères. Pour nombre de philosophes, surtout dans le monde anglo-américain [1] mais aussi dans la phénoménologie française [2], le choix originel sartrien est inintelligible, car un choix sans motif ou mobile ne peut pas être considéré comme un choix. En quoi se distinguerait-t-il en effet d'un mouvement arbitraire et insensé ? Sartre lui-même soulève cette difficulté en qualifiant le choix originel d'« absurde » parce qu'il se motive lui-même, « par-delà toutes les raisons » [3].

Ces critiques peuvent-elles également être adressées au *Baudelaire*, rédigé en 1944, et qui représente la première mise en œuvre de la méthode de la psychanalyse existentielle théorisée dans *L'Être et le Néant*? On pourrait le craindre, tant Sartre semble y faire fond sur les acquis de son *opus magnum*. Or, la théorie du choix originel s'y accompagne en réalité d'infléchissements permettant d'échapper à ces objections [4], du moins en partie, et d'ouvrir de nouvelles perspectives sur la (mé)connaissance de soi.

Il s'agira ainsi dans cet article de montrer ce que le *Baudelaire* apporte à la réflexion philosophique sur les obstacles à la connaissance de soi [5]. Relire ainsi ce texte permet de déterminer jusqu'à quel point ses analyses peuvent être défendues indépendamment des présupposés théoriques de

1. C. Larmore, *Les Pratiques du moi*, Paris, P.U.F., 2004, p. 134 : « À vrai dire, [le choix originel] est absurde au sens plus prosaïque d'être inintelligible. Aucune pensée cohérente n'est possible qui ne se règle en dernière instance sur des exigences censées avoir une autorité indépendante » ; ou C. Taylor, « Responsibility for Self », dans A. O. Rorty (ed.), *The Identities of Persons*, Berkeley, U. California Press, 1976, p. 293 : « Un choix opéré en fonction de rien, [...] qui n'aurait aucun rapport à la désirabilité des options pour l'agent ne serait pas intelligible en tant que choix ». C'est moi qui traduis toutes les citations de textes anglais.

2. C. Romano, « La liberté sartrienne, ou le rêve d'Adam », repris dans *Il y a*, Paris, P.U.F., 2003, p. 159-162 ; V. Citot, « Liberté et volonté. L'illusoire attestation phénoménologique d'une liberté ontologique », *Le Philosophoire*, 18, 2002, p. 108-109.

3. J.-P. Sartre, *L'Être et le Néant* [désormais *EN*] [1943], « Tel », Paris, Gallimard, 1976, p. 524.

4. V. de Coorebyter explore cette piste dans « Una libertà non situata : la scelta originale ne *L'Être et le Néant* e nel *Baudelaire* », trad. it. V. Riolo, *Studi sartriani*, XII, 2018, p. 9-38. Je m'appuie sur l'original français, non publié.

5. Sur la duperie de soi comme obstacle à la connaissance de soi, voir R. Holton, « What is the role of the self in self-deception ? », *Proceedings of the Aristotelian Society*, 101/1, 2001, p. 53-69 ; D. Scott-Kakures, « At Permanent Risk : reasoning and self-knowledge in self-deception », *Philosophy and Phenomenological Research*, 65, 2002, p. 576-603 ; H. Strandberg, *Self-Knowledge and Self-Deception*, London, Palgrave McMillan, 2015.

L'Être et le Néant. Dans la continuité de plusieurs philosophes analytiques anglo-américains[1], je fais l'hypothèse qu'on peut s'approprier la théorie sartrienne de la connaissance du caractère, tout en discutant le bien-fondé du système ontologique dans lequel Sartre l'inscrit.

Je montrerai d'abord en quoi le choix originel prend un nouveau sens dans le *Baudelaire*, ce qui rend le concept plus intelligible. J'analyserai ensuite la manière dont le choix originel de Baudelaire implique à la fois une aspiration à la connaissance de soi et l'intention de se méconnaître : comment comprendre la possibilité et le sens d'un tel choix ? Enfin, cette analyse de la mauvaise foi originelle du choix attribué à Baudelaire permet de jeter un nouvel éclairage sur le rôle essentiel joué par autrui dans cette forme de duplicité à l'égard de soi et dans la possibilité d'en sortir[2].

LE *BAUDELAIRE*,
UNE CONCEPTION INFLÉCHIE DU CHOIX ORIGINEL

Le *Baudelaire* ne se contente pas d'appliquer le concept de choix originel tel que théorisé dans *L'Être et le Néant.* Le choix attribué à Baudelaire est originel dans un sens nouveau, qui modifie la teneur de la psychanalyse existentielle. On peut faire ressortir les infléchissements du concept à partir de la mise en scène du choix originel de Baudelaire sur laquelle s'ouvre le texte.

Contrairement à la conception de *L'Être et le Néant*, le choix originel, ici, n'est pas immotivé. En 1943, Sartre présentait ce choix comme « sans appui », « se dictant à lui-même ses propres motifs »[3]. Dans le *Baudelaire* en revanche, le choix originel du petit Charles est une réponse motivée à une situation. Après le remariage de sa mère, Baudelaire est envoyé en pension. Il se sent seul, abandonné. Dans cette situation, selon la formule de Sartre, « il a voulu reprendre à son compte cet isolement »[4]. Cela signifie, pour Sartre, que l'enfant « a revendiqué sa solitude pour qu'elle lui

1. J. Webber, *The Existentialism of Jean-Paul Sartre*, New York/London, Routledge, 2009, p. 7 ; C. Larmore, *Les Pratiques du moi, op. cit.*, p. 28 et p. 225 ; R. Moran, *Authority and Estrangement*, Princeton, PUP, 2001, p. XXXIV et p. 192-193.

2. Sur le débat dans la littérature anglophone sur le caractère social de la mauvaise foi, voir M. Eshelman, « Bad faith is necessarily social », *Sartre Studies International*, 14, 2008, p. 40-47.

3. *EN*, p. 524.

4. *B*, p. 20.

vienne au moins de lui-même, pour n'avoir pas à la subir »[1]. Nous n'avons donc pas affaire ici à un choix inexplicable ou « absurde ». Sartre indique clairement qu'il y a une raison au choix de Baudelaire (« *pour* qu'elle vienne de lui-même », « *pour* ne pas la subir »). Ce choix est une réaction à l'apparition d'un problème, à une fêlure dans l'existence jadis heureuse de cet enfant de sept ans[2].

Par conséquent, le choix originel n'est pas ici une décision première ; il n'est pas l'*origine* de tout sens et de toute motivation. Dans *L'Être et le Néant*, on comprend que le choix originel coïncide avec le surgissement de la conscience dans le monde. En d'autres termes, il n'y a pas de moment *avant* le choix. Celui-ci n'intervient pas à un moment donné, face à une situation particulière, puisqu'être conscient c'est choisir et avoir toujours déjà choisi[3]. Le choix originel, dans cette perspective, est la condition de possibilité de tout autre choix. En ce sens, Sartre soutient que la « psychanalyse existentielle ne connaît rien *avant* le surgissement originel de la liberté humaine »[4]. Dans le *Baudelaire*, en revanche, la psychanalyse existentielle doit connaître quelque chose avant le choix originel puisque c'est en analysant la situation qui donne lieu au choix qu'elle en rend compte. Cette situation ne tire pas son sens du choix[5], mais c'est le choix qui en prend sens qu'à partir de cette situation. Il s'agit d'un basculement, non d'un pur commencement. Il faut d'ailleurs souligner que ce choix procède d'une réaction affective *plus originelle que lui* :

> Cette brusque rupture et le chagrin qui en est résulté l'ont jeté sans transition dans l'existence personnelle. [...] Il a *éprouvé* qu'il était *un autre* [...] mais en même temps il a affirmé et repris à son compte cette altérité, dans l'humiliation, la rancune et l'orgueil. Désormais, avec un emportement buté et désolé, il s'est *fait* un autre[6].

Ici, c'est la réaction émotive à la perte de la relation fusionnelle avec la mère qui est première. Baudelaire ne revendique son altérité que parce

---

1. *B*, p. 20.
2. C'est la thèse de V. de Coorebyter, dont je reprends l'analyse dans ses grandes lignes : voir « Una libertà non situata », art. cit., p. 24-25.
3. *EN*, p. 506 : « L'acte fondamental de liberté [...] est choix de moi-même dans le monde et du même coup découverte du monde [...] il faut choisir pour être conscient. Choix et conscience sont une seule et même chose. »
4. *Ibid.*, p. 514.
5. Ce qui était la position de Sartre en 1943 : « ces résistances et ces obstacles [que rencontre la réalité humaine] n'ont de sens que dans et par le libre choix que la réalité-humaine est » (*ibid.*, p. 534).
6. *B*, p. 19-20.

qu'il en souffre. On peut donc soutenir, avec Noémie Mayer, que l'émotion est «la source même de cette libre constitution de soi»[1]. Cependant, cette constitution doit plutôt être comprise comme une *re*constitution. Si le choix reste encore «originel», c'est dans la mesure où il marque le début de «l'existence personnelle» de Baudelaire, une perte d'innocence et un «sentiment de déchéance profonde»[2]. Or cette chute, à l'instar du péché originel auquel Sartre fait allusion, marque précisément une *rupture* qui suppose une existence antérieure. Le choix n'est donc plus ici une instance primordiale mais la libre reprise d'une situation aliénante dont le sens vient d'abord d'autrui[3].

Il en découle que l'enjeu du choix originel n'est pas, comme dans *L'Être et le Néant*, la «situation originelle»[4], le manque d'être qui caractérise *a priori* tout être humain, mais une situation problématique particulière. En 1943, lorsque Sartre cherche à rendre compte du fait – étonnant – qu'un être radicalement libre choisit de mauvaise foi de poursuivre un projet qui le rend malheureux et qui semble voué à l'échec, c'est seulement à ces considérations ontologiques générales qu'il fait référence[5]. Par contraste, l'enjeu de la décision baudelairienne d'investir son altérité contre les autres est entièrement personnel et contingent. Il s'agit d'un moyen de soigner la perte d'une relation affective à laquelle Baudelaire accordait une grande valeur. Ni ce chagrin, ni désir d'en sortir ne sont le fruit de son choix, seulement le moyen que l'enfant adopte. Or, cette solution, désespérée et rageuse, est en réalité défaillante, sans être pleinement reconnue comme telle. Le fait que Baudelaire choisisse une vie malheureuse et de mauvaise foi peut ainsi commencer à recevoir une explication *spécifique*. En se forgeant une issue à sa détresse, Baudelaire s'est créé de nouvelles difficultés auxquelles la mauvaise foi serait une solution à la fois nécessaire et néanmoins toujours insatisfaisante.

---

1. N. Mayer, «*Baudelaire* et *Mallarmé* de Jean-Paul Sartre ou la captivité affective», *Sartre Studies International*, 19/2, 2013, p. 81.

2. *B*, p. 19.

3. On peut y voir une préfiguration de la nouvelle conception de l'aliénation qui émerge chez Sartre et Beauvoir à partir de 1947, mise en évidence par Alexandre Feron : «L'aliénation consiste [...] désormais dans le fait que la liberté et le projet eux-mêmes [...] ne relèvent plus de la pure spontanéité non aliénée, mais sont toujours déjà travaillés et orientés par la présence originelle des autres» (A. Feron, «La dialectique de l'Autre. Lacan et les sources d'une nouvelle pensée de l'aliénation chez Sartre et Beauvoir», *Études sartriennes*, 24, 2020, p. 197).

4. *EN*, p. 645.

5. *Ibid.*, p. 516-518, sur le choix originel d'«être inférieur» qui «n'est pas opéré dans la joie».

In fine, c'est toute la méthode de la psychanalyse existentielle qui s'avère différente dans le *Baudelaire*. En 1943, c'était par la comparaison des diverses conduites d'une personne que Sartre envisageait de faire «jaillir la révélation unique qu'elles expriment toutes de manière différente»[1]. Le *Baudelaire* prend les choses par l'autre bout : c'est l'identification du choix originel qui permet d'analyser les conduites. Dès lors, ce qui n'était qu'une allusion, dans *L'Être et le Néant*, à «l'événement crucial de l'enfance et [à] la cristallisation psychique autour de cet événement»[2] constitue désormais la base même de la démarche de Sartre. On peut ainsi comprendre la structure du *Baudelaire* qui, après la brève scène élucidant le choix originel à partir de l'enfance, est divisé en deux grandes parties. La première (p. 20-93) est consacrée au «portrait» de Baudelaire, c'est-à-dire à l'explicitation de son choix originel du point de vue de son expérience vécue. La deuxième (p. 94-172) vise à expliquer ses «conduites», c'est-à-dire ses tendances caractéristiques observables. Lorsque Sartre présente son plan, il évoque le fait que ces «données du caractère empirique» expriment «la transformation d'une situation par un choix originel» tout en constituant «des complications de ce choix». C'est pourquoi il a fallu d'abord «mettre au jour le choix originel baudelairien *avant* d'examiner ses conduites»[3]. Désormais, la tâche qui s'avère difficile n'est pas de saisir le choix à partir des conduites, mais de montrer comment ce dernier s'exprime dans tous les aspects du caractère et de la vie de Baudelaire, au prix de nombreuses tensions et complications[4], conduisant même à proposer deux nouvelles formulations du choix.

Il en résulte que dans le *Baudelaire*, le choix originel ne tombe pas sous le reproche d'inintelligibilité adressé à la conception de *L'Être et le Néant*. Au lieu d'être la position arbitraire et absurde d'une fin inconditionnée, indépendante de tout autre projet ou motivation, le choix originel de Baudelaire a un sens et une fonction à ses propres yeux, même si l'intéressé ne reconnaît pas qu'il s'agit d'un choix. C'est précisément parce qu'on peut comprendre ce qui motive ce choix, dans sa complexité et sa particularité, qu'on peut apprendre quelque chose en analysant ce qui apparaît comme sa mauvaise foi.

---

1. *EN*, p. 614.

2. *Ibid.*, p. 615. Cette remarque intervient lorsque Sartre compare sa méthode à celle de la psychanalyse freudienne, et semble s'appliquer davantage à celle-ci.

3. *B*, p. 93-94 ; je souligne.

4. Sur le plan et ses tensions, voir J.-F. Louette, «Dialectique dans la biographie», repris dans *Silences de Sartre*, Toulouse, Presses Universitaires du Mirail, 2002, p. 223 *sq.*, et V. de Coorebyter, «Una libertà non situata», art. cit., p. 29-32.

LE CHOIX DE LA MÉCONNAISSANCE DE SOI
ÊTRE ORIGINELLEMENT DE MAUVAISE FOI

Pourquoi la conception que Baudelaire se fait de lui-même et de sa vie, comme individu condamné à la solitude et à la censure à cause de sa nature singulière, diffère-t-elle tant de son portrait sous la plume de Sartre? Pour le poète, son choix n'est pas seulement difficile à saisir : il implique aussi l'intention de se méconnaître, tout en se dissimulant cette intention même. Une telle duplicité exercée à l'égard de soi-même semble paradoxale; à première vue, la conscience que j'ai de mon intention de me tromper devrait empêcher sa réalisation[1]. Il convient donc d'examiner la manière spécifique dont Baudelaire incarne ce cas de figure : l'aspiration à la lucidité prenant une forme pathologique qui participe à sa mauvaise foi. En ce sens, c'est précisément parce qu'il cherche d'une certaine façon à se connaître que sa méconnaissance intentionnelle peut réussir. Nous verrons que cette pratique complexe de dissimulation trouve sa motivation originelle, non seulement dans la condition humaine en général, mais dans la situation problématique à laquelle son choix originel répond.

En quoi le choix de Baudelaire le conduit-il à vouloir se connaître? Précisons ce point avant de considérer le sens de sa mauvaise foi. Dans cet objectif, il convient d'examiner les différentes formulations sartriennes du projet baudelairien dans la partie « portrait » du texte.

Nous avons déjà vu que la formulation initiale du choix (« revendiquer sa solitude ») implique le fait de se faire autre que les autres, de se tenir pour un être singulier. Si ce choix est un objet d'orgueil, il est aussi une source de frustration. Sartre attribue à Baudelaire le désir de trouver une raison à sa singularité, une différence plus profonde que l'altérité et l'identité formelles qu'il constate. L' « attitude originelle » du futur poète devient par conséquent celle d'un « homme penché »[2], une réflexivité constante. Ici, Sartre insiste sur ce qui *singularise* Baudelaire, ce qui permet de comprendre la forme pathologique particulière que prend sa manière

---

1. Dans la philosophie analytique, on suppose généralement que, pour éviter ce paradoxe, une approche « intentionnaliste » de la *self-deception* nécessite une forme de division du sujet (par exemple entre conscience et inconscience), par opposition aux approches « déflationnistes » qui, dans leur explication du phénomène, écartent l'intention de se duper soi-même à la faveur d'un biais motivationnel. Or nous verrons que, dans le *Baudelaire*, Sartre développe une approche intentionnaliste qui ne suppose pas de division au sein du sujet, tout en tenant compte de la manière dont nos motivations peuvent biaiser silencieusement la formation de nos croyances.

2. *B*, p. 22.

d'être. Contrairement à la plupart d'entre nous, qui sommes absorbés par notre engagement immédiat dans le monde, Baudelaire cherche toujours à saisir sa conscience des choses et vit donc à distance du monde, éloigné de l'action. Son objet privilégié est lui-même, mais il n'arrive décidément pas à trouver ce qu'il cherche, « sa *nature*, c'est-à-dire son caractère et son être »[1]. Le problème de Baudelaire n'est pas qu'il sombre dans l'illusion d'avoir un être fixe en s'identifiant à son moi, mais que l'objectivation réflexive échoue à livrer un objet réellement distinct et singulier. Il est trop proche de soi, ne peut s'observer ou se voir tout à fait, « il se sent, il se vit, il ne saurait prendre la distance nécessaire pour s'apprécier »[2]. Ses traits de caractère lui échappent et semblent n'apparaître qu'aux autres, en accord avec la conception de l'aliénation dans *L'Être et le Néant*, selon laquelle la connaissance directe de notre caractère n'est possible que *pour un autre* qui nous objective[3].

Cette connaissance insaisissable hante Baudelaire. Il tente, par conséquent, de prendre le point de vue d'autrui sur lui-même, de « pousser à l'extrême cette esquisse avortée de dualité qu'est la conscience réflexive »[4]. Dans cette aspiration à la lucidité, on peut déjà voir une forme de mauvaise foi. En effet, « ce n'est pas pour se rendre un compte exact de ses fautes, c'est *pour être deux* »[5] que Baudelaire tente de se voir. Sa recherche est donc motivée par autre chose que son évaluation épistémique, ce qui la déforme[6]. En fait, Baudelaire veut surtout jouir de l'expérience d'être témoin de sa propre singularité et donc de *posséder* ce qui lui échappe. Et c'est ce motif inavoué qui le pousse à tenter « vainement de transporter dans sa vie intime ce rapport qui n'a de sens qu'entre personnes distinctes », jusqu'à être son propre bourreau[7]. La méconnaissance de soi de Baudelaire prend progressivement cette forme : il se rapporte à lui-même comme s'il était un autre, au nom de la lucidité, mais de telle sorte que sa démarche apparemment légitime s'avère vaine ou vouée à l'échec.

1. *B*, p. 24-25.
2. *Ibid.*, p. 26.
3. Voir B. Reginster, « Le regard et l'aliénation dans *L'Être et le Néant* », *Revue Philosophique de Louvain*, 105/3, 2007, p. 398-427.
4. *B*, p. 26.
5. *Ibid.*
6. D. Scott-Kakures, « At Permanent Risk », art. cit., p. 576, analyse ce mécanisme comme le « risque permanent » (expression reprise d'ailleurs de Sartre, *EN*, p. 106) de la duperie de soi pour la connaissance de soi, la manière dont celle-là s'intègre dans ces raisonnements apparemment de bonne foi.
7. *B*, p. 27.

D'où l'avis de Sartre : « Baudelaire, c'est l'homme qui a choisi de se voir comme s'il était un autre; sa vie n'est que l'histoire de cet échec »[1]. Cependant, tout projet de se connaître en adoptant une perspective en troisième personne n'est pas forcément voué à l'échec. Ce qui échoue pour Baudelaire est le projet qui l'a engagé dans la « voie de la lucidité », celui « de découvrir sa nature singulière et l'ensemble des traits qui pouvaient faire de lui le plus irremplaçable des êtres »[2]. J'y reviendrai dans la prochaine section.

Si Baudelaire échoue à se voir tout à fait comme un autre, sa réflexion n'a pas été sans résultats. Cherchant son essence individuelle, il a trouvé, selon Sartre, les structures et les expériences caractéristiques de la conscience humaine en général. Le jeune homme découvre l'ennui d'exister, le sentiment d'inutilité et d'absurdité de toute entreprise, le « gouffre » de sa liberté vertigineuse, qui doit inventer ses propres règles et choisir son but dans une « gratuité injustifiable », etc.[3]. Sartre attribue ainsi à Baudelaire sa propre conception de la condition humaine, y compris sa théorie de la liberté comme impliquant un choix injustifiable. Cependant, il n'est pas nécessaire d'accepter cette théorie pour accorder la thèse centrale de Sartre : Baudelaire, ayant pris conscience de ce qui lui semble être les aspects angoissants de la condition humaine, a cherché à « se masquer ces pensées déplaisantes »[4]. Parmi ces dernières, deux troublent particulièrement le poète : le fait qu'il lui faudrait être réellement extérieur à lui-même pour voir son essence et le fait qu'à ses propres yeux il sera toujours « en question », c'est-à-dire libre de se choisir autrement.

Ici, la méconnaissance de soi de Baudelaire prend une forme classique, celle de la mauvaise foi comme pratique visant à masquer une vérité déplaisante ou à prendre pour une vérité une erreur plaisante[5]. Seulement il ne s'agit pas ici de vérités connues avec évidence, mais plutôt de soupçons inquiétants éprouvés par Baudelaire et qu'il voudrait oublier. Sartre rattache ainsi l'expérience du poète à son schéma général de la mauvaise foi comme remède contre l'angoisse devant la liberté et comme moyen de poursuivre le désir d'être. Les deux nouvelles formulations du choix originel reflètent, en effet, des tentatives de fuite devant ces aspects problématiques de notre structure ontologique. D'abord, « vivre en

---

1. *B*, p. 28.
2. *Ibid.*, p. 29.
3. *Ibid.*, p. 30-39.
4. *Ibid.*, p. 41.
5. *EN*, p. 83.

tutelle»[1] fait référence à la manière dont Baudelaire s'est soumis à l'autorité de sa famille et à la vision morale conservatrice de Joseph de Maistre, acceptant des principes qui le condamnent, lui et sa poésie. Cela s'explique par son désir de se mettre dans une position de coupable aux yeux de juges qu'il tient pour source du bien et du mal, le déchargeant de la responsabilité de former ses propres principes moraux. Ainsi Baudelaire peut se voir comme essentiellement coupable, en passant sous silence le fait que cette posture se joue à l'aune de principes – sobriété, chasteté, travail, charité – qu'il accepte pour mieux les violer[2]. L'autre formulation, le « balancement perpétuel entre l'existence et l'être »[3], caractérise une forme de mauvaise foi où il s'agit d'osciller sans cesse entre la saisie de soi-même comme libre *et* comme chose, soit deux aspects incompatibles de l'image de lui-même que Baudelaire voudrait atteindre. En poursuivant ces projets, et afin de ne pas voir leurs contradictions internes, Baudelaire doit constamment se manipuler, s'illusionner sur le sens même de ce qu'il fait.

On voit ainsi comment l'aspiration à la connaissance de soi amène Baudelaire à différentes formes de méconnaissance de lui-même qu'il intègre à son projet. Mais comment réussit-il dans cette entreprise? Qu'en est-il de sa méconnaissance de fond, l'origine même de ces projets qu'il semble ignorer? C'est cette structure qu'il faut saisir pour comprendre comment l'on peut fausser sa propre connaissance de soi.

Sartre voit dans une phrase du poète (« J'ai une âme si singulière que je ne m'y reconnais pas moi-même ») le signe de la mauvaise foi dans laquelle vit Baudelaire. L'idée est que Baudelaire se masque quelque chose dans la contemplation de sa singularité : le fait d'avoir « choisi de ne pas choisir *son* Bien »[4]. Sartre fait surtout référence au fait que Baudelaire, en se soumettant à la morale de ses juges *pour* se révolter contre eux, ne reconnaît pas qu'il se détourne de la question de sa propre conception du bien. Or, bien que Sartre ne le relève pas, cette idée s'applique de manière plus globale au choix de Baudelaire. Son choix originel est aussi une façon de ne pas choisir son *bien*, de ne pas choisir ce qu'il aurait *réellement préféré* au départ. Dès lors, comme le Renard dans la fable de la Fontaine que reprend Sartre dans sa théorie des émotions[5], le jeune Baudelaire se

---

1. *B*, p. 62.
2. *Ibid.*, p. 45, 64, 67, 91.
3. *Ibid.*, p. 74-75, 94.
4. *Ibid.*, p. 76.
5. J.-P. Sartre, *Esquisse d'une théorie des émotions*, Paris, Hermann, 1939, rééd. Paris, Livre de Poche, 2000, p. 82-83.

joue une comédie pour se persuader que sa nouvelle manière d'appréhender la situation est préférable à ce qu'il aurait désiré s'il avait pu
changer cette situation. En effet, Baudelaire choisit ce qui lui apparaît par
ailleurs comme une destinée malheureuse, ce qui implique, comme le
remarque Susan Blood, une soumission active[1]. Suivant Jean-François
Louette, on peut voir dans les différentes formulations du choix originel le
signe d'une aspiration contradictoire dans l'argument de Sartre : d'un côté,
insister sur l'initiative de Baudelaire en tant qu'agent libre et responsable
de sa vie, contre le stéréotype du « poète maudit », de l'autre, souligner sa
soumission à autrui[2]. Or, cette tension se fait sentir dès l'analyse de la
première formulation du choix. La manière dont Baudelaire tente de
reprendre le contrôle de sa vie consiste à *vouloir une situation qui lui est
imposée qu'il le veuille ou non.*

Pourquoi un tel choix ne se détruit-il pas lui-même ? Une première
explication tient à sa structure, qui est de ne jamais être posé explicitement
par celui qui l'opère, mais de se confondre avec la manière dont il appré-
hende tout objet et le monde en général, comme « la lumière de son regard,
et le goût de ses pensées »[3]. L'enfant qui revendique sa différence avec les
autres ne *pense* pas ce qu'il est en train de faire, ne l'envisage pas comme
un choix. Son choix lui apparaît plutôt comme un sentiment auquel il
adhère spontanément. L'enfant se « précipite avec rage »[4] dans sa solitude,
faisant de la source même de sa souffrance son but. L'efficacité de cette
solution, qui consiste à renverser le sens de la situation problématique, tient
à notre capacité d'agir dans un « mouvement de révolte et de fureur »[5] sans
saisir le sens de notre conduite. Sartre met dans la bouche de Baudelaire des
répliques vexées disant en substance à ses parents : « Vous m'avez rejeté,

---

1. S. Blood, *Baudelaire and the Aesthetics of Bad Faith*, Standford, SUP, 1997, p. 60-61.

2. J.-F. Louette, « Baudelaire », dans F. Noudelmann et G. Philippe (éd.), *Dictionnaire
Sartre*, Paris, Honoré Champion, 2004, p. 55.

3. *B*, p. 76. Sartre renvoie implicitement au mode de conscience qu'il appelle non-
thétique ou préréflexif. Condition de toute intentionnalité, cette compréhension tacite rend
possible à la fois la connaissance réflexive et la méconnaissance de soi caractéristique de la
mauvaise foi, en me permettant de viser un but sans le reconnaître. Sur le rôle complexe de
cette notion dans la mauvaise foi, voir J. Webber, « Motivated aversion : non-thetic awareness
in bad faith », *Sartre Studies International*, 8/1, 2002, p. 45-57 ; S. Neuber, « Self-awareness
and self-deception : a Sartrean perspective », *Continental Philosophy Review*, 49, 2016,
p. 485-507 ; V. de Coorebyter, « La bonne foi de la mauvaise foi », dans O. D'Jeranian et
Y. Malinge (dir.), *Lire* L'être et le néant *de Sartre*, Paris, Vrin, 2023.

4. *B*, p. 19.

5. *Ibid.*, p. 49-50.

alors maintenant c'est moi qui vous rejette!»[1]. Ce comportement d'«enfant boudeur»[2], qui laisse «intact les abus dont il souffre pour pouvoir se révolter contre eux»[3], trahit l'importance que Baudelaire continue à accorder au lien avec ses parents.

C'est en ce sens que le choix de Baudelaire contient «l'intention de ne pas se dire, d'embrasser toute connaissance et de ne pas se faire connaître»[4]. Sa mauvaise foi change son rapport à l'acte même de connaître ou de croire. Pour s'y mettre, il faut *se croire de bonne foi*. En effet, Sartre considère qu'en un sens Baudelaire est sincère : sa mauvaise foi est «si profonde qu'*il n'en est plus le maître*»[5]. Dans cette forme quasi autonome, la mauvaise foi devient la manière spontanée et irréfléchie dont il se rapporte à ses raisons de croire ou de ne pas croire ou de se conduire. Comme dans l'émotion, et parfois en conjonction avec elle, cela implique une modification du rapport au monde destinée à sortir le sujet d'une impasse existentielle[6]. Dans une telle disposition, on est prêt à croire sans être convaincu, ou à ne pas adhérer à ce qui devrait s'imposer comme une évidence. D'un côté, en revendiquant sa séparation, Baudelaire se donne l'impression de faire ce qu'il veut. De l'autre, il se représente cet acte comme une destinée, c'est-à-dire quelque chose qui s'impose indépendamment de sa volonté. Sans être pleinement convaincu par aucune de ces compréhensions de son acte, il peut se satisfaire en les considérant tour à tour, se détournant ainsi du malheur qui préside à son choix.

On voit pourquoi ce type de rapport au monde, une fois adopté, peut fausser la connaissance de soi sans que le sujet y pense. En s'ouvrant à des vérités partielles ou à des vraisemblances dans sa conduite irréfléchie, on peut osciller entre des évidences quasi-persuasives. Le choix de se méconnaître est donc rendu possible moins par un mensonge à soi que par l'usage intentionnel de situations qui favorisent l'illusion sur soi. En effet, une illusion est une apparence trompeuse qui persiste même lorsqu'on a des raisons de la tenir pour fausse. On se forge des illusions lorsqu'on s'appuie sur des évidences apparentes pour déformer notre perception spontanée des choses. Sartre montre cette pratique à l'œuvre chez

---

1. *B*, p. 22
2. *Ibid.*, p. 46.
3. *Ibid.*, p. 50.
4. *Ibid.*, p. 76.
5. *Ibid.*, p. 77 (nous soulignons).
6. On peut comprendre ainsi l'idée de Sartre selon laquelle on «s'entoure soudain» d'un «monde de mauvaise foi» dans lequel apparaît une forme «non persuasive» de l'évidence par laquelle on peut «se sentir satisfai[t] quand [on] sera mal persuad[é]» (*EN*, p. 104).

Baudelaire pour expliquer comment ce dernier continue à viser une image de soi unifiant l'existence et l'être alors qu'il « sait au fond de lui-même » que ce but est inatteignable. Au lieu de reconnaître son échec, Baudelaire cherche à se persuader que le frôlement de cette image qu'il arrive à obtenir est « la seule possession souhaitable ». Par « une modification générale de ses désirs », il s'efforce alors, dans tout ce qu'il fait, de rechercher « l'effleurement furtif » à la place d'une véritable appropriation, ce qui lui permet de « confondre l'assouvissement du désir avec son exaspération insatisfaite »[1]. Par exemple, dans sa vie sexuelle, Baudelaire met sa fameuse volupté non dans l'abandon au plaisir, mais dans la retenue, la censure, la tension avec la norme de chasteté qu'il emprunte à autrui[2]. Autrement dit, il se met dans une situation où l'insatisfaction de son désir peut lui apparaître comme son assouvissement. Dans toutes ces conduites, il s'agit de chercher des raisons de comprendre autrement une situation d'échec ou de malheur et de se rapporter au monde et à soi-même de telle sorte que l'on soit ouvert à ces raisons illusoires.

UNE SORTIE DIALOGIQUE DE LA MÉCONNAISSANCE DE SOI ?
LE *BAUDELAIRE* À LA LUMIÈRE DES APPROCHES ANALYTIQUES

Chez Baudelaire, la méconnaissance de soi ne passe pas seulement par un rapport particulier à soi et au monde : ses relations avec autrui jouent un rôle essentiel. C'est par leur intermédiaire qu'il s'efforce vainement de saisir son être singulier. Quelles sont les raisons de cet échec ? Le recours au point de vue d'autrui pour connaître son propre caractère est-il nécessairement une forme de mauvaise foi ? Ou est-ce la manière spécifique dont Baudelaire instrumentalise le regard des autres qui pose problème ? Sartre ne répond pas directement à ces questions. À partir de certaines approches analytiques de *L'Être et le Néant*, je montrerai, pour finir, que l'analyse du *Baudelaire* laisse cependant entrevoir une manière légitime de connaître notre propre caractère. Il s'agit d'une capacité dialogique plutôt que réflexive.

On a vu que Baudelaire tente se voir comme les autres le voient parce qu'il estime que seul autrui saisit sa nature[3]. Les lecteurs anglo-américains de Sartre s'interrogent sur la raison de cette asymétrie apparente,

---

1. *B*, p. 174-175.
2. *Ibid.*, p. 71, 174.
3. *Ibid.*, p. 41.

également présente dans *L'Être et le Néant*. On pourrait considérer, à l'instar de Charles Larmore, que notre incapacité à saisir notre caractère de l'intérieur, en première personne, montre que nous devons le saisir de l'extérieur, en troisième personne. Pour déterminer si l'on est généreux ou lâche, par exemple, on s'examinerait de la même façon qu'on examinerait un autre, en s'alignant sur la perspective d'un interprète quelconque, avec plus ou moins de lucidité[1]. Ainsi, il n'y a rien d'impossible ou d'incohérent à ce qu'un Baudelaire observe son propre comportement afin de s'attribuer des traits de caractère. Toutefois, comme le souligne Richard Moran, le type de connaissance qui en résulterait présente des problèmes sans équivalent dans la connaissance d'autrui. D'abord, lorsque Baudelaire tente de s'objectiver ainsi, son caractère ne lui apparaît pas comme une *nature*. Ensuite, sa tentative de se voir comme un autre (ou comme les autres le voient) introduit une ambiguïté : en s'appuyant sur des procédés qui seraient légitimes s'il s'agissait d'un autre que soi, Baudelaire fausse la connaissance de lui-même. Les approches analytiques permettent d'y voir la déformation d'un processus potentiellement valable, liée aux tensions entre les exigences de la perspective en première personne et celles de la troisième personne[2].

Commençons par le premier problème. Dans le *Baudelaire*, Sartre emploie les termes de nature, d'essence et de caractère pour désigner l'être singulier recherché par son sujet. Suivant l'interprétation innovante de la théorie sartrienne du caractère développée par Jonathan Webber, je propose de distinguer ces termes[3]. Par nature, on peut supposer que Sartre entend une donnée psychologique fixe et innée qui produirait causalement nos actes, notion liée à celle d'essence, qui définit ce qu'est un objet de façon « posée, stable, et tranquille »[4], mais qui est toujours rétrospective pour une personne[5]. Par contraste, le caractère désigne chez Sartre un ensemble de dispositions qui résulte de nos projets librement entrepris et

---

1. C. Larmore, *Pratiques du moi, op. cit.*, p. 126 : « En cherchant à se connaître, l'individu s'aligne sur la perspective d'un interprète quelconque de son propre comportement, et cela pour regarder l'objet d'interprétation, lui-même, comme s'il était un autre ».

2. R. Moran, *Authority and Estrangement, op. cit.* : si la perspective impersonnelle ne peut « avoir qu'une application problématique à soi-même » (p. 158), on ne devrait cependant pas « supposer que tout acte de réflexion sur son caractère implique le fait de se prendre pour objet, du moins en un sens critiquable » (p. 174).

3. J. Webber, *Existentialism, op. cit.*, p. 21-22.

4. *B*, p. 64.

5. Voir *EN*, p. 75.

toujours modifiables, et qui les manifeste[1]. Ainsi, Sartre explique les «données du caractère empirique» de Baudelaire en termes de «complications» du choix de ce dernier en situation[2]. Il ne s'agit ni d'assigner une nature à Baudelaire, ni de réduire son caractère au simple résumé de ses conduites passées, soit la «*Summary View*» attribuée à Sartre par Phyllis S. Morris dans son ouvrage qui inaugure les lectures analytiques de Sartre sur ce sujet[3]. Pour que la notion de caractère ne soit pas vide, il faut supposer qu'être paresseux, par exemple, ne signifie pas seulement s'être conduit avec paresse dans certaines situations passées, mais être disposé à répondre à de telles situations de cette façon, sans pourtant y être déterminé.

On peut donc considérer que c'est afin de contempler son caractère comme une essence fixe que Baudelaire a besoin d'un point de vue pleinement extérieur. Selon Sartre, en effet, l'idée que Baudelaire se fait de «son essence éternelle» vient de son expérience du regard parental. L'enfant «sait que sa *vérité* n'est pas dans ce qu'il peut savoir de lui-même, mais qu'elle se cache dans [les] grands yeux terribles et doux» de ses parents, qu'il tient pour des divinités capables de consacrer ou de justifier son existence[4]. Ainsi sa nature ou son essence est ce qui le définirait de manière définitive et singulière et lui imposerait une fonction, ce qui ne peut venir que d'autrui ou de la société[5]. Sous son propre regard, Baudelaire «n'existe pas assez» et perd de son naturel[6]. Ce qui lui échappe est la possibilité de saisir son être comme un objet distinct de lui, de contempler et de posséder une image essentialisée de lui-même. Au-delà de la connaissance de ses traits de caractère, donc, il cherche le sentiment de justification qui accompagne la *reconnaissance* par autrui du fait qu'il est quelqu'un.

Cette manière d'aborder la connaissance de soi à travers le regard de l'autre engendre le deuxième problème. Dans son recours à la perspective d'autrui, Baudelaire glisse de la vérification de sa conception de lui-même à sa réification. Il tente de «*se faire chose* aux yeux des autres et aux siens

---

1. J. Webber, *Existentialism, op. cit.*, p. XII et p. 4. *Cf.* aussi p. 6, où Webber estime que le *Baudelaire* applique cette théorie du caractère.
2. *B*, p. 93.
3. P. S. Morris, *Sartre's Concept of a Person. An Analytic Approach*, Amherst, UMASS Press, 1975, p. 85 *sq*.
4. *B*, p. 50.
5. *Ibid.*, p. 66.
6. *Ibid.*, p. 144, 24.

propres »[1], d'adopter un comportement stéréotypé pour qu'autrui puisse lui attribuer un être figé et définitif, comme une statue. Mais Baudelaire voudrait que cette statue soit son œuvre, que l'image qu'autrui a de lui reflète sa créativité. Cette aspiration comporte une tension. Baudelaire souhaite à la fois profiter du pouvoir *réifiant* du regard d'autrui pour acquérir un être constatable et se *reconnaître* dans cette image, y retrouver la marque de sa liberté. Il voudrait « intérioriser cette *chose* qu'il est pour autrui en en faisant un libre projet de soi-même »[2], faire qu'elle ne soit pas « un pur donné de hasard » mais « vraiment sienne »[3].

Baudelaire opte ainsi pour une forme d'être contradictoire, « liberté-chose », caractéristique de la troisième formulation de son choix originel. Or, est-ce forcément une forme de mauvaise foi que de vouloir articuler sa liberté et l'objectivité de son être? Dans *L'Être et le Néant*, Sartre oppose la mauvaise foi à une « coordination valable » de la facticité et de la transcendance qui nous caractérisent, sans préciser la forme que cette coordination doit prendre[4]. Mais le *Baudelaire* donne un indice. Selon la thèse même du texte, ce qui définit Baudelaire en propre est un libre projet qui, tout en étant irréductible à une propriété chosale, possède une face objective. Pour éviter de se méconnaître, Baudelaire semble donc devoir admettre que son caractère manifeste ce projet, ce qui implique de se considérer objectivement comme un agent responsable de son être, capable de changer « d'essence ». Pour ce faire, il faudrait concevoir une perspective objective qui ne soit pas une réification[5]. Puisque la seule possibilité évoquée est celle où Baudelaire apparaît à autrui comme une chose, on peut formuler l'hypothèse que l'échec de sa connaissance de soi n'est pas inhérent à l'objectivation de soi en tant que telle mais à un certain usage pathologique de celle-ci.

Deux exemples permettront d'illustrer cette interprétation. Le premier concerne la tentative de s'évaluer comme si on était un autre. Sartre soutient que si nous adoptons vis-à-vis de nous-même le rôle d'un juge s'appuyant sur des principes extérieurs, « si notre conscience réflexive mime le dégoût et l'indignation à l'égard de la conscience réfléchie », c'est-à-dire si nous jouons à être un autre, « nous pouvons nous donner un

---

1. *B*, p. 74.
2. *Ibid.*, p. 64
3. *Ibid.*, p. 74
4. *EN*, p. 64.
5. Piste explorée par C. Larmore, *Pratiques du moi, op. cit.*, p. 132-133, en la distinguant de la réification inhérente à la mauvaise foi y compris lorsque celle-ci implique l'affirmation de notre capacité à nous engager (voir p. 30-33).

moment l'illusion d'avoir introduit une *distance* entre le réfléchi et la réflexion »[1]. Cette illusion permet de s'épargner le jugement prodigué. On reconnaît sa faute et du même coup on montre qu'on n'est pas celui à qui ce jugement s'applique. Ainsi, Sartre impute au poète les mots que ce dernier met dans la bouche du fumeur d'opium dans *Les Paradis artificiels* :

> Cette action ridicule, lâche ou vile, dont le souvenir m'a un moment agité est en complète contradiction avec ma vraie nature, ma nature actuelle et l'énergie même avec laquelle je la contemple, le soin inquisitorial avec lequel je l'analyse et la juge, prouvent mes hautes et divines aptitudes pour la vertu[2].

Sartre glose : « Dès le moment où je me constitue en objet, *par la sévérité sociale avec laquelle je me traite*, je deviens juge du même coup, et la liberté s'échappe de la chose jugée pour venir imprégner l'accusateur »[3]. Ici, ce n'est pas seulement l'adoption d'un point de vue objectif sur soimême, mais l'usurpation d'un rôle *social*, qui permet de s'identifier tantôt à celui qu'on condamne et tantôt à celui qui condamne. En appliquant à soimême la distinction entre le juge et l'accusé, en incarnant le regard d'un autre désapprobateur, on se donne l'impression de juger l'action d'un autre et donc d'échapper à tout jugement et toute responsabilité. Dans le cas de Baudelaire, cela permet de brouiller les pistes quant à la question de savoir quelles valeurs il épouse effectivement : en condamnant son acte, il accepte une morale sociale, mais ce jugement consacre aussi sa révolte contre ces valeurs, lui permettant de jouir d'une image de sa liberté sans avoir à l'assumer. En ce sens, je ne suis pas dans la même position vis-à-vis de mon caractère qu'une personne qui serait véritablement autre que moi, bien que nous ayons accès aux mêmes données pour m'attribuer une faute. L'autoattribution d'un vice, même lorsqu'elle est justifiée, peut paraître autofalsificatrice, créant une ambiguïté entre aveu et désaveu, surtout lorsque je cherche à m'appuyer sur cet acte comme preuve de ma liberté ou de ma vertu. Toutefois, comme le souligne Richard Moran, ce qui rend ce genre de cas instable et pathologique est la manière dont, au nom de l'exigence légitime à juger son caractère comme on jugerait celui d'un autre, on le conçoit « *comme* celui d'un autre », « substitu[ant] la perspective d'un Autre évaluateur à celle en première personne de l'agent »[4]. Le fait de me

---

1. *B*, p. 79.
2. *Ibid.*, p. 80.
3. *Ibid.* (nous soulignons).
4. R. Moran, *Authority and Estrangement*, *op. cit.*, p. 193, 174 ; *cf.* aussi P. Gardiner, « Sartre on Character and Self-Knowledge », *New Literary History*, 9/1, 1977, p. 79 *sq.*

montrer sévère à mon propre égard en condamnant mes vices permet ainsi une forme d'illusion sur moi-même, celle d'être pur spectateur sans être agent, qui est absente lorsque l'attribution et le jugement viennent d'autrui[1].

Lorsque le jugement vient d'autrui, il existe une autre forme d'illusion dont Baudelaire se sert pour se méconnaître, tout en se donnant l'impression de satisfaire une exigence de lucidité. C'est ce que montre la manière dont il tente de jouer avec le jugement d'autrui. En effet, sa conduite vis-à-vis d'autrui est une performance qui lui permet de solliciter le genre d'image qu'il voudrait avoir de lui-même, y compris lorsqu'il s'agit d'inspirer la condamnation ou l'horreur. On peut dire que Baudelaire accorde aux autres une forme d'autorité pour caractériser sa personne, tout en cherchant à fausser leur jugement. Afin de prêter une forme de réalité à la comédie qu'il joue, il s'appuie sur l'idée que ce qui est reconnu par autrui doit exister objectivement. Sartre interprète le dandysme de Baudelaire en ce sens. Il s'agit d'une manière de se créer un être réifié par autrui, que Baudelaire peut néanmoins contrôler, c'est-à-dire voir comme « l'image de son activité ». Si Baudelaire se pare, s'habille de manière excentrique, joue ses propres sentiments au lieu de simplement les ressentir, c'est pour qu'autrui le saisisse « *tel qu'il s'est composé* ». Cet artifice lui donne une certaine étrangeté à ses propres yeux qui renforce l'idée qu'il se saisit dans son être objectif, comme un autre, tout en lui permettant de considérer ce reflet comme sa création[2].

Si Sartre insiste sur la manière dont « l'image de lui qu'il recherche dans les yeux des autres se dérobe sans cesse »[3], il est clair que Baudelaire connaît cette image d'une certaine façon. Il sait la manipuler à des degrés divers selon les personnes avec qui il se trouve. Sartre propose en effet une analyse différentielle du rapport de Baudelaire aux regards des personnes qu'il connaît plus ou moins bien. Avec ses proches, il adopte une stratégie où il s'accuse de fautes réelles (qu'il connaît, donc), comme d'être méchant avec sa mère ou dépensier. Il s'appuie alors sur sa connaissance de leur manière de le voir afin de désamorcer leur jugement. Il peut « coqueter avec

---

1. En analysant un cas analogue (*Authority and Estrangement, op. cit.*, p. 170 *sq.*), Moran montre que le fait d'interpréter sa propre autocensure comme l'expression d'un caractère méritoire peut devenir à son tour source d'un blâme qui sape l'attribution du mérite, dynamique absente de l'attribution d'un vice à autrui. C'est de cette façon restreinte qu'il interprète la position de Sartre : « un certain éventail d'évaluations du caractère [est] "irréalisable" dans la perspective en première personne » (p. 186).

2. *B*, p. 144-145 ; *cf.* aussi p. 125.

3. *Ibid.*, p. 144.

leur mépris », parce qu'il sait qu'il peut toujours échapper à leur jugement en s'alignant sur leur perspective et renchérir dans l'accusation de lui-même[1]. Avec ses parents, il cherche même à paraître horrible afin de les faire culpabiliser en « constat[ant] l'abandon dans lequel ils l'ont laissé »[2]. Avec des inconnus, en revanche, il est dans l'embarras. Il ne sait pas ce qu'ils pensent de lui ni comment ils établissent leurs jugements. Pour cette raison, il joue un personnage inventé, extravagant et provocateur, ce qui lui permet d'attirer des jugements plus prévisibles mais faussés d'avance. Par ce faux-semblant, il se dissimule au regard des autres, mais au passage, son personnage gagne une sorte de réalité paradoxale à ses yeux :

> Ce dandy pervers et excentrique, c'est tout de même *lui*. Le seul fait de se sentir visé par ces yeux le rend solidaire de tous ses mensonges. Il se voit, il se lit dans les yeux des autres et il jouit dans l'irréel de ce portrait imaginaire[3].

Baudelaire n'ignore donc pas entièrement l'être qu'il paraît être pour autrui. Il en a une idée suffisamment claire pour en jouir. Son incapacité de se voir comme autrui le voit en toute objectivité s'avère utile, en fin de compte, puisque son vrai but, jamais pleinement atteint, est de se doter d'un être en se donnant l'illusion de se connaître.

Ces considérations permettent de voir en quoi la mauvaise foi de Baudelaire est originellement interpersonnelle et sociale, ce qui éclaire un débat important dans la littérature anglophone. Plusieurs auteurs, tels Robert Stone et Matthew Eshelman[4], ont soutenu qu'il y a une tension dans la conception de *L'Être et le Néant*. D'un côté la mauvaise foi est présentée comme un projet premier du pour-soi seul face à son manque d'être, précédant les situations sociales qui la sollicitent[5]; de l'autre, elle semble présupposer l'expérience du regard objectivant d'autrui, et plus généralement le contexte social qui médiatise le rapport à soi et au monde. Dans le *Baudelaire*, cette tension est en partie levée grâce au fait que le choix originel est une réponse à une situation sociale aliénante et que la mauvaise foi qui en résulte s'appuie explicitement sur l'expérience du regard d'autrui. La proposition de Stone selon laquelle « la mauvaise foi peut *trouver son*

---

1. *B*, p. 137-141.
2. *Ibid.*, p. 53.
3. *Ibid.*, p. 141.
4. M. Eshelman, « Bad faith is necessarily social », art. cit., p. 41.
5. *EN*, p. 83.

origine dans le monde social sans être *imposée par* ce monde »[1] s'applique sans difficulté au *Baudelaire*. Dès lors, on peut explorer la suggestion de Stone selon laquelle sortir de la mauvaise foi suppose de reconnaître l'origine sociale de celle-ci[2]. Plus généralement, si autrui est la condition de la pseudo-objectivation de soi caractéristique de la mauvaise foi, il est aussi celui qui peut légitiment prendre un point de vue objectif sur moi.

En ce sens, on pourrait considérer l'instrumentalisation du regard d'autrui par Baudelaire comme un contre-modèle, qui laisse entrevoir ce qu'une connaissance de soi intersubjective sans mauvaise foi impliquerait. Baudelaire joue sur une équivocité entre l'idée selon laquelle autrui jouit d'un meilleur accès à la vérité de son être et celle selon laquelle autrui saisit son essence ou sa nature, quelque chose de fixe et d'indépendant de ses projets. Dans la mesure où autrui est plus impartial, ou voit simplement des aspects de mon comportement que je ne remarque pas, il pourrait en effet mieux saisir ce que je suis en vérité. Une authentique connaissance de soi suppose de nouer d'autres relations avec autrui qui permettent de saisir cette vérité, au lieu de se servir du pouvoir réifiant du regard d'autrui pour s'approprier une image faussée et figée de son être. Rien ne nous oblige à supposer qu'autrui soit condamné à nous renvoyer une telle image. Même Baudelaire ne confère ce « regard de Méduse » qu'à « *certains* autres »[3].

Autrui peut-il donc nous fournir un point de vue objectif sur nous-mêmes sans tomber dans la mauvaise foi ? C'est l'avis de certains philosophes analytiques, comme P. S. Morris, qui attribue à Sartre la thèse selon laquelle « cette perspective extérieure [...] est ce qui nous aide à corriger l'excessive accentuation d'une perspective en première personne potentiellement biaisée »[4]. Cette interprétation est suggestive, mais Morris n'explique pas comment autrui peut nous fournir ce point de vue, étant donné la thèse de *L'Être et le Néant* selon laquelle je ne peux connaître mon moi-pour-autrui à cause de son objectivité « irréalisable » pour moi[5]. Or, le *Baudelaire* suggère que la perspective dans laquelle autrui m'attribue un trait de caractère n'est pas si radicalement incompatible avec la mienne.

1. R. Stone, « Sartre on bad faith and authenticity », dans P. A. Schilpp (ed.), *The Philosophy of Jean-Paul Sartre*, LaSalle, Open Court, 1981, p. 248.

2. *Ibid.*, p. 246.

3. Comme sa famille (*B*, p. 53), ou encore « une certaine catégorie de femmes » sur lesquelles il projette sa frigidité (*ibid.*, p. 111).

4. P. S. Morris, « Self-Deception : Sartre's resolution of the paradox », dans H. Silverman et F. Elliston (eds), *Jean-Paul Sartre. Contemporary Approaches to his Philosophy*, Pittsburgh, Dusquesne U.P., 1980, p. 43.

5. *EN*, p. 313-314.

La psychanalyse existentielle menée par Sartre ne montre-t-elle pas qu'on peut envisager un autre sous l'angle de son choix et non comme une chose ? Par exemple, Sartre remarque que l'enfant « commence à devenir pour nous Charles Baudelaire » à travers l'attention que ce dernier porte à « l'écoulement de ses humeurs »[1]. En effet, pour nous, Baudelaire se caractérise par sa recherche narcissique, ce qui échappe précisément à son regard. Un autre ne pourrait-il pas lui apprendre ce fait, permettant au poète de corriger l'idée qu'il se fait de lui-même en révélant le point aveugle de sa posture réflexive et l'un des biais de sa mauvaise foi ?

Ainsi, ce serait dans le dialogue qu'autrui me permet d'accéder à une forme non aliénée de connaissance de moi-même. Comme le souligne David Jopling, une conception dialogique de la connaissance de soi permet de faire droit à l'apport de la deuxième personne, évitant la « dichotomie entre la perspective en première personne et celle en troisième personne » qui pose problème, selon lui, chez Sartre[2]. Au lieu d'osciller entre agent et spectateur, ou entre regard du juge et « chose » jugée, le dialogue permet à deux sujets de réfléchir ensemble à la question « Qui suis-je ? » ou « Quel est le sens de ma conduite ? » dans un « processus socialement interactif »[3], sans se réifier mutuellement.

Bien entendu, l'efficacité d'un tel processus dépend en grande partie du rapport de l'autre envers soi. Dans la mesure où, quand elle s'applique aux autres, la mauvaise foi implique de les envisager de manière réifiante ou simplement à travers des préjugés[4], le dialogue peut être autant une source d'illusion qu'un correctif, thème important dans le *Saint Genet*[5]. Autrui n'a qu'une autorité relative pour décrire objectivement notre être. Il n'en reste pas moins que nous sommes capables, dans certaines conditions, de distinguer le vrai du faux dans les descriptions de notre caractère. Et toute attribution en deuxième personne d'un trait de caractère ne vise pas à réifier. Mon interlocuteur peut même attirer mon attention sur l'un de mes vices apparents précisément pour me demander de changer ma conduite ou

---

1. *B*, p. 23.

2. D. Jopling, *Self and Self-Knowledge*, New York/London, Routledge, 2000, p. 104.

3. *Ibid.*, p. 104 et p. 152-154.

4. *Ibid.*, p. 136-137, renvoie aux travaux de psychologie sur l'« erreur fondamentale d'attribution » et souligne la conditionnalité de cette forme de connaissance. *Cf.* aussi J. Webber, *Existentialism*, *op. cit.*, p. 4 et p. 120, sur la mauvaise foi envers autrui.

5. J.-P. Sartre, *Saint Genet, comédien et martyr* [1952], Paris, Gallimard, 1970, p. 43-47 notamment.

de la justifier [1], ce qui, loin de me réduire à une chose, fait appel à mon agentivité, à ma capacité de m'engager autrement.

Pour désigner la connaissance qui peut ressortir d'un tel dialogue, la métaphore de l'image ou du portrait, mobilisée par Sartre, n'est pas adéquate. Ce qu'autrui nous livre n'est pas un objet que l'on voit mais une perspective que l'on comprend. Cette connaissance suppose de renoncer à ce que Sartre appellera plus tard le narcissisme, cette « façon de vouloir se retrouver tel qu'on s'imagine être dans ce qu'on fait », et qui ne vise pas « le soi actif qui parle, qui pense, qui rêve, qui agit, mais plutôt un personnage fabriqué à partir de lui » [2]. Au lieu de chercher à projeter et à récupérer une image de moi-même, comme Baudelaire, je peux demander à ceux qui me connaissent de donner leur point de vue sur ma conduite irréfléchie. Ces autres, grâce à leur différence et à leur extériorité par rapport à moi, peuvent éclairer ma perspective, du moins s'ils sont de bonne foi. N'étant pas sous l'emprise de mes choix, ils peuvent me dire ce que je choisis de méconnaître. En me donnant leur avis sur la manière dont je me conduis, ils peuvent m'aider à formuler les aspects de mon être et de mon caractère qui échappent à mon regard.

Le *Baudelaire* permet de comprendre comment on peut choisir de se méconnaître en se servant de moyens qui semblent susceptibles de mener à la connaissance de soi. En tentant de me voir comme les autres me voient, je peux aussi me doter d'une image faussée de ce que je suis et de ce que je fais. La conception du choix originel mobilisée dans le texte est plus intelligible que celle théorisée dans *L'Être et le Néant*. En tant que réponse motivée à une situation problématique, le choix permet de comprendre pourquoi une personne peut entreprendre de méconnaître son propre choix. On peut adopter un rapport à soi et au monde qui favorise l'illusion sur soi, comme lorsque Baudelaire se dissimule le fait qu'il choisit originellement une position malheureuse, faute de mieux. Ce projet d'une connaissance illusoire de soi-même est une forme de mauvaise foi qui implique nécessairement autrui. Elle consiste à prendre le regard d'autrui comme source d'objectivation de mon être afin de me forger une image de moi-même telle que je voudrais me voir, en me détournant de la manière dont je me choisis. Cela montre cependant qu'autrui peut informer

---

1. M. Gilbert, « Vices and Self-knowledge », *Journal of Philosophy*, 68/15, 1971, p. 452.
2. J.-P. Sartre, *Situations, X*, Paris, Gallimard, 1976, p. 198.

la connaissance qu'on prend de soi-même. Baudelaire aurait pu accéder à la vérité de son caractère et de son choix avec l'aide des autres. Dans certaines conditions au moins, autrui peut nous révéler nos illusions sur nous-mêmes, nous faire prendre conscience de notre méconnaissance. Mais si une telle connaissance de soi par l'intermédiaire de l'autre est possible, c'est dans le dialogue, non dans la contemplation. Socrate, plutôt que Narcisse.

Samuel R. WEBB
Sorbonne Université

« L'ÊTRE À LA LUMIÈRE DU NÉANT »
À PROPOS DE LA MÉTHODE
DANS LE *MALLARMÉ* DE JEAN-PAUL SARTRE

S'il fallait tenter de dégager une caractéristique constante de l'essai de
Sartre[1], qui des parties qui le composent indiquerait à la fois la communauté et la disparité, ce serait l'hésitation méthodologique, littéralement
l'hésitation devant le chemin à suivre, devant le modèle capable d'apporter
le plus d'intelligibilité à la trajectoire singulière de Stéphane Mallarmé.
Au cours de son cheminement brisé, le philosophe des biographies existentielles rencontre l'entière constellation de ceux que, plus tard, Paul Ricœur
qualifiera de «maîtres du soupçon». Lecteur de la sociologie marxisante
de son temps, connaisseur de la psychanalyse encore freudienne et attentif
sans doute à la psychologie du Nietzsche de la *Généalogie de la morale*[2],

1. J.-P. Sartre, *Mallarmé. La lucidité et sa face d'ombre*, texte établi et annoté par
A. Elkaïm-Sartre, Paris, Gallimard, 1986. Selon l'éditrice, le texte principal de l'essai inachevé était écrit dès 1952. Il paraîtra dans la revue *Obliques* en 1979 sous le titre *L'Engagement de Mallarmé*. Sartre avait d'autre part écrit un article sous le titre «Mallarmé. 1842-
1898». Publié en 1953 par Raymond Queneau dans le t. III des *Ecrivains célèbres*
(éd. Mazenod), il fut repris comme préface au volume des *Poésies* de Mallarmé à la Nrf-
Gallimard, dans la collection «Poésie»; il est repris sous le même titre après le texte principal
aux p. 149-168 du volume publié en 1986. Pour l'ensemble des deux textes, nous citerons
Mallarmé, suivi du numéro de page dans la collection «Tel». Pour l'histoire de la rédaction et
des éditions de ces deux textes, voir la préface de l'éditrice, *Mallarmé*, p. 9-10.
2. Nietzsche n'est cité qu'une fois dans le *Mallarmé*. Il s'agit d'une citation tirée du § 137
de *Humain, trop humain* (1876-1878): «Dans toute morale ascétique, l'homme adresse sa
pensée à une partie de lui-même divinisée et il lui est dès lors nécessaire de diaboliser l'autre
partie.» (*Mallarmé*, p. 39). La question est déjà celle de la genèse de la morale, qu'il désignait
alors par l'expression d'«histoire des sentiments moraux». Dans la *Généalogie de la morale*
(1887), le «ressentiment» deviendra l'un des ressorts principaux de l'explication. Dans
l'essai de Sartre, les occurrences de cette notion sont parmi les plus nombreuses, y compris

Sartre passe devant ces divers ateliers, y entre, se sert un temps de leurs outillages, construit tour à tour les commencements d'une architecture, se rebiffe devant la dépendance intellectuelle que la démarche dénote, les quitte, découvre une tout autre voie, revient aux anciennes, et finalement abandonne l'ouvrage. Mais c'est précisément de voir ce grand auteur *au travail*, de mettre en quelque manière pied sur le chantier de ses recherches, de faire l'expérience d'une pensée qui se manifeste dans le contact même de la résistance que lui opposent les questions ou encore, pour nous exprimer en phénoménologue, la résistance que lui oppose la *Sache selbst*, c'est cela qui pour nous, lecteurs, fait tout l'intérêt de ce livre. Nous ignorerons ici les circonstances particulières dans lesquelles Sartre a laissé cet essai en déshérence ; nous ferons seulement l'hypothèse que la mise au jour des tensions méthodologiques qui le traversent est de nature à éclairer les enjeux dont il est porteur.

Il nous faut en effet préciser d'emblée que les allers et les retours, les emprunts bientôt désavoués et l'inachèvement de l'essai ne sont que le revers d'une conception qui a bel et un bien un avers positif, lieu même des tensions que nous évoquons. Il tient d'une part en l'aspiration à *expliquer*, démarche gnoséologique dont nous ne mesurons la portée que si nous rendons à ce verbe le relief qu'il a pris depuis que J. G. Droysen et W. Dilthey notamment ont opposé l'*explication* – fin des sciences de la nature – à la *compréhension* – fin des sciences «de l'esprit», fin des sciences morales ou de l'homme[1]. Et il tient d'autre part en l'aspiration à transcender l'explication causale (sociologisante, psychologisante) pour se placer dans la perspective de l'homme-Mallarmé et, à partir de ce point de vue, d'élucider ce que cette individualité fit de la matière sociologique

dans l'article écrit postérieurement (voir *supra* n. 1, p. 49). Nous y voyons l'ombre portée, constamment présente, du plus virulent des critiques modernes des idéaux moraux et des idéaux en général et, de cette façon, l'une des références majeures du *Mallarmé*.

1. Il faut ici renvoyer au texte matriciel du débat qui, par la suite, traversera les réflexions du XXe siècle sur l'épistémologie des sciences de l'homme : W. Dilthey, *Ideen über eine beschreibende und zergliedernde Psychologie* [1894], *Gesammelte Schriften*, t. V, éd. G. Misch, Leipzig-Berlin, Teubner, 1924, p. 139-240 ; trad. fr. M. Rémy, «Idées concernant une psychologie descriptive et analytique», dans *Le Monde de l'esprit*, Paris, Aubier, 1947, t. I, p. 145-245. Sartre peut avoir pris connaissance de la question à la lecture des § 31-32 de *Sein und Zeit*, qui traitent du sens existential du «comprendre» par opposition à son sens gnoséologique ; et aussi à la lecture du § 77, qui présente l'œuvre de W. Dilthey telle que M. Heidegger l'intégrait à la genèse de sa propre pensée.

de son temps comme de la matière biographique de son histoire particulière[1].

Pour l'économie générale de la pensée sartrienne dans cet ouvrage, l'explication par les causes plutôt que la compréhension par les motivations a cette vertu de donner une assise à la révélation et ensuite à la dénonciation des illusions qu'entretiennent les hommes sur leur propre compte chaque fois qu'ils s'imaginent pouvoir être les enfants de l'Idéal, qu'ils croient mieux se comprendre par l'Idée plutôt que par les mouvements de la matière ou, si ce n'est de celle-ci, par ceux, tantôt, des « infrastructures » sociales déterminant secrètement les comportements humains et leurs représentations, tantôt par ceux d'aigres passions de l'âme parmi lesquelles le texte de Sartre place le « ressentiment » au premier rang. Le matérialisme[2] que Sartre croit déceler chez Mallarmé à la suite, sans doute, de la fameuse crise de Tournon[3], est la chose même qu'il s'agit d'expliquer; il s'accommode fort bien d'une méthode elle-même informée de matérialisme; la démystification sartrienne consonne avec l'inéluctable révélation mallarméenne de ce que, dans le fond, une vie humaine est condamnée à vivre jusqu'au tragique la constante supercherie qu'est l'Homme s'il s'imagine être autre chose qu'un échec par avance consommé. L'Homme, inutile passion, sous le regard vide d'un Ciel déserté. Mallarmé, le Sisyphe sans recours que tous nous serions[4].

Souvent le lecteur de Sartre a le sentiment qu'il n'est point question de la poésie et qu'il est à peine question de la poétique de Mallarmé, mais

---

1. Ainsi, écrit Sartre, « les motifs poétiques [de Mallarmé] ont été empruntés. Si le poète les a marqués, c'est *par son travail*, par trente ans d'une réflexion qui peu à peu leur a conféré des significations nouvelles » (*Mallarmé*, p. 89, note *).

2. *Ibid.*, p. 161 : « Mais Mallarmé, profondément matérialiste, ne songe pas à rejoindre les Idées, encore moins à les livrer à notre contemplation. »

3. Rappelons au moins ici ce passage de la lettre à H. Cazalis du 28 avril 1866 : « Malheureusement, en creusant le vers à ce point [Mallarmé fait référence à son *Hérodiade*, le projet d'une vie, jamais accompli], j'ai rencontré deux abîmes, qui me désespèrent. L'un est le Néant, auquel je suis arrivé sans connaître le bouddhisme, et je suis trop désolé pour pouvoir croire même à ma poésie, et me remettre au travail, que cette pensée écrasante m'a fait abandonner. Oui, *je le sais*, nous ne sommes que de vaines formes de la matière [...].» Pour mémoire, l'autre « abîme » que craignait Mallarmé était celui d'une santé qu'il croyait défaillante. Nous citons dans S. Mallarmé, *Œuvres complètes*, « Bibliothèque de la Pléiade », Paris, Gallimard, t. I, 1998, t. II, 2003 ; ici, t. I, p. 696. Par la suite, nous citerons S. Mallarmé, *Œuvres*, suivi de la tomaison et de la page.

4. Cf. *Mallarmé*, p. 167 : « Plus et mieux que Nietzsche il a vécu la mort de Dieu ; bien avant Camus, il a senti que le suicide est la question originelle que l'homme doit se poser ; sa lutte contre le hasard, d'autres la reprendront sans dépasser sa lucidité ».

seulement de l'homme-Mallarmé, et qu'il n'est pas toujours question de lui mais de la mécanique sociale ou idéologique ou pulsionnelle ou encore psychologique qui devait le conduire à vouloir s'annihiler, à devoir s'annihiler, avant de se reprendre pour s'annihiler mieux encore sous une œuvre dont le degré d'exigence le condamnait à l'impuissance. L'histoire de cet homme, le ressort à la fois psychologique et métaphysique de son œuvre après la crise qui devait lui faire découvrir le «néant», sont ceux d'un suicide indéfiniment consommé dans l'échec répété de l'écriture, d'un suicide sans passage à l'acte sinon l'acte d'écrire une œuvre impossible. Toutefois, si l'annihilation est, chez Mallarmé, l'affaire de toute une vie, les significations dont l'œuvre témoigne concernent, elles, la question du devenir commun ou, si l'on préfère, objectif de la littérature contemporaine.

LA MATIÈRE ET LE HASARD

Comment nous ouvrir à notre tour une voie parmi les types divers d'analyses que l'essai de Sartre met en avant ? Nous proposons, au titre d'une amorce herméneutique, de commencer par un passage des dernières pages de l'essai principal, à un endroit où les fils du propos de Sartre se nouent en une considération qui projette sur les parties antérieures une lumière décisive : la perspective même de Sartre s'y voit *motivée* par le «drame» ou la «tragédie» que Mallarmé vit jusqu'au martyre. Nous serions pris ici dans une *situation absolue*, situation sans dehors réel, dont aucun effort, aucune œuvre, aucune création ne peuvent nous libérer, situation de sujétion métaphysique, situation de malheur psychologique que la lucidité du poète lui faisait reconnaître mais à laquelle il n'aurait cessé d'opposer une volonté tendue vers l'éclairement poétique de la Terre. En vain, cependant, forcément en vain, cette espérance.

Voyons ces passages qui, pour la compréhension de l'entreprise sartrienne, sont déterminants puisque, comme un gant qui se retourne, l'intérieur du drame de l'existence, sa constitution métaphysique et, de celle-ci, les retentissements psychiques, impliquent une méthode explicative des tourments d'un homme qui avait espéré vaincre les jeux de la nécessité. L'homme est le jouet d'une illusion tragique, douloureuse et tenace. Il croit posséder la puissance de se libérer des jeux d'un hasard indifférent, de se reprendre, de se ressaisir, de saisir le Monde en une synthèse qui enfin donnerait sens à l'existant grâce à un acte qui transcenderait le mécanisme et, enfin, le consacrerait Homme. Ainsi, bien avant Michel Foucault, avec Sartre nous comprenons que le règne des sciences et, en elles, du projet des « sciences » de l'homme en un second XXᵉ siècle finalement très scientiste devait aboutir à la décomposition de son objet.

Toujours effet, et effet malheureux dès lors qu'il est doué d'une conscience le portant à se penser, jamais cause des événements mondains, il ne sera que la fulguration mille fois répétée du même éclair imbécile :

> Tout est mensonge, l'être humain n'a ni réalité ni unité, ni identité ni autonomie. La pensée n'est qu'un rêve de pensée : qu'elle cherche à s'exercer, la voilà matière, éparpillement de mots[1].

Or, comme nous allons le lire, s'il n'y avait que la masse anonyme et aveugle des événements de nature, il n'y aurait aucune des catégories qui feront l'aventure prestigieuse et pourtant désolée de l'homme : prestigieuse et désolée comme l'on pourrait parler des prestiges d'un magicien triste dont les habits lumineux ne brilleront que le temps d'une mise en scène illusoire et qui, au fond, sait qu'il ne vend qu'un rêve frelaté pour le songe d'un instant avant le jour durable du dégrisement général.

Qu'en est-il dès lors de cette catégorie du hasard qui, tout à la fois, hante le poète et fournit sa structure à l'analyse sartrienne ?

> Le temps, pour nous, n'est pas : c'est le rythme qui scande notre déception toujours recommencée. L'homme se temporalise pour se perdre et en se perdant. L'instant, c'est le *tempo* du Drame, c'est-à-dire la révélation fulgurante et paradoxale que le futur *était* du passé. Le Hasard n'est point dans l'Être : il surgit avec l'Homme ; l'Homme le fait apparaître en confrontant son rêve, l'ordre des fins, avec *l'enchaînement infiniment infini des causes*, qui est la Réalité. On parlera de hasard chaque fois que le prétendu résultat d'une activité concertée se révélera comme le pur et simple produit d'une rencontre de *séries causales*. L'homme, par qui le hasard vient au monde, se retourne vainement contre lui : chacune de ses actions naît des fatalités qu'il veut détruire. Cette torsion vaine, ce retournement sur soi, voilà l'effort humain. L'inutile spirale des générations : voilà le mouvement de l'Histoire[2].

C'est ici le philosophe qui, plus que le texte ne le laisse entendre, retrouve une constellation familière au métaphysicien classique. Si *le temps*, milieu que par présomption nous croirions propice à l'inventivité humaine, milieu dans lequel aurait pu s'exprimer la nouveauté du nouveau et qui, partant, aurait pu être une condition de la création, *n'est*

---

1. *Mallarmé*, p. 138.
2. *Ibid.*, p. 139. Nous soulignons « enchaînement infiniment infini des causes » et « séries causales ».

pas, c'est que, sur un certain plan, ce qui advient aura toujours déjà eu lieu, c'est que, sur ce plan, les dés sont depuis toujours jetés, c'est que le futur n'y sera qu'une illusion propre à la condition finie. Ce plan, la Science s'y projette volontiers. Elle est celui qu'habite le *Kosmotheôros*, le Spectateur universel d'un spectacle accompli, celui qui porte sous ses yeux le « Grand Objet »[1], objet en soi achevé. Rien n'y *advient* à proprement parler et le hasard, si nous voulions lui associer une genèse de l'indétermination, est illusoire, tout moment de réalité est tenu par les chaînes de la causalité et ces séries définissent la Réalité elle-même. Aucune place n'y est prévue pour l'Homme, aucune pour la Création, aucune pour la Poésie. La temporalisation humaine même, en particulier si nous la pensons comme se produisant depuis l'indétermination du futur, est de l'ordre d'un simple fantasme projeté par le désir. Avec l'homme, le Désir vient au monde et avec lui le malheur.

Cette « tragédie », nous le disions, métaphysique et psychique, Mallarmé la porte à son acmé, elle éclate en son œuvre comme en son ultime révélation foudroyante. Après elle, il ne pourra subsister que débris calcinés. Le combat qui ne pouvait que le détruire est celui de l'effort vain mais forcené d'une liberté devant l'indifférente épaisseur de l'être que n'éclaire que le néant, par où il faut entendre un néant de sens[2].

DESTITUTIONS

Puisqu'il s'agira de comprendre Mallarmé dans son époque, il faudra donner du relief aux caractères de celle-ci, du moins pour ce qui concerne la pensée poétique. La situation de la poésie à la fin du XIXe siècle venait en effet à maturation depuis longtemps : depuis la Révolution à vrai dire. La première partie de l'essai de Sartre est consacrée à la génération des « poètes de 1848 » ; elle semble, à première vue, ne concerner qu'assez peu Mallarmé, auquel il n'est fait allusion que de loin en loin[3]. Cependant une histoire dont va s'emparer une sociologie préparera la venue au monde d'un être en qui se consumera en un feu bref et intense la destinée de la

---

1. Nous empruntons ces expressions à M. Merleau-Ponty dans *Le visible et l'invisible*, « Tel », Paris, Gallimard, 1979, p. 31-32.

2. *Cf.* ce passage : « Tout est dans l'ordre si l'on considère ces suicides symboliques [les échecs répétés du grand Œuvre poétique] à la lumière d'une mort accidentelle, l'Être à la lumière du Néant. » (*Mallarmé*, p. 166).

3. « Les héritiers de l'athéisme », titre de l'éditrice qui distingue deux grandes parties sur la base des brouillons de l'auteur, voir *ibid.*, p. 15-68.

littérature contemporaine. Dès lors en effet qu'était reconnu le caractère éminemment historique – et dès lors contingent – des organisations sociales, dès lors que devenait caduque la représentation qu'avait de soi l'Ancien Régime, dès lors que glissait au néant l'idée d'un ordre cosmologique éternel garanti par Dieu, dès lors que la débâcle emportait l'idée de rapports hiérarchiques entre les hommes fondés sur l'ordre hiérarchique de l'Être, s'effaçait l'espoir que les œuvres humaines pussent porter l'expression de significations immuables et, en cela, intouchables, c'est-à-dire sacrées. La mort, le néant, s'insinuaient en chaque entreprise. La mort du Roi devenait l'expression historique de la mort de Dieu ; la mort de Dieu signifiait aussi la mort de l'Homme. L'espace s'ouvrait pour les analyses socio-historiques de la situation de l'homme et, en fin de compte, pour son ultime destitution.

Dès lors aussi, écrit Sartre, « la Poésie perd ses deux thèmes traditionnels : l'Homme et Dieu ». Cette double perte, qui elle-même résulte de la chute de la monarchie en 1848, sorte de réplique de sa chute de 1789, ébranle la foi en la Présence et se traduit par ce que Sartre nomme « l'Universelle Absence », sorte de séisme généralisé qui par répliques successives entraîne l'ébranlement et ensuite la disparition des assises métaphysiques des sociétés européennes[1]. Nous ferons remarquer, sans pouvoir développer plus longuement ici, que cet aspect de l'essai de Sartre consonne étrangement (étrangement car les horizons théoriques généraux sont très différents, antithétiques à bien des égards) avec certaines des thèses du fameux article de Roland Barthes, « La mort de l'auteur »[2]. Comme une grande partie de la critique, Barthes fait remonter à l'œuvre de Mallarmé la source première des multiples aventures de la littérature du XXᵉ siècle en France. En cette œuvre, le point cardinal est, une fois encore, la découverte mallarméenne du néant et, selon cette interprétation de la poétique mallarméenne, le retournement sur soi d'un langage qui sera désormais sans dehors. Selon Barthes, sémiologue d'obédience structuraliste à l'époque de son article :

En France, Mallarmé, sans doute le premier, a vu et prévu dans toute son ampleur la nécessité de substituer le langage lui-même à celui qui jusque-là était censé en être le propriétaire ; pour lui, comme pour nous, c'est le langage qui parle, ce n'est pas l'auteur ; écrire, c'est, à travers une impersonnalité préalable [...] atteindre ce point où seul le langage agit,

---

1. *Mallarmé*, p. 15-16.
2. R. Barthes, « La Mort de l'auteur », *Manteia*, 1968, p. 61-67.

«performe», et non «moi» : toute la poétique de Mallarmé consiste à supprimer l'auteur au profit de l'écriture [1].

Il ne fait cependant pas de doute que «la mort de l'auteur» est chez Barthes le signe-symbole d'une mort plus générale, la mort de l'étant, de tout étant que l'on supposerait être «avant» les signes ou constituer leur dehors : mort de Dieu, mort du Monde, mort de la Chose, tenus pour autant d'en-soi, autant d'hypostases et autant de «crans d'arrêt» au libre jeu des signes; ces «instances» ne sont plus retenues que comme effets performatifs de l'univers symbolique (le monde est lui-même un texte)[2]. L'univers des signes étend un empire sans bornes ; il consacre la vacuité de son extérieur. L'écriture entendue à la manière de Barthes se déploie en un mouvement «contre-théologique», comme lui-même l'écrit[3]. Une fois l'étant premier destitué, toute consistance ontologique l'est aussi.

Chez Sartre qui enregistre les soubresauts d'une époque dans les fins replis d'une existence incarnée singulière, il ne saurait être question de supprimer la référence à l'auteur ni l'incessante confrontation entre son désir de sens et l'irréductible résistance de la réalité. Il est pourtant certainement question, comme chez Barthes, de se débarrasser de l'idole de l'Auteur – Dieu. Le Mallarmé de Sartre vit jusqu'à la Passion la lutte pour un sens – une synthèse, une totalisation, dirait Sartre – qui se révélera impossible; quelque quinze ans plus tard, celui de Barthes aura compris et nous fera comprendre que «l'écriture pose sans cesse du sens mais c'est toujours pour l'évaporer : elle procède à une exemption systématique du sens»[4]. Le «sens», simple effet performatif de la langue, est porté mais aussi emporté par les jeux entre signes, apparaissant mais évanescent.

La destinée tragique de Mallarmé se prépare, sa découverte du «matérialisme» aussi. L'homme du XIXᵉ s'apprend en effet en ses vérités : il est des Hasards, lui n'en est qu'un; il est une Nature (celle des sciences et du mécanisme alors triomphant), lui n'en est qu'un produit quelconque, une «minéralité secrète»[5], un arrangement chimique comme tant d'autres; il est une Histoire, une époque n'en est qu'un ressac. La description sartrienne des poètes de la génération qui prépare le moment mallarméen – Sartre cite Flaubert, Leconte de Lisle, Cazalis, Lefébure, Verlaine,

---

1. R. Barthes, «La Mort de l'auteur», art. cit., p. 62.
2. Cf. *ibid.*, p. 66.
3. *Ibid.*
4. *Ibid.*
5. *Mallarmé*, p. 16.

Villiers de l'Isle-Adam, un Baudelaire parfois athée, un Vigny parfois agnostique – est marquée par l'effet directeur des changements sociaux et historiques sur les représentations métaphysiques du monde et, ensuite, par les réponse aigres, mues par le «ressentiment»[1] et par la «rancœur»[2], de ces poètes qui appartiennent tous à une petite bourgeoisie par eux-mêmes honnie[3]. Ces écrivains se savent «orphelins de Dieu»[4], savent que la poésie de «droit divin»[5] est ruinée, que la mort a pénétré l'écriture comme toute autre valeur, sentent que l'Absence universelle est pour eux surtout celle du «Verbe», comprennent que leur œuvre, s'il en est une, sera sans Grand Témoin, sinon la froide, la distante et impassible Constellation[6]; ils s'octroient pourtant le luxe des impécunieux, le Rêve : celui de rétablir en ses droits l'aristocratie de l'inspiration, de restaurer le verbe visionnaire, de retrouver les puissances numineuses. Ces poètes de la moitié du siècle sont, à vrai dire, athées et pénétrés de matérialisme mais ils se font «les agents d'une contre-révolution», «précieuse», ajoute Sartre, insistante et éprise de hiérarchie ; à défaut de se fonder sur une aristocratie inscrite dans l'ordre objectif du monde, ils comptent reconstituer une aristocratie de l'esprit.

Le ressort second de leur comportement est psychologique, la structure explicative première est sociologique, et ces plans de l'analyse se conjoignent :

> Classe du ressentiment, de l'humilité orgueilleuse, de l'envie et de la honte ruminée, cette petite bourgeoisie s'imagine payer en toutes circonstances les grandes casses de l'Histoire [...][7].

---

1. *Ibid.*, p. 43-44.
2. *Ibid.*, p. 46.
3. Parmi les portraits à charge que dessine Sartre de la fine fleur poétique de la petite bourgeoisie de l'époque, nous soulignerons celui-ci à titre de simple exemple : «Économes par nécessité, ces professeurs, ces employés des postes, ces secrétaires de mairie, chefs de bureau et sous-bibliothécaires s'offrirent le luxe d'être parcimonieux, celui de refuser par avance tous les biens qu'ils ne pouvaient acquérir» (*Mallarmé*, p. 41). «Leur caque sent toujours le hareng», écrit encore Sartre (*ibid.*, p. 50) en reprenant une expression imagée dont le moins que l'on puisse dire est qu'elle est peu flatteuse.
4. *Ibid.*, p. 24.
5. *Ibid.*, p. 21.
6. Cf. *Un Coup de dés*, dans S. Mallarmé, *Œuvres*, I, p. 387 «UNE CONSTELLATION/froide d'oubli et de désuétude/pas tant/qu'elle n'énumère/sur quelque surface vacante et supérieure/le heurt successif/sidéralement/d'un compte total en formation».
7. *Mallarmé*, p. 38.

Conscience malheureuse et, au surplus, conscience de classe aveugle qui ignore autant les véritables victimes de cette histoire, les nouveaux prolétaires, que ses véritables bénéficiaires, les grands bourgeois :

> Et quand il [le poète] s'aliène à l'absolu, affectant de considérer l'Idéal comme essentiel et son Ego comme inessentiel, il ressemble encore à ses parents qui se sont aliénés pour toujours à l'invisible Capital. C'est d'eux qu'il tient son goût de la pureté, son respect des grands de la terre, c'est d'eux qu'il tient sa haine de la Nature et de la Vie[1].

Le poète de ce temps en France est selon Sartre un petit-bourgeois s'offrant l'illusion d'une grandeur douloureuse qui lui paraîtra d'autant plus grande, qui le comblera d'autant plus qu'elle se nourrira d'un échec nécessaire, puisqu'en ce dernier il verra la marque même de son élection. Le fond de l'explication sartrienne est ainsi sociologique; toutefois, soucieux comme toujours de considérer les réponses individuelles aux contraintes de la situation sociale et historique, il verse ici au compte de la mauvaise foi ou de l'aveuglement ou encore de ces «mécanismes» subjectifs mis au jour par Nietzsche et plus encore par Freud – le ressentiment, le déni de la réalité, la «sublimation»[2], la formation réactive, etc. – la noble métamorphose d'un échec social en question métaphysique :

> [...] ils lient leur destin à celui de la classe possédante. Et pour satisfaire leur rage autant, peut-être, que pour se masquer la véritable source de leur angoisse, ils transposent le drame social en catastrophe cosmique[3].

La posture même du poète, ses revendications élitistes, ses goûts comme ses dégoûts ne seraient rien de plus que les effets «suprastructurels» d'un comportement de classe :

> Quant à la noble attitude du poète, qu'est-elle donc, sinon le reflet du séparatisme bourgeois[4]?

Ces poètes et ces littérateurs sont les complices de l'oppression; ils ferment les yeux sur la misère sociale, ils refusent l'égalisation des conditions. Indifférents à l'humanité, ils sont «réactionnaires sans le savoir»[5]. Ils eussent voulu le rétablissement de l'ancienne foi en la grandeur de leur parole; ils n'étreignent qu'un néant.

---

1. *Mallarmé*, p. 40.
2. *Ibid.*, p. 56.
3. *Ibid.*, p. 47.
4. *Ibid.*, p. 54.
5. *Ibid.*, p. 61.

L'HOMME MOYEN ET L'HISTOIRE D'UN SEUL

En somme, comme le montrent ces quelques moments parmi bien d'autres de l'analyse sartrienne, puisqu'il s'agit non seulement de décrire le poète de 1850 mais d'expliquer tant ses comportements que ses convictions de poète et ses thèmes mêmes, il faut n'alléguer que des « raisons historiques, sociales, économiques »[1] ; il faut supposer que les arrangements de mots, de sens et de sons qui font les poèmes n'appellent pas d'analyses poétiques *sui generis*, qu'ils sont transparents aux raisons évoquées. L'entreprise poétique meurt de se détourner de la réalité. Elle ne sera désormais plus que nihilisme sans emploi, mise en mots d'un nihilisme anonyme. L'« opération sociale » de ces poètes, fonctionnaires parmi les fonctionnaires, la négativité, en les détournant du monde pour étreindre le rêve d'une plus pure réalité, sera « leur unique *réalité* »[2].

Au cours des longues pages de cette première partie de l'essai de Sartre, le « cas » Mallarmé est évoqué ici ou là ; tel ou tel extrait de son œuvre ou de ses lettres est cité à l'appui de la démonstration. Il semble d'abord que son histoire soit homogène à celle des autres auteurs visés, il semble qu'il s'agisse d'un exemple quelconque parmi tant d'autres. Lui aussi fonctionnaire de l'instruction publique, fils et petit-fils de fonctionnaires, lui aussi rêveur de l'absolu mais forcé de découvrir « en creusant le vers » le néant qui y gît, lui aussi contempteur du vulgaire, lui aussi voué à la seule négativité. Pourtant, par un revirement méthodologique inattendu au vu des caractères de l'analyse sociologique avancée jusqu'ici, Sartre donne subitement un relief marqué à la personnalité individuelle de l'auteur du *Toast funèbre*. S'annonce ainsi le passage de l'explication sociale par la classe à l'explication singulière. Comment s'opère-t-il ? C'est que l'explication par la classe est une explication moyenne qui s'applique comme un vêtement ajusté à des esprits « médiocres »[3] (elle vaudra encore pour Mallarmé avant qu'il se découvre lui-même). À ceux-ci conviennent des…

…représentations collectives qui tirent leur existence de la seule conjoncture historique, bref des *superstructures* qui ne sont guère plus que des reflets du social[4].

---

1. *Ibid.*, p. 55.
2. *Ibid.*, p. 60.
3. *Ibid.*, p. 67.
4. *Ibid.*, p. 66 (nous soulignons).

On le voit, le cadre explicatif est marxiste. Il vaut pour la petite masse de ces poètes sans véritable envergure qui entourent Leconte de Lisle ou fréquentent le salon de Nina de Villard, pour ces hommes qui ne vivent pas la poésie comme une question de vie ou de mort, qui, bientôt, choisiront de faire carrière ou de guigner les honneurs de l'Empire ou de la République[1].

Ce qui les caractérise avant tout, c'est qu'ils jouent plus qu'ils n'éprouvent les drames qu'affronte la poésie de ce milieu de XIXe siècle, c'est que, dénués de personnalité propre, ils se laissent traverser par un esprit du monde plus qu'ils ne le pensent, c'est qu'ils empruntent, en quasi anonymes qu'ils sont, le nihilisme poétique anonyme du temps. En revanche,

> [...] si l'idée poétique devient en quelqu'un une maladie mortelle et volontaire, si une conscience vaste et lucide en fait tenir ensemble toutes les nuances, dans l'unité d'un même acte, elle échappera aux interprétations marxistes et au conditionnement social; poussées jusqu'à l'extrême, les erreurs basculeront, dévoilant la vérité de l'homme[2].

Sartre ne désavoue nullement les analyses qui précèdent la fin de cette première partie de l'essai. Les explications marxistes ou marxisantes valent en général pour les groupes: elles montrent que pour ceux-ci les représentations sont en effet «une superstructure, simple et passif effet de transformations»[3] sociales qu'eux-mêmes ne pensent pas. En revanche, un individu d'exception, qui l'est de suivre jusqu'au bout, et en pensée et en action, les douloureuses nervures de son époque, qui l'est de ne faire aucune concession à la facilité, à la paresse ou aux honneurs, qui comprend qu'un drame social révèle un drame absolu, qui dévoile dès lors «la vérité de l'homme», comme l'écrit Sartre, seul un tel individu, à la fois «héros et martyr»[4], peut être le révélateur en quelque sorte absolu de «la situation poétique»[5] qui elle-même, pour Sartre, est révélatrice de la situation de l'homme[6].

Le «cas Mallarmé», cas extrême, n'échappe à l'analyse sociologique que parce que, se retournant en quelque sorte sur son temps, ce poète vit jusqu'au bout les contradictions d'une époque. La lumière sombre qui

---

1. Voir *Mallarmé*, p. 60.
2. *Ibid.*, p. 67.
3. *Ibid.*, p. 68.
4. *Ibid.*, p. 67.
5. *Ibid.*, p. 66.
6. Cf. *ibid.*, p. 144: «Depuis qu'il [Mallarmé] a décidé d'écrire pour lancer le Verbe dans une aventure dont on ne revient pas, il n'est pas d'écrivain, si modeste soit-il, qui se risque dans un livre sans risquer la Parole avec lui. La Parole ou l'Homme: c'est tout un.»

émanera de son œuvre à tout jamais inachevée et inachevable éclairera rétroctivement les attitudes moins décidées de ses contemporains. La méthode sartrienne se fait mobile : l'explication sociologisante prépare la présentation de la singularité mallarméenne; celle-ci révèle après coup la vérité ultime du nihilisme qui n'était que passif chez les poètes qui lui furent contemporains.

Pour l'heure, Sartre commence, dans la seconde partie, par réassimiler Mallarmé à ceux de son temps : «il n'est pour le moment rien d'autre que ce que le siècle a fait de lui. Il appartient à l'espèce des fonctionnaires-poètes»[1] ; il leur appartient, peut-être seulement plus marqué que d'autres par le «guignon». Il vit comme les autres une vie médiocre : médiocre professeur de divers lycées de province, il subit péniblement les charges de son métier; jeune encore, il se laisse aller à un mariage tout aussi quelconque et se donne une épouse qui n'est «qu'une ombre», «un fantôme d'épouse»[2].

Cependant, comment appréhender l'individu distinct qu'il est, comment comprendre cette vie singulière qui aura marqué les destinées de la «Parole» en notre temps? Comment répondre à la question : «qui est-il?», demande Sartre[3]. Puisqu'il s'agit de cerner une individualité, Sartre se tourne maintenant vers la psychanalyse et s'interroge sur le rapport entre une méthode de sociologie historique et une méthode de psychologie individuelle :

> Le vrai problème est là : interprétation par l'histoire de tous ou par l'histoire d'un seul? Par la méthode dite de «dialectique matérialiste» ou par la psychanalyse[4]?

Et plus loin :

> La véritable énigme à résoudre, ici, est plus complexe : il s'agit de savoir comment on peut user simultanément de deux méthodes qui prétendent s'exclure, comment un même ensemble thématique peut servir d'emblème à une destinée personnelle et sexuelle en même temps qu'à un moment de l'histoire sociale[5].

---

1. *Ibid.*, p. 70.
2. Pour cette première description de Mallarmé «fonctionnaire de province», voir *ibid.*, p. 69-87.
3. *Ibid.*, p. 83.
4. *Ibid.*, p. 88.
5. *Ibid.*, p. 92.

Sartre ne se satisfera pas de combiner simplement ou d'empiler ces deux perspectives. Il se donnera une vue synthétique qui sera d'ordre supérieur en ce qu'elle touchera à la constitution primaire des rapports de la «réalité humaine» avec le monde; se fondant ensuite sur elle, il cherchera à en mettre au jour la déclinaison particulière à la vie de Mallarmé dans son siècle. Pour livrer cette vue synthétique, c'est désormais à la langue de l'analyse existentielle qu'il aura recours et, dans une certaine mesure, à celle de la phénoménologie eidétique husserlienne.

Nous nous limiterons ici à cerner, au moins dans ses grandes lignes, la genèse de la découverte mallarméenne du néant puisque, aussi bien, elle demeure tant pour Sartre que pour la critique mallarméenne en général la cellule matricielle de l'œuvre du poète et l'écueil sur lequel elle devait s'échouer.

L'explication par la seule causalité sociale, le sociologisme, est désavouée dans son principe à partir du moment où il s'agit de comprendre de quelle manière une individualité se détache du groupe social auquel elle appartient, de comprendre quel sort elle fait subir aux représentations des choses, du monde, du langage allant de soi pour ce groupe. Qu'en est-il toutefois du causalisme psychanalytique, relai possible dans l'ordre de l'explication, tel que l'époque pouvait encore l'admettre? Sartre procède par la lecture critique d'un essai paru deux ans plus tôt et signé par Charles Mauron[1]. Dans la ligne peut-être de la première partie de l'essai, mais en empruntant cette fois à Mauron la notion d'«expression symbolique»[2], Sartre continue de reconnaître quelque droit à la référence sociologique (à une sorte d'inconscient social)[3] jointe désormais à la référence psychanalytique (à l'inconscient personnel en un sens freudien). Il s'agit toutefois maintenant de parler de processus d'expression et de traduction; il s'agit donc de placer l'analyse sur le plan des rapports symboliques entre certains ordres de signification et les manières dont ils se manifestent dans le langage.

1. Ch. Mauron, *Introduction à la psychanalyse de Mallarmé*, Neuchâtel, La Baconnière, 1950 (référence donnée par l'éditrice). Ajoutons que Sartre fera également allusion à un autre essai du même auteur, *Mallarmé l'obscur*, Paris, 1941.

2. *Mallarmé*, p. 89, note *.

3. Voir *ibid.*, p. 89 : «Les "idéologues actifs, nous dit Marx, ont la spécialité de forger les illusions de la classe dominante sur elle-même". Et, bien entendu, ils sont pour la plupart de bonne foi, donc mystifiés. Le naufrage du *Coup de dés* traduit parfaitement bien la terreur de la classe possédante qui prend conscience de son inévitable déclin, le malaise de la bourgeoisie devant la mort de Dieu, le "décadentisme" des idéologues contemporains et la bouderie de l'homme du ressentiment en même temps que sa volonté d'échec.»

Il faut pour cela redéfinir la notion d'inconscient. Les « motifs poétiques », s'ils trahissent un secret en des « significations nouvelles », ne trahissent pas cependant les « instincts bruts » de l'auteur ni « l'obscure histoire de sa sexualité ». Il faut préciser :

> [...] il s'agirait plutôt de ce que je nommerai « le mystère en pleine lumière, la face d'ombre de la lucidité »[1].

En une double formulation qui, on va le voir, paraît contradictoire, Sartre ajoute à toutes les qualifications attribuées à l'inconscient depuis un siècle quand il écrit, une détermination que nous pourrions qualifier d'existentielle ou encore de métaphysique dans la mesure où elle a trait à la situation générale de l'homme dans l'Être :

> Il y a, en effet, un inconscient au cœur même de la conscience : il ne s'agit pas de quelque puissance ténébreuse et nous savons que la conscience est conscience de part en part ; il s'agit de la finitude intériorisée[2].

L'inconscient ici admis n'est pas, comme chez Freud, une région de l'étant ayant ses lois propres et une puissance qui s'opposerait à la conscience. Il n'a qu'un caractère négatif. L'inconscient est un moment de la conscience, inévitable pour une existence finie : il est l'impensé du pensé, l'ignorance du savoir, la part d'ombre qui accompagne les expressions d'une conscience qui ne peut se reprendre elle-même en transparence, qui ne peut se totaliser. Il est le constant tribut à la finitude. L'homme qui pense est comme un promeneur dans un paysage : selon sa posture et sa position dans l'espace, certaines zones lui apparaîtront finement éclairées, d'autres plus lointaines ou plus indistinctes, d'autres encore se trouveront dans la périphérie du champ visuel. En aucun cas, il ne verra s'éclairer toutes les parties du paysage en même temps. L'ombre est engendrée par sa position même puisque son corps a un dos, est engendrée par son engagement dans l'espace puisqu'il ne peut le contempler en position de surplomb absolu ni occuper tous les points de vue. C'est pourtant avec elle – et non contre elle ou en dépit d'elle – qu'il perçoit ; c'est dans la finitude, avec elle et non contre elle, qu'il pense et vit. L'homme qui pense le fait avec les moyens, les convictions, les évidences de son temps ; ses représentations s'accompagnent « [d'] ignorances, [de] préjugés, [de] choix injustifiés, etc., etc. »[3]. Dans les situations sociales ou

1. *Ibid.*
2. *Ibid.*
3. *Ibid.*, note *.

psychologiques particulières en lesquelles se décline la finitude, l'inconscient sera de l'ordre des conditions de possibilité réelles de toutes les tentatives faites par l'homme pour se représenter lui-même à lui-même. L'homme ni ne vit, ni ne fait l'épreuve de sa liberté depuis la page vierge d'un commencement absolu qu'il se donnerait. Comme les progrès de la lucidité, progrès du savoir de l'homme sur soi, supposent de telles conditions de possibilité, l'irréparable finitude pourra seulement être jouée autrement, déjouée selon un certain angle, rejouée ailleurs : elle ne pourra être extirpée. Le point de vue de l'observateur anonyme universel qui ferait abstraction de la *situation* originaire de l'existence ne nous est pas accessible.

C'est ainsi sur fond de cette situation qu'il faudra considérer les attitudes d'un homme. C'est elle aussi qui permettra de placer sous une lumière exacte « les relations fortuites et contingentes »[1] que connaît la psychanalyse. Il va s'agir de remonter jusqu'à « la constitution de l'expérience » qui, dans un certain ordre des raisons, précède mais aussi permet d'interpréter les données de l'expérience. Pour la mettre au jour, Sartre se tourne désormais vers la langue philosophique de Heidegger et de Husserl sans toutefois jamais les nommer. Il s'agit de dégager un *a priori*[2], c'est-à-dire une eidétique, de la relation au monde, de la relation de « la réalité humaine »[3] au monde :

> Ces structures qui donnent son sens, son orientation et sa portée à l'expérience quotidienne sont elles-mêmes des spécifications d'une relation synthétique de l'existant à l'Être, que l'on nomme *être-dans-le monde*. Il est impossible, en effet, de ramener la liaison originelle de la réalité humaine avec Tout à la simple contiguïté[4].

Dès lors, la liaison aux choses, à la fois de transcendance et de synthèse originaire, est la base pour la compréhension de toute relation particulière, elle est le rapport qui fonde tous les rapports. Parmi ceux-ci les rapports à autrui et, parmi eux, ceux qui intéressent particulièrement la psychanalyse, les rapports au père et à la mère. Avant d'y venir cependant, il y a encore lieu de préciser de quelle manière, pour Sartre, le rapport originaire de l'homme au monde est marqué du sceau d'un drame inévitable. C'est que la relation, si elle peut être pensée dans toute sa pureté, ne s'effectue jamais

---

1. *Mallarmé*, p. 93.
2. Cf. *ibid.*, p. 96.
3. On notera la persistance chez Sartre de la première traduction par Henri Corbin du *Dasein* heideggerien.
4. *Mallarmé*, p. 93.

que d'une manière impure parce que particulière, et particulière parce que marquée par les accidents d'une vie. Elle est en effet frappée d'une double contingence : contingence de l'être-dans-le monde et contingence de telle existence singulière. La structure mise au jour est le noyau essentiel du contingent ou encore la nécessité structurelle de la contingence :

> Il serait absurde, en effet, d'imaginer que la « réalité humaine » existe d'abord pour entrer, après coup, en contact avec ce qui n'est pas elle. Surgissant dans le monde, en un point d'insertion contingent, au milieu d'objets singuliers, elle se fait *dépassement des alentours* et se constitue, dans son surgissement même, comme relation vécue à la Totalité[1].

Les termes mobilisés – nécessité, structure, contingence – sont dès lors liés de manière « ambiguë ». Sartre en une page remarquable exprime cette situation de diverses manières. Nous en retiendrons deux, qui déjà nous ramèneront à l'histoire singulière de Mallarmé :

> [...] ce rapport au monde est à la fois une façon de vivre la pure et fade contingence de notre être-là (ou corps) et une façon de la dépasser[2].

> [...] ce dépassement de notre « être-là » est vécu, c'est l'incarnation de notre choix ; nous *goûtons* à la saveur ambiguë de notre injustifiable existence à travers le choix même qui la transcende. Cette *attitude envers l'Être* se dévoile [...] aux yeux des autres comme notre indéfinissable *style*. Bref, c'est la structure *a priori* de notre affectivité[3].

Un pont est ainsi jeté vers la rive de l'histoire empirique de l'individu car son « projet » est toujours la déclinaison particulière du projet primordial de l'existence et l'*a priori* dont il est question est déjà un *a priori* dérivé. C'est la manière à chaque fois propre de vivre la relation originaire au monde. C'est pourquoi des « transformations locales *a posteriori* » peuvent « changer [l]a structure » de l'*a priori*[4].

Comment cette dernière, dans le cas de Mallarmé, s'est-elle infléchie en exposition nue au Néant ? Les suppositions de Sartre, qui relèvent de ce qu'il avait appelé dans *L'Être et le Néant* une « psychanalyse existentielle », peuvent se résumer comme suit[5]. L'histoire de Mallarmé est celle

---

1. *Ibid.*, p. 94.
2. *Ibid.*, p. 95.
3. *Ibid.* Ajoutons cette autre formulation, p. 96 : « L'ambiguïté de l'être-dans-le monde vient de ce qu'un existant de hasard se fait relation avec le tout. »
4. *Ibid.*
5. Nous évoquons principalement ici les p. 96-109.

d'un orphelin de la vie ; dès l'âge de six ans, son destin est scellé[1]. Il est forcé de fréquenter la mort et ne la quittera plus. La relation de Mallarmé au monde suit la courbe de la relation avec sa mère. D'abord, elle lui tient lieu de monde : « Sa Mère et le Monde ne font qu'un » ; par la Mère, il vit un lien irréfléchi à la nature. Par son regard ensuite, les choses apparaissent, prennent leurs couleurs, s'animent de vie. Lui-même vit de se vivre sous le regard de cette mère : « le monde, avec l'enfant dedans, n'est qu'une vision maternelle ». Dès lors cependant, la relation est double : elle alterne entre lien de fusion et rapport d'objectivation puisqu'il se voit, sous le regard maternel, comme objet parmi les objets de l'univers. Sous ce regard, il apprend la distance, il apprend, comme s'il s'agissait d'un second sevrage, que les choses « deviennent *vraies à elles toutes seules* ». Détachées, déliées de la mère, cette vérité ne serait qu'un « autre nom pour la mort de la mère »[2]. Lui qui n'avait appris la séparation que pour mieux revenir au foyer du gynécée[3], voit son monde basculer : il connaissait la plénitude, elle se renverse en absence. La mère lui était tout, l'absence se fait universelle. Certes, « l'enfant se découvre comme une transcendance », mais, pour reprendre l'expression d'Hugo Friedrich, comme une « transcendance vide »[4]. La présence du Tout, sa relation à lui, « *c'est* l'universelle absence de quelqu'un ». Aucun réel ne peut combler son manque ; chaque réel n'est qu'un relais vers l'Absente et ce renvoi ne peut que se répéter : « Sa mère ne cesse de mourir et ce sacrifice éparpillé, sans cesse recommencé, est le révélateur de l'Univers [...] : en se retirant de l'Univers, quelqu'un l'a condamné sans appel »[5]. L'acquis majeur de cette part de l'analyse sartrienne est de placer les troubles biographiques en lesquels se tient la conception psychanalytique classique sous une lumière que la psychanalyse ignore, de les éclairer par une analyse qui les réfère à un sens

---

1. *Mallarmé*, p. 102 : « Dès six ans, l'enfant conçoit l'être-dans-le monde comme un exil et sa vie s'ouvre sur une irrémédiable expérience d'échec. »
2. *Ibid.*, p. 99. La mère de Mallarmé, Elisabeth Desmolins, meurt en août 1847. Mallarmé a cinq ans et six mois.
3. Le jeune Mallarmé était entouré de sa mère, de sa grand-mère et de sa jeune sœur.
4. H. Friedrich, *Structures de la poésie moderne*, Paris, Denoël-Gonthier, 1976, p. 166. Friedrich cherchait à dégager les constantes structurelles de la poésie moderne, de Baudelaire à Rimbaud, de Rimbaud à Mallarmé, de celui-ci à la poésie du XXᵉ siècle en France. L'œuvre de Mallarmé est seulement un moment éminent au sein d'une longue évolution. L'expression de « transcendance vide » ne s'applique pas à lui seul. D'autre part, la démonstration de Friedrich ne s'appuie à aucun moment sur des considérations biographiques. C'est d'une interprétation des textes qu'il procède pour dégager la poétique de Mallarmé et les problèmes structurels qu'elle pose quant au rapport entre la langue et la réalité.
5. *Mallarmé*, p. 101-102.

structurel. Elle place une vie et son œuvre sous le prisme de la relation de l'homme au monde[1]. Les analyses de Sartre ont un caractère eidétique : il s'agit de saisir en son essence la situation de l'homme dans le monde[2]. L'étude de l'histoire de Mallarmé, comme celles de Baudelaire, de Genet ou encore de Flaubert, fait office d'exemple servant d'appui pour la mise au jour d'une structure générale. Par contraste, l'analyse sociologique marxisante et l'analyse psychanalytique apparaissent comme issues de simples constats empiriques dénués d'une logique structurelle d'ensemble.

QUESTIONS DE TRANSCENDANCE

De quel poids, demanderons-nous pour conclure, la relation originaire de l'existence au monde peut-elle être ? D'aucun, si on la considère dans sa pureté toute d'abstraction. Tout le poids revient aux motifs biographiques. La facticité humaine interdit que l'on résolve la situation de l'homme dans la structure de la transcendance originaire ; plus encore, la force de la facticité est telle qu'elle peut, en remontant en quelque sorte à rebours vers son origine, non seulement déformer celle-ci mais l'annihiler. En effet, l'échec de l'œuvre mallarméen, échec de « la synthèse organique »[3] à laquelle aspirait Mallarmé selon l'analyse sartrienne, avatar particulier, cette synthèse, de la transcendance de l'existence en général, ne signifie-t-il pas la négation du « dépassement de la pure contingence singulière vers l'unité synthétique de tous les hasards »[4] ? Avec cette découverte, ne doit-on pas craindre que la charge de l'explication l'emporte sur les pouvoirs de la compréhension et que les « séries causales » pèsent au point de remettre en question la compréhension par la liberté ? On ne sera donc pas surpris que tout au long de la seconde partie de l'essai, même après le dégagement de la structure originaire de la transcendance, les motifs sociologiques ou psychanalytiques affleurent à nouveau comme pour encore concurrencer de leurs apports « empiriques » ceux de l'analyse existentielle[5].

---

1. Par cette relation au moins, l'analyse de Sartre touche à une question fondamentale de toute la poétique, du moins de la poétique contemporaine : celle du rapport entre la langue poétique et le réel Nous esquissons une analyse de cette question dans « Fiction et contre-fiction dans l'écriture poétique », *Annales de phénoménologie/Annalen der Phänomeno-logie*, Nouvelle série/Neue Reihe, 17, 2018, p. 294-308.
2. Nous renvoyons spécifiquement aux p. 93-95, pages d'articulation de l'essai.
3. *Mallarmé*, p. 138.
4. *Ibid.*, p. 94-95.
5. Voir *ibid.*, p. 132-133.

La synthèse théorique de ce rapport de concurrence entre la transcendance humaine et la retombée parmi les hasards est bien exprimée par ces quelques lignes qui apparaissent parmi les dernières pages de l'essai :

La tragédie vient de ceci que l'homme, à chaque fois, se laisse prendre : cette fois-ci sera la bonne ; l'unité va surgir, la totalité, la synthèse organique. Le hasard sera nié, le règne humain va s'affirmer. Mais non : « Dans un acte où le hasard est en jeu, c'est toujours le hasard qui accomplit sa propre Idée en s'affirmant ou en se niant. » [Sartre cite ici un passage d'*Igitur*]. Une impuissance totale et qui ne cesse de se nier et qui, pourtant, s'affirme en dépit d'elle-même : voilà l'Homme, ce « maniaque ». Amplifions encore : L'Homme, « seigneur latent qui ne peut devenir » [Sartre cite ici un passage de *Crayonné au théâtre*], fulgure en chacun de nous et s'évanouit [1].

En vertu de la manière spécifiquement humaine d'être-dans-le-monde, Mallarmé était voué au projet du dépassement de la contingence. À son instar, pourrait-on dire, Sartre poursuivra, sur le plan de l'analyse théorique, le projet de fonder et, par là, d'éclairer le projet mallarméen. Cependant, ce travail ne se limitait pas à énoncer une théorie de la constitution de l'expérience, une théorie du rapport originaire comme fondement de tous les rapports. Il consistait à *effectuer* ce même type de dépassement dans une œuvre propre (nous entendons celle-ci au sens large de toute l'œuvre sartrienne, dont l'essai sur Mallarmé est un éclat). L'effort de dépassement synthétique des hasards dans le projet mallarméen est à la fois explicité et relancé par l'effort analogue de Sartre. La performativité de l'œuvre *réalise* ce qu'énonce l'analyse conceptuelle, l'attitude agissante confirme l'attitude théorique. Toutefois, comme chez Mallarmé, comme chez tout homme qui œuvre, la tension du projet retombe dans la « fade contingence » que tous nous partageons. La liberté est-elle par là niée ? Elle l'est d'autant moins qu'elle ne se rend perceptible que dans nos affrontements avec les obstacles qui la nient. Et si, de guerre lasse, un homme renonce et l'abandonne, elle se reprend en un autre, relais mille fois répété dans la chaîne historique des existences.

---

1. *Mallarmé*, p. 138.

Nous terminerons, pour notre part, par l'expression d'une alternative et par celle d'une suggestion quant à nos recherches à venir. L'alternative tient en ceci. Soit la « Réalité » se définit rigoureusement « par les séries causales » (éclairées par les explications physiques, physiologiques, psychologiques et sociologiques) qui sont indifférentes aux questions de sens et la « réalité » humaine s'y dissoudra ; sa transcendance sera illusoire, elle sera fantasme de liberté, non liberté. Soit la réalité humaine est originairement liberté, et quelles que soient les conditions empiriques d'une existence, elle peut tout au moins se déployer vers la découverte de dimensions ou de questions « objectives », à défaut d'encore espérer en une grande synthèse totalisante. À défaut d'une transcendance qui s'accomplirait en un résultat positif (une synthèse dernière, un savoir absolu), mais loin d'entériner la transcendance vide qui ne déboucherait que sur un néant dont on ne revient plus, il y a la transcendance qui questionne, terre partagée de ceux qui œuvrent et pensent.

L'écriture poétique pose ses propres questions quant aux rapports de l'homme au monde, questions qui tiennent au sens, au sein du langage, de cette écriture spécifique parmi tous les usages possibles de la langue. Ainsi, Rimbaud, frappé par le « regard, qui ment » de sa mère[1], bute sur la question de la vérité du langage ; il la découvre certes du sein de son histoire mais comme question qui vaut en elle-même et qui, en cela, transcende les particularités de sa biographie. Il s'y voue dans son œuvre poétique[2]. Et si, par hypothèse, toutes les circonstances particulières qui ont amené Mallarmé à faire la découverte du Néant étaient éclaircies, il resterait à examiner ce que cette découverte implique chez lui quant à la compréhension partagée des enjeux de la poétique. Celle-ci n'est-elle pas soucieuse, comme Platon déjà s'en était aperçu avec quelque inquiétude, de dire l'*ontôs on*, de formuler « ce qui vraiment est » ? Toutes nos voies sont particulières et contingentes. Il arrive cependant qu'elles nous amènent à prendre pied sur un domaine de signification universelle. L'œuvre de Sartre en témoigne elle-même à suffisance.

Antonino MAZZÙ
Université libre de Bruxelles

---

1. A. Rimbaud, *Les Poètes de sept ans*, dans *Œuvre-vie*. Édition du centenaire, Paris, Arléa, 1991, p. 199-200.

2. Nous renvoyons à l'essai classique d'Y. Bonnefoy, *Rimbaud*, Paris, Seuil, 1961.

CATÉGORIES ET PERSONNAGES DE L'ALIÉNATION CHEZ LE SARTRE DU *SAINT GENET* [1]

Si la morale est pour les bons, quelle place laisse-t-elle aux méchants? Pour naïve qu'elle puisse sembler, la question hante de son omniprésence l'œuvre sartrienne du milieu du XXᵉ siècle. Que recouvrent chez Sartre ces notions de Bien et de Mal, comme hypostasiées par leur majuscule? Quelles inflexions cet héritage et sa subversion peuvent-ils donner à l'éthique existentialiste et à la théorie de l'aliénation? Sartre n'offre pas de définitions systématiques de ces concepts. En revanche, sa biographie de Jean Genet, en particulier la première métamorphose, est pour lui l'occasion de les développer au fil des exemples et situations qu'il décrit [2]. Nous allons ici tenter de reconstituer de façon plus condensée ces catégories structurantes : s' « il suffit de lire » [3] pour comprendre, expliciter les termes à lire s'avère utile pour éviter tout contresens.

Pour ce faire, nous nous limiterons à trois ouvrages : une biographie, une pièce de théâtre et une œuvre de théorisation philosophique. Le *Saint Genet* lui-même sera notre point focal, et plus spécifiquement son livre II : il est celui de l'enfermement de Genet dans la dialectique viciée du Mal et des catégories aliénantes, dont l'activité poétique l'émancipera ensuite. *Le Diable et le Bon Dieu* nous permettra d'explorer à travers le personnage

---

1. Nous remercions Vincent de Coorebyter pour sa lecture attentive et ses suggestions judicieuses.
2. J.-P. Sartre, *Saint Genet, comédien et martyr* [désormais SG], dans *Œuvres complètes de Jean Genet*, t. I, Paris, Gallimard, 1952. Une synthèse théorique des notions de Héros, Sainte, Criminel et Traître et de leurs relations peut être trouvée aux p. 312-313, mais elle est déconcertante de brièveté par rapport au volume du propos qu'elle résume. Nous proposons donc d'en retrouver les déploiements dans la biographie sartrienne de Genet.
3. J.-P. Sartre, *Situations*, X : *Politique et autobiographie*, Paris, Gallimard, 1976, p. 98.

de Gœtz, dont la similarité avec Genet a déjà été mise en évidence[1], la confrontation vivante des catégories qui nous intéressent. Enfin, les *Cahiers pour une morale*, écrits à une époque proche des deux œuvres précédentes, nous fourniront une base pour fonder de façon plus solide les articulations conceptuelles que nous pensons discerner dans celles-ci. C'est donc volontairement que nous limiterons autant que possible la mobilisation de *L'Être et le Néant*, en considérant que la période du *Saint Genet* se place dans une rupture partielle avec plusieurs des thèses qui y sont affirmées et qu'elles ne sauraient donc nous servir de guide ou de confirmation pour notre lecture de cette biographie[2].

AGATHOLOGIE

Commençons donc par examiner le sens donné par Sartre à ces mots si ubiquitaires de Bien et de Mal. Leur choix, qui exige de tenir compte des connotations que la tradition morale, religieuse et philosophique a pu leur donner, n'est pas irréfléchi.

Le bien et l'être

Ce qui se rapproche le plus d'une définition du Bien dans le *Saint Genet* constituera notre point de départ :

> […] le Bien, comme absolue positivité, est le lieu géométrique des contenus positifs de tous les motifs. Ainsi, chaque souhait, chaque désir, chaque passion contribuent à me pousser au Bien, dans la mesure exacte où ils contiennent un mince filon de positif et d'être. Le Bien n'a pas besoin de moi : il existe par lui-même, c'est Dieu, c'est la machine sociale. Et c'est moi, au contraire, qui ai besoin de lui ; une force irrésistible m'incline à faire le Bien tout comme la puissance douce de l'évidence m'oblige à affirmer les idées claires et distinctes. Ce Bien, c'est l'objectif universel, ce qui apparaît à tous de la même manière. C'est ce que chacun ferait à ma place et, par conséquent, ce par rapport à quoi je suis inessentiel et quelconque. En faisant le Bien, je me perds dans l'être, je deviens sujet

---

1. Voir par exemple E. Zamagni, « Le piège de l'amour-propre dans *Le Diable et le bon dieu* de Sartre », *L'amour propre*, 2, 2012, http://cielam.univ-amu.fr/node/259.
2. Ce point est notamment mis en évidence par V. de Coorebyter, « Prière pour le bon usage du *Saint Genet* : Sartre, biographe de l'aliénation », *Les Temps Modernes*, 632, 2005, p. 106-139.

universel : par rapport au Bien les hommes de bonne volonté sont interchangeables[1].

Le Bien semble recevoir ainsi sa caractérisation classique de *fin* commune à toutes les volontés, il est ce vers quoi on ne peut que tendre, la seule positivité possible, dont on ne peut s'écarter qu'en se vouant au néant ; à cet égard, on retrouve la thèse de la convertibilité des transcendantaux, poussée jusqu'à l'assimilation à Dieu. Mais Sartre ne tarde pas à apposer à cette divine présence la description de la machine sociale : le Dieu dont il parle ici est celui de Durkheim[2], une hypostase sacralisée du social. Ce social a une formidable puissance d'intégration, qui opère une pression constante pour inciter chacun à joindre sa volonté à celle du groupe, c'est-à-dire à la volonté divine, le Bien[3]. « Dans un groupe fortement structuré Dieu, pour chaque membre, c'est l'Autre » : la conversion au Bien se comprend ni plus ni moins comme la bonne intégration à la Société, au groupe quel qu'il soit, et c'est de ce Dieu social qu'hérite Genet[4]. Cette irrésistible tendance au Bien est une tendance à l'Être, et ainsi l'Être et le Bien se confondent *à la limite* : le Bien appelle à se fondre dans l'Être total[5], et il est d'ailleurs le seul idéal pourvu d'un être autonome[6].

Pour autant, ce rapprochement entre l'Être et le Bien ne doit pas mener à une équation précipitée : Heinrich peut convaincre Gœtz de chercher le Bien en arguant que nul ne le fait en ce monde[7]. C'est que le Bien est toujours affirmé comme quelque chose à faire, non comme un état dont on se satisfait présentement : poser le Bien revient à poser à la fois soi-même et autrui comme devant le réaliser[8]. Cette position d'un Bien reflète la quête inhérente à toute conscience de se remplir, d'acquérir un être, c'est-à-dire

---

1. SG, p. 152.

2. C'est-à-dire compris comme « le sentiment que la collectivité inspire à ses membres, mais projeté hors des consciences qui l'éprouvent, et objectivé » ; *cf.* E. Durkheim, *Les formes élémentaires de la vie religieuse. Le système totémique en Australie* [1912], Paris, P.U.F., 1968, p. 327. Notons qu'une telle récupération appelle à nuancer l'opposition frontale entre Sartre et la sociologie défendue par plusieurs commentateurs, *cf.* par exemple I. Jablonka, *Les vérités inavouables de Jean Genet*, Paris, Seuil, 2004, p. 22-25 et p. 269-271.

3. J.-P. Sartre, *Cahiers pour une morale* [désormais CM] (rédigés en 1947-1948), Paris, Gallimard, 1983, p. 229-233.

4. SG, p. 135-136.

5. CM, p. 196.

6. SG, p. 151.

7. J.-P. Sartre, *Le Diable et le Bon Dieu* [désormais DBD], Paris, Gallimard, 1951, p. 117-119.

8. CM, p. 573-576.

un masque, un rôle que l'on peut jouer pour s'intégrer à l'Être total, et donc au social, quête à laquelle n'échappe pas Genet[1]. Le Bien est ainsi un facteur de socialisation et donc d'hétéronomie : quand même je le poserais seul, je le pose forcément comme extérieur et inconditionné, et par là il m'échappe, il est toujours le Bien de l'Autre, cet Autre serait-il Dieu lui-même comme personnification de l'Autre. Prise au sérieux, la catégorie de Bien est nécessairement aliénante[2]. L'aliénation est donc générale et dans un premier temps inévitable : la liberté est poussée à poser un Bien et à s'y aliéner[3]. Mais ce qui ne pose que peu de problèmes aux Justes (qui peuvent jouir de l'approbation indulgente de cet Être social irréel mais bienveillant, et se tourner vers le futur de sa réalisation) est la malédiction des bâtards (définis par ce statut, et donc tournés vers le passé)[4], de ceux qui par nature ne peuvent participer au règne du Bien[5]. En effet, ils reçoivent toujours trop par rapport à leur mérite et ne peuvent que confirmer ce qu'ils sont, à savoir des méchants, et donc des non-êtres, au sens d'exclus de l'Être ; celui qui n'a pas sa place dans le monde de l'Être ne saurait prendre part au Bien qui y tend, il doit donc, dans cette logique, être mauvais[6].

Le mal

Cela nous amène à rendre visite au Mal, leitmotiv du *Saint Genet*, qui peut être mieux compris par ce passage par le Bien. Celui-ci étant défini, nous avons posé en ses limites un monde de l'Être normatif, et dès lors, « ce qui dépasse est le Mal ». Le mal ne peut relever que du non-Être, au sens où il ne peut s'opposer au Bien que comme résistance à l'ordre vers lequel celui-ci tend : il est le désir particulier venant s'opposer au juste cours des choses[7]. Il s'agit donc d'une catégorie toujours destinée à autrui, que l'on pose sur ce qui échappe au Bien que l'on a posé : nul ne veut pour lui-même ce qu'il comprend comme Mal, au pire il choisit le moindre mal[8]. Le Mal est l'Autre de l'Être, il est l'Être du non-Être et le non-Être de l'Être, c'est-

---

1. SG, p. 65-66 ; nous reviendrons sur la facticité de ce mode d'être.
2. Comparer CM, p. 282 et SG, p. 134-135 ; voir aussi à ce sujet V. Bergen, « Genet, Bataille, Sartre. Un tir croisé dédié au tiers absent », *Lignes*, 1, 2000, p. 164-174.
3. CM, p. 577-578.
4. Selon l'opposition proposée par R. Tirvaudey, « Une lecture du *Diable et le Bon Dieu* par Ricœur », *Études sartriennes*, 13, 2009, p. 23-54, que l'on peut mettre en résonance avec la première phrase du *Saint Genet*, qualifiant son personnage de « passéiste ».
5. P. Knee, *Qui perd gagne. Essai sur Sartre*, Sainte-Foy, PUL, 1993, p. 48-51.
6. SG, p. 254-256 ; DBD, p. 64 et p. 76.
7. CM, p. 118 et p. 226.
8. SG, p. 145-147. Sartre retrouve la thèse socratique par un chemin original.

à-dire une figure repoussoir qu'on ne tolère qu'à la limite du pensable[1].

Pourtant, l'existence du Mal est indispensable aux paladins du Bien : il faut un fond noir pour que ressorte la lumière, et en l'absence d'un ennemi extérieur que la guerre offre comme transcendance abhorrée venant entraver l'édification de l'Être menée par la quête du Bien, le groupe a besoin de trouver – ou éventuellement de créer – des êtres assez abjects contre lesquels affirmer l'Être en faisant le Bien[2]. Le Mal ne devient possible que comme complice, voire serviteur, du Bien : il se fait en se cachant, en une honte qui reconnaît sa propre illégitimité et ainsi justifie le Bien ; le Mal est encouragé en tant qu'il permet de mettre en avant le Bien, il s'inscrit ainsi dans sa théodicée[3]. C'est la logique qui se cache derrière la critique de Nasty à Gœtz : le Mal ne fait que renforcer l'Être en place[4]. Gœtz, avec une facilité exigée par les besoins de la narration sartrienne, acceptera un peu plus loin l'argument pour se vouer à la sainteté, mais on ne peut s'empêcher de penser qu'il ne répond pas tout à fait à son propre argument, lorsqu'il s'exclamait que le Bien était déjà fait (par Dieu) et qu'il faisait le Mal pour inventer[5]. En effet, le Bien est le lieu d'une positivité autosuffisante qui unit les gens de bonne volonté : il n'a pas besoin d'eux, ils ont besoin de lui, au point de lui abandonner leur singularité. Au contraire le Mal, en tant qu'il est ce qui y échappe, est l'affirmation du refus de ce Bien par une liberté. En cela il a toujours besoin de cette liberté pour exister, et en retour il constitue une preuve de son exercice[6]. Le Mal a ainsi un mouvement profondément centrifuge par rapport à la stabilité intégrante qui se construit avec le Bien ; la résistance qu'il oppose, même et surtout quand elle est récupérée par les Justes, exige et témoigne d'une irréductibilité de la liberté et de l'idiosyncrasie[7].

Qu'on ne s'y trompe cependant pas : la force qui pousse à vouloir le Bien n'a pas perdu sa puissance irrésistible. Quand Genet veut le Mal pour être méchant, il vise à jouer le rôle que le groupe lui a attribué, et à le jouer plus parfaitement encore qu'on ne le lui demande[8]. C'est là un acte de conformité, certes perverse, mais qui n'en demeure pas moins une quête d'Être : Genet s'abîme dans le Mal et dans la pédérastie par amour pour la

1. *Ibid.*, p. 31.
2. *Ibid.*, p. 33-35 et CM, p. 416-418.
3. CM, p. 405 et p. 537.
4. DBD, p. 101-102.
5. *Ibid.*, p. 89.
6. SG, p. 153-155.
7. *Ibid.*, p. 70-72 et CM, p. 416-419.
8. SG, p. 67 et p. 73-74.

Société qui le rejette, et c'est par volonté de ressembler aux Justes qu'il cherchera à voler pour jouer au propriétaire et, plus tard, se fera objet dans la relation homosexuelle[1]. Même avec une volonté de Mal qui se voudrait entièrement rebelle, l'Être revient insidieusement: le Mal que l'on recherche est «une objectivité subjective, ou une objectivation de la subjectivité»[2]. C'est ainsi que Genet ne peut s'empêcher de sacraliser sa volonté du Mal: il veut s'objectiver comme méchant. Pour cela, il ne peut faire autrement qu'user d'Autrui, qu'il doit donc objectiver et, ce faisant, il se subjective par rapport à l'Autre; mais cela ne lui laisse d'autre choix que de se considérer lui-même (en tant que méchant) comme objet pour sa propre subjectivité[3]. Un tel processus ressemble précisément à une aliénation[4]; le Mal se réduit à un sous-produit du Bien, à un serviteur du Bien qui y ramène, ou à la limite à un Bien concurrent mais moins efficace, puisqu'il n'est pas l'Être du groupe. Le discours sur le Mal est voué à toujours finir en agathologie. Ainsi décrit, il n'est plus l'Ennemi radical du Bien, il perd son essence maléfique et n'est donc plus rien du tout[5]. C'est pour cela qu'il est si difficile de vouloir le Mal pour lui-même: il devient trop facilement un Bien, en une tendance cette fois profondément centripète.

Ce sera là la quête impossible de Genet: celle d'un Mal qui puisse ne pas se changer en Bien, c'est-à-dire d'un Mal qui resterait lui-même en échappant toujours à l'objectivation[6]. Mais être méchant est déjà être: il échouera, vaincu par les contradictions insolubles de ce projet, qu'il aura au moins explorées à fond, par cet échec il aura remporté ce qui se rapproche le plus d'une victoire[7]. Échapper au Bien ne serait possible qu'en le détruisant en même temps que le Mal plutôt qu'à son profit; c'est l'ultime conversion de Gœtz tuant Heinrich: une liberté qui ne cherche plus ni Bien ni Mal[8]. En dehors de cette option, le Mal est un projet aporétique traversé par la contradiction de deux attitudes dont on ne peut décider

---

1. SG, p. 20-21 et p. 76-78.
2. CM, p. 17.
3. SG, p. 137-142.
4. Telle que décrite par exemple dans les CM, p. 66, 118-120 ou 128-130. À cet égard, notre période peut être considérée comme celle de la prise en compte du social par Sartre, comme le suggère V. de Coorebyter, « Prière pour le bon usage du *Saint Genet* », art. cit.
5. SG, p. 67-70.
6. *Ibid.*, p. 218-222.
7. *Ibid.*, p. 161-163 et p. 224-230.
8. Voir la fin du DBD, en particulier les p. 266-268, ainsi que l'analyse qu'en propose P. Knee, *Qui perd gagne, op. cit.*, p. 54-64.

laquelle l'emporte sur l'autre en méchanceté : celle d'un Mal ignorant de lui-même, irresponsable dans son objectivité, ou celle d'une conscience réflexive qui pervertit tout ce qu'elle entreprend, par une ascèse difficile à distinguer d'une vertu[1]. Là où le Bien était la dissolution de la subjectivité dans la position commune et intégrante d'un Être socialisant, le Mal est l'impossible objectivité d'un sujet qui ne se fondrait jamais dans l'Être et ne peut qu'errer en une hésitation entre l'objectivation de sa subjectivité et la subjectivation de son objectivité, entre les deux trahisons de la dissolution et de l'anéantissement.

PERSONNAGES

Ce jeu entre subjectivité pervertissante et objectivité damnée, c'est-à-dire entre sainteté et héroïsme maléfiques, donne lieu à une dialectique certes aporétique mais non moins théâtrale que nous allons maintenant examiner. Plusieurs rôles se dégagent de la narration sartrienne ; dans le *Saint Genet* et les *Cahiers*, ils sont mobilisés sous forme de deux triplets : le Héros (identifié au Criminel), le Saint et le Sage d'une part ; le Juste, le Martyr et l'Enfant d'autre part. Le premier contient des rôles idéaux, c'est-à-dire qui se rapportent aux catégories de Bien et de Mal prises au sérieux dans leur idéalité ; ces rôles ne sont donc que des figures limites. Elles ne sont jamais pleinement réalisées par les sujets, mais ceux-ci peuvent y croire suffisamment pour qu'elles orientent leur comportement et la façon dont ils l'interprètent. Le second triplet contient des rôles sociaux, qui sont les fonctions effectivement assumées par et envers des individus humains concrets. La figure – à part – du Voleur se comprendra d'autant mieux, nous semble-t-il, à travers la tension de ces genres de personnages. Mais tâchons d'abord de fonder notre distinction par l'examen de chacun de ces rôles.

Rôles idéaux

Le Héros

Le Mal a aussi ses paladins : aux héros du Bien correspondent de sombres zélotes qui font preuve d'un noir héroïsme. Tout comme le héros « blanc » défend l'ordre établi en s'y sacrifiant au point de l'incarner et d'en

1. Cette tension, qui traverse tout le second livre du SG, est explicitée p. 66 et 155-161.

être le parangon à peine individualisé, le Criminel, c'est-à-dire le héros du
Mal, conteste l'ordre de l'Être et se noie dans cette contestation. Ce qui est
remarquable est la simplicité et la stabilité de ce personnage : « toute la vie
du criminel tient en deux instants », celui du crime qui change l'innocent en
coupable définitif, puis celui de la condamnation-triomphe qui parachève
la transformation du vivant en mort[1]. Le premier instant est celui de l'aliénation, en principe toujours révocable mais dans cet idéal jamais révoquée ;
le second celui de l'accomplissement nécessaire du destin de celui dont
l'existence est devenue une histoire prévisible[2]. Sans nul doute, il s'agit là
du méchant le plus irrécupérable : sa liberté s'est dissoute en même temps
qu'elle s'est dissolue. Le Héros-Criminel apparaît comme l'icône de la
fatalité[3], l'Idée qui fascine Genet à travers tous les petits voyous qu'il aime
d'autant plus qu'ils la lui évoquent, pour ne pas dire rappellent. Cette fascination est exacerbée devant le criminel en devenir, celui que les
circonstances forcent à sombrer et à se damner alors même qu'il est évident
que rien n'est encore joué, en un envoûtement qui paralyse la liberté[4]. C'est
que cette fatalité n'est jamais, *en fait*, contraignante, mais Genet peut se
convaincre d'y être voué, ayant ainsi l'impression de répéter « comme dans
un songe » toujours le même scénario couru d'avance, de la même manière
que Gœtz insiste pour prétendre *ad absurdum* qu'il est mauvais par nature
et ne peut que vouloir s'enfoncer toujours davantage dans cette méchanceté définitive[5].

Le Saint

L'autre terme du couple maléfique est, à côté du Héros-Criminel, la
figure du Saint, parfois féminisée, et du moins pourvue de deux aspects
complémentaires. Le premier est extérieur et en cela comme objectivé.
Il apparaît comme une poussée à l'extrême d'un idéal aristocratique simi-
laire à celui du Héros : le Saint est celui qui renonce à soi mais aussi au
monde, qu'il voue à une destruction gratuite qui l'emportera avec elle ;

1. SG, p. 88-89 et p. 101.
2. CM, p. 123, qui éclaire SG, p. 93.
3. Au sens de la cause finale qui oriente, depuis le futur, le cours des événements et
décisions. Voir à ce sujet J.-P. Sartre, « L'art cinématographique » [1931], dans M. Contat et
M. Rybalka, *Les Écrits de Sartre*, Paris, Gallimard, 1970, p. 549.
4. SG, p. 89-96.
5. Comparer DBD, p. 62-66 et SG, p. 315. Sur la mauvaise foi de Gœtz comme singerie
bouffonne du Mal, voir P. Ricœur, « Réflexions sur "Le Diable et le bon Dieu" », *Esprit*, 19,
1951, p. 711-719.

il distribue ses richesses pour les voir partir en fumée et est prêt à mourir de faim dans des églises aux murs d'or[1], consacrant ainsi à sa façon l'Être comme un Bien toujours au-delà[2]. On reconnaît aisément là Gœtz offrant ses terres aux paysans en sachant pertinemment bien qu'ils n'en feront rien, ou leur imposant la béatitude huxleyesque de sa Cité du Soleil[3]. Le second aspect en est le prolongement intérieur; il est l'ascèse intérieure inquisitrice, dont Sartre trouve le modèle chez Thérèse d'Avila : le monde est à la fois à déprécier et ultimement à refuser devant la gloire divine, et celle-ci doit en même temps lui être d'une certaine façon inférieure pour que le sacrifice de la vie en ce monde ait quelque valeur[4]. C'est une logique de dénuement qui se déploie dans l'intériorité du Saint, bon ou mauvais, et qui demande de chercher un sacrifice toujours plus exigeant, logique que Genet poussera toujours plus loin. Non seulement la jouissance terrestre est-elle à rejeter, mais encore faut-il que ce soit sans l'espoir d'une récompense dans l'au-delà, qui transformerait le sacrifice en un simple report de la jouissance; l'ascèse est d'autant plus noble qu'elle purifie de tout reste d'espoir, sacrifiant non seulement le fini mais aussi l'infini[5]. Le Saint ainsi défini ne peut trouver de satisfaction. Toujours sa créativité soupçonnerat-elle des espoirs inaperçus et coupables, et toujours inventera-t-elle de nouveaux renoncements pour s'en défaire. C'est peut-être en cela que le Saint est – paradoxalement – la seule figure religieuse qui puisse trouver dans son rapport à Dieu une sortie de l'aliénation, et donc une liberté[6] : ce qu'il choisit de faire ne dépend jamais d'un Être qu'il posséderait, puisqu'il ne peut s'en satisfaire assez pour s'y fixer. On aperçoit ici combien, alors que l'héroïsme était une fixation absolue dans une figure bonne ou mauvaise, la sainteté pousse à ce point les catégories de Bien et de Mal dans leurs retranchements qu'elle les brouille; lorsque Genet aide le Bien et trahit le Mal pour faire et subir un Mal plus pur, on reconnaît la sainteté ambiguë de Gœtz qui ne parvient plus à distinguer le Bien du Mal[7].

---

1. Voir la description en SG, p. 185-193, où Sartre ne cherche pas à cacher sa répugnance pour cette figure.
2. On peut ainsi rapprocher la sainteté de la pureté sans compromis du violent qui s'aliène lui-même, *cf.* CM, p. 182-183.
3. DBD, p. 128-129 et p. 197-209.
4. SG, p. 206-208 et p. 218-219.
5. SG, p. 195-197.
6. CM, p. 486.
7. SG, p. 219-222 et DBD, p. 236.

Le Sage

Sartre conclut le deuxième livre du *Saint Genet* en opposant deux dialectiques contradictoires, celle du Mac (c'est-à-dire, ici du moins, du Criminel) prédestiné et de la Sainte élue, qui vient faire écho au tableau qu'il proposait au début du livre, opposant alors l'Être au Faire, l'Objet au Sujet, la Fatalité à la Volonté, le Héros à la Sainte, etc.[1]. Il est remarquable que ces oppositions recouvrent les deux rôles que nous avons distingués, celui du Héros et celui du Saint, mais encore plus remarquable que lorsque Sartre les distingue comme tels, il y ajoute une troisième figure, celle du Sage, pour dire aussitôt qu'elle n'intéresse pas Genet puisque le Sage accepte l'univers[2].

On peut comprendre que Genet ne veuille pas d'un univers qui n'a pas voulu de lui, et dès lors n'ait guère à cœur de devenir Sage, mais c'est une question qui se pose au système qui est en train de se dessiner. Ce Sage, vraisemblablement, est l'avatar de l'acceptation du monde, là où le Criminel et le Saint sont ceux de sa contestation et le Héros l'offrande sacrificielle de sa défense, ce qui n'implique pas forcément de l'accepter. Ce dernier, en effet, tout comme le Criminel, se fond dans l'Être, lui comme champion, l'autre comme ennemi, tandis que le Saint soumet à ce point son Être à son Faire qu'il gagne sa liberté au détriment de sa stabilité. Mais quelle place pour le Sage ? Comment faire entrer la trichotomie des rôles dans la dichotomie des catégories ? Manifestement, il ne peut s'identifier ni au pur Faire, ni au pur Être, et pourtant il s'agit bien d'une figure idéale placée sur le même plan que le Héros et le Saint. Le silence des textes force à l'interprétation, mais la difficulté ne semble pouvoir se résoudre que de deux manières : ou bien l'Être et le Faire ne sont pas exhaustifs, ou bien ils ne sont pas exclusifs. Dans le premier cas, cela demanderait d'admettre un mode d'existence qui ne soit ni celui de l'Être ni celui du Faire, une sorte de contemplation peut-être. Dans le second cas, il faudrait admettre que l'on puisse Être et Faire à la fois, c'est-à-dire réaliser la figure monstrueuse et divine de l'En-soi-pour-soi évoquée avec équivoque au terme du premier des *Cahiers*, mais qui avait été disqualifiée comme impossible dans *L'Être et le Néant*[3].

1. Comparer SG, p. 306-310 et p. 66.

2. *Ibid.*, p. 88. Voir aussi p. 204 : le Sage ressemble au Saint par la simplicité dépouillée qu'il mobilise, mais s'en distingue par sa fin de réconciliation avec soi-même.

3. Comparer CM, p. 422-426 avec J.-P. Sartre, *L'Être et le Néant. Essai d'ontologie phénoménologique* [1943], « Tel », Paris, Gallimard, 1976, p. 662 et p. 668. Sans doute faut-il

Rôles sociaux

Le Juste

L'âge des Héros est toujours déjà révolu. De même que Genet ne trouve que des simulacres de criminels qui se révèlent souvent de décevants voyous malgré leur manifeste participation à cette Idée du Criminel[1], les représentants pleins et entiers du Bien se font rares; par contre, les Justes sont légion. On peut les définir simplement : ils sont ceux qui « ont raison d'être ce qu'ils sont ». Les Justes sont le chœur des gens de Biens, la société qui juge Genet et trouve son union dans cet ostracisme, les autres consciences qui l'enferment et qu'il s'agit pour lui de tenter de désarmer[2]. À cet égard, ils sont les messieurs-tout-le-monde, semblables entre eux par leur distance envers leur victime. Mais ce jugement collectif est plus insidieux encore : le Juste, c'est aussi l'Autre qui en Genet représente la société et le condamne par sa normativité, le Dieu à la morale de propriétaire dont il hérite par son éducation paysanne[3]. Cette société des Justes ne se limite pas à ses représentants humains : Genet se sent épié par leur regard inquisiteur jusque dans les arbres qui véhiculent les valeurs et représentations sociales. A fortiori les outils, prévus pour tout homme, c'est-à-dire ce même chacun à qui s'adressent les défenses absolues des panneaux au milieu des pelouses, lui rappellent combien il n'est qu'oblat pour cette communauté anonyme qui a modelé le monde à son image[4]. Le langage lui-même est hanté par le Juste, comme si des onomaturges moralistes l'avaient d'emblée infecté de leur Bien oppressant; les mots véhiculent à eux seuls les valeurs dominantes[5].

Le Martyr

Il faut donc aux Justes un sacrifice qui puisse les unir, un bouc émissaire dont l'exclusion témoigne de leur fraternité. C'est là le rôle du Martyr, celui qui nie à ce point les valeurs que le groupe considère comme héroïques qu'il devient indispensable à l'affirmation de ce groupe. La

---

envisager la possibilité d'une évolution, ici, d'autant plus que l'unique mention du Sage dans l'ouvrage semble le confondre avec le Héros (voir p. 410).

1. SG, p. 123.

2. *Ibid.*, p. 21, 28-29 et 128-133.

3. *Ibid.*, p. 26 et p. 134, à comparer avec CM, p. 521.

4. SG, p. 241-251.

5. *Ibid.*, p. 258-266 et CM, p. 562. L'argot est à son tour l'anti-langage fédérateur des exclus, tout aussi réifiant, *cf.* SG, p. 266-274.

douceur désarmée et lâche que Genet oppose à la violence des Macs et dont il se «revêt comme d'une soutane» lui permet de se faire gardien inquiétant de leurs valeurs : «il sera le martyr du crime au double sens de victime et de témoin»[1]. C'est qu'il ne s'agit pas juste là d'un rôle de bouc émissaire : le martyr a une fonction sociale en ce qu'il est indispensable à l'unification du groupe, qui ne peut que l'exclure tout en lui réservant une place, précisément celle d'un exclu sacré, d'un tabou[2]. Comme le Juste procédait du Héros, le Martyr a quelque chose du Saint : pour témoigner au mieux de la Mauvaise Nouvelle et permettre le Mal, il doit accomplir un sacrifice impossible qui l'exclurait tant de la société du Mal que de celle du Bien qu'elle présuppose ; il doit vouloir le pire en sachant dès le début que le pire a déjà perdu, volonté de ce qu'il sait impossible à vouloir, pure Volonté sans rapport au possible[3]. En d'autres termes, pour réaliser le Mal, il faut parvenir – et c'est le projet de Genet – à pervertir le Mal lui-même sans en faire un Bien, projet aporétique qui le mènera à échouer par évanouissement lors du concours de vol simulé dans la prison yougoslave[4]. À côté du Mal comme substance maléfique, Genet renchérit par la perversion de celle-ci : il anéantit le Mal en se montrant encore plus méchant. Mais la perversion ne survit pas à la destruction de ce qu'elle pervertit : Genet ne peut être le martyr-témoin de la communauté du Mal qu'en la vidant de sa substance.

L'Enfant

Reste un troisième rôle, que Genet n'incarne pas, ou plutôt n'incarne plus. Car c'est bien sur une figure infantile que s'ouvre le *Saint Genet*, et l'Enfant est cet objet étrange qui n'est encore ni Juste ni Martyr, et encore moins Héros, Criminel ou Saint. L'Enfant est dans une position bien particulière : il est étranger au Bien auquel il ne participe pas encore, mais ne sait rien d'un Mal qui contesterait ce Bien qu'il ne connaît pas. Tout ce qu'il sait, c'est qu'il y a des choses, nombreuses et importantes, qu'il ignore, et que cette ignorance est porteuse de conséquences, mais il ne sait non plus lesquelles ; il doit donc s'en remettre à un adulte qui se fasse Dieu pour lui en lui indiquant d'un même geste les chaînes de causalité et la normativité

---

1. SG, p. 230-231.
2. Place que Genet garde jalousement, tâchant de transformer tout concurrent en bouc émissaire. Voir E. Marty, « Jean Genet, Tabou », *Les Temps Modernes*, 632, 2005, p. 84-105.
3. SG, p. 134 et p. 160-162.
4. *Ibid.*, p. 117-120.

de l'Être[1]. Genet est cet enfant et a d'autant plus de raisons de l'être qu'il sait obscurément qu'il n'a aucun droit sur les bienfaits que les adultes, par là divinisés, lui prodiguent; il montre par sa docilité une infinie reconnaissance, au point que «M. le Curé dit que c'est une nature religieuse»[2]. D'ailleurs, il possède un Être à travers son innocence vénérée des adultes, particulièrement pour les paysans du Morvan qui y voient une réminiscence d'un paradis perdu. Il est en même temps conscience en formation, d'autant plus libre qu'encore peu informée socialement, sinon comme innocente. Enfin, il accepte le monde que les grandes personnes lui offrent; bref, c'est un Enfant-Sage. Son acceptation est à ce point totale qu'il pourra assumer toute entière la condamnation qui viendra de ces mêmes adultes divins.

Le Voleur

Voyons comment ces catégories nous permettent de comprendre celle de Voleur, si centrale pour Genet. La proposition «je serai le Voleur» est peut-être intuitive, mais elle n'est pas simple. Le rôle de Voleur dont il est question est une figure synthétique, empruntant des aspects aux rôles fondateurs que nous avons distingués. D'abord, bien sûr, c'est une fonction du Mal, puisque le Bien auquel est confronté Genet n'admet pas le vol comme une attitude licite ou légitime. Mais en tant que tel, il entretient une dépendance vis-à-vis du Bien, car c'est toujours une positivité qu'on vole, fût-ce pour la corrompre. De même, le méchant Voleur se définit par opposition au brave Juste, qui est à la fois sa victime et son bourreau, mais aussi l'instance qui le définit: c'est par référence à un code moral distinguant la propriété légitime du vol qu'il peut se concevoir comme Voleur, c'est-à-dire possesseur illégitime[3]. Cette illégitimité est précieuse aux propriétaires, qui le chargent de conforter leur statut par ses rapines: ils l'avertissent solennellement de ne pas recommencer, mais ont besoin qu'il succombe à la tentation; le Voleur est le martyr indispensable de leur morale[4]. Pour martyr qu'il soit, il est celui du Bien, et quel meilleur interprète pour ce rôle que celui dont on peut faire un Criminel aussi immuable que possible, de sorte qu'il ne donne aux Justes ni remords (il aura mérité son sort, fût-ce après coup) ni crainte raisonnable qu'il se rachète (il cesserait alors de remplir sa fonction)? Voilà donc que le Voleur est un

1. CM, p. 200-203 et p. 335-336.
2. SG, p. 13.
3. *Ibid.*, p. 57.
4. *Ibid.*, p. 39-42.

Criminel : le Voleur témoigne par son être même, et jusque dans son apparence, du Mal substantiel qu'il représente et contribue à constituer ; qu'importe qu'il agisse ou non, l'essentiel est qu'il *soit* Voleur[1]. Mais il y a un problème : pour bien remplir le rôle qu'on lui assigne – et Genet l'enfant serviable ne demande que cela –, il ne faut pas seulement devenir le Voleur, mais aussi l'avoir été avant d'être condamné, et si possible sans que sa communauté d'accueil en soit responsable. Genet volait par innocence, pour jouer à posséder, jamais pour dépouiller, et c'est le « mot vertigineux » qui l'a fait sombrer ; cette exigence est donc impossible, le méchant ne le devient qu'avec l'acte[2]. Or il doit, donc il peut : il s'imposera une quête ascétique de culpabilité, cherchant à réaliser en lui une impossible éternité maléfique ; pour pouvoir clamer qu'on *sera* le Voleur, il faut un peu de la Sainteté d'une conscience qui se vouera librement à s'aliéner[3]. Outre la détermination objective qui fait de Genet un voleur, il a la possibilité de s'affirmer Voleur, de récupérer à son compte le souhait impossible de poursuivre l'idéal dont on le charge, assumant ainsi, par un saint orgueil, une dignité qui le rend cause adéquate de ses actes, transforme la chute en plongeon[4].

CRIMES

Le Voleur n'est donc pas simple dérobeur, mais doit se comprendre à partir du rôle qu'il joue pour une communauté de Justes. Il n'est pas la seule espèce de Criminel ni de Martyr : affinons un peu notre caractérisation à partir de quelques crimes archétypiques permettant de se repérer dans le champ de possibles offert à la liberté aliénée au Mal, et thématisés explicitement dans le *Saint Genet*.

Le meurtre

Le crime qui obsède le plus Genet est probablement le meurtre. Aux yeux de la société de l'Être chez qui Genet continue à chercher ses critères d'évaluation, le meurtre est le crime le plus grave, celui qu'elle condamne le plus sévèrement. Il s'agit de la faute la moins pardonnable, celle qui fait

1. SG, p. 43-44.
2. Comparer SG, p. 14-15 et p. 23 avec DBD, p. 113.
3. CM, p. 577 et SG, p. 25-28.
4. SG, p. 62-63 et p. 160 ; voir aussi J.-P. Sartre, *Situations*, IX : *Mélanges*, Paris, Gallimard, 1972, p. 101-102.

de son auteur un assassin, condition irrémédiable : le meurtre s'apparente par excellence à une chute, il est l'acte qui fait perdre au meurtrier toute prise sur son destin, devenu prévisible[1]. Il est ainsi le paradigme de l'acte qui fait le Criminel : Gœtz tue par «goût du définitif», il sait (ou, en l'occurrence, croit) que le fratricide ne lui laissera plus qu'une voie. En effet, le meurtre est au plus haut point le «faire pour être» qui transforme à la fois sa victime et son auteur en objet[2]. Mais malgré cette avalanche de superlatifs, il n'est pas le crime que commettra Genet, pour au moins deux raisons. La première est une déférence religieuse : certes on l'a fait Voleur, mais pas tueur, et il s'agit là d'un rang d'Être trop élevé pour qu'on le devienne par caprice; on naît Meurtrier, on ne le devient pas, et quiconque s'y essaie sans l'être de toute éternité ne peut qu'échouer, quand bien même il parviendrait par accident volontaire à être cause de la mort d'un homme[3]. La seconde est liée à son ascétisme : le meurtre est bien souvent créateur d'Être plutôt que destructeur, soit par la vie qu'il permet à la fois en libérant la place et en procurant un surcroît de vitalité sauvage au cœur de la mise à mort, soit, plus fondamentalement, en tant qu'il fait être des objets pourvus d'essence à partir de libertés, qu'il les enferme dans un destin et le fait ainsi participer à leur manière à l'ordre du Bien; le meurtre répartit les rôles, il est le retour du Bien[4]. Tuer un Juste ne fait que renforcer son Être, et en donner un au meurtrier. À la limite pourrait-il envisager de tuer un enfant, en un « meurtre sadique et passionné qui transformerait un bel enfant en sa pure apparence terrestre pour le livrer davantage à son amant», mais cet infanticide est alors un moyen, d'ailleurs jamais mobilisé en fait, subordonné à un amour pédérastique : il ne fait pas de son auteur un véritable Meurtrier[5]. Bien sûr, cela ne l'empêchera pas de penser sa production littéraire sur le mode de l'assassinat, mais il s'agira là, au cours de sa libération, d'un redéploiement de la notion qui sera l'occasion d'une redéfinition des catégories de son aliénation[6], qui seules ici nous occupent.

1. SG, p. 90 et p. 95-98.
2. Comparer DBD, p. 65-66 et SG, p. 73-74. L'argument rappelle S. Weil [publiée sous le nom d'E. Novis], «L'Iliade ou le poème de la force (I)», *Cahiers du Sud*, 27, 1940, p. 561-574.
3. SG, p. 90 et p. 296-297.
4. *Ibid.*, p. 157-161.
5. *Ibid.*, p. 89.
6. Les belles-lettres sont un assassinat d'un genre très différent : voir *ibid.*, p. 447-450.

Le vol

C'est donc bien le Voleur que sera Genet, et non le Meurtrier. Voyons ce que le vol qui le définit a de particulier. Les premières incartades de Genet furent des gestes inconscients et quelque peu maladroits pour se sentir propriétaire et jouer à participer à l'Être commun de la morale paysanne[1], mais il ne saurait en aller de même de ses rapines ultérieures. Elles peuvent le nourrir, bien sûr, mais ce sont là des motifs superficiels, les contingences du corps qui suffisent à expliquer mais non à justifier l'acte de vol. Genet n'aime d'ailleurs pas assez les jouissances de son corps pour voler au nom d'un hédonisme avide[2], il y trouve donc quelque chose de plus. Nous avons vu que les objets utilitaires, fabriqués par et pour des Justes, renvoient le Martyr à son exclusion et à sa radicale hétérogénéité, lui qui est l'homme exclu de l'humanité. Que peut-il faire de ces objets ?

> Il apprendra la densité de l'être par l'effort qu'il lui en coûtera pour le détruire. Il volera, brisera, gaspillera pour crever tous ces yeux qui le regardent. Le vol n'est pas qu'un moyen de vivre : c'est une destruction sacrée[3].

Le Voleur est l'exclu rituel qui a néanmoins besoin de subsister : non pas seulement au niveau physiologique, mais aussi au niveau ontologique. C'est par le vol qu'il est Voleur, c'est-à-dire par la destruction rituelle des objets légitimement acquis et possédés par les Justes, destruction qui en consacre la valeur, d'autant plus grande qu'elle court toujours le risque de ce saccage. Mais on pourrait objecter qu'il ne s'agit là que d'un changement de possesseur, certes illégal ; en quoi y a-t-il destruction ? Le cambrioleur ne dérobe pas pour s'approprier, il ne refait pas son salon avec son butin : il y a partage, recel, revente, dilapidation ; le casse est un éventrement de l'intimité bourgeoise dont les organes sont dispersés et consommés, et même l'argent acquis est improductif, il part en largesses, en festins et en gaspillage, jusqu'à ce qu'il ne reste absolument rien des objets volés[4]. Cette destruction peut se faire plus subtile mais non moins dangereuse : Genet, volant un livre – quel meilleur symbole du langage ? – dans une librairie en prétendant être là pour en acheter un autre, retourne ce langage dont il est exclu contre les Justes qui l'ont institué, rendant faux le libraire en le transformant en vrai complice d'un vrai voleur-faux

---

1. SG, p. 19-20.
2. *Ibid.*, p. 96-97 et p. 235-237.
3. *Ibid.*, p. 244.
4. *Ibid.*, p. 245.

acheteur par la subversion du sens des mots[1]. Pour autant, ses efforts ne peuvent suffire à vraiment détruire cette société qu'il attaque, qui n'est que légèrement blessée et se reconstitue d'autant mieux autour de cette infime béance. Le délinquant est le meilleur conservateur de l'ordre établi[2], qu'il renforce même en s'immolant comme ennemi commun des Justes dont il renforce les règles fédératrices : tel est son rôle de Voleur.

La trahison

Cependant, un Voleur qui ne s'en prendrait qu'à l'ordre du Bien serait incomplet. On se souvient que le Mal a aussi sa société, son ordre, et refonde un Bien gauchi au sein de son exclusion du monde des Justes : le royaume des Criminels. On ne peut le voler, puisqu'il ne possède rien légitimement. Rien, sinon sa force qui lui permet d'accomplir ses forfaits, et ce sera là la cible de Genet : à travers sa pédérastie et la retenue de son propre plaisir qu'elle exige, *a fortiori* par l'acte de fellation, il arrive à déviriliser le dur Mac, à l'affaiblir, à le réduire à l'état d'un faible objet de tendresse, dissolvant par ses caresses la rigidité ontique du Criminel[3]. Cette poussée d'affection ne doit pas tromper : le rôle du Voleur ne consiste pas en un débordement d'amour pour le Criminel, ni même en une abjecte servitude à son bénéfice. On pourrait l'interpréter, puisqu'il est Voleur, comme un vol de force, d'être, de *mana*, suivant la même logique que le vol d'objets aux Justes[4]. Cependant, Genet fait un pas de plus dans cette nouvelle perversion : il ne s'agit pas seulement de nuire discrètement à la société des Justes qui l'a déclaré son ennemi, mais d'une destruction plus fondamentale, la trahison. Celle-ci est le résultat de son ascèse : si le Meurtre est le crime objectivement reconnu comme le plus terrible, la Trahison est ce qui est subjectivement le plus abhorré. En effet, pour être traître et non espion ou simple ennemi, il faut avoir mérité la confiance sincère de qui on trahit, avoir véritablement fait partie du groupe, et c'est par cette profondeur d'intégration que la trahison peut déployer son insidieux pouvoir de dissolution de la possibilité du lien social. C'est bien cela qui est en jeu ici : la perversion non de la société du Bien qui a exclu Genet dans son contenu, mais de la sociabilité dans sa forme même : « la trahison s'attaque directement au lien social, à l'essence intime de la collectivité ». C'est là une ascèse exigeante au sens où le traître ne peut même pas aimer

---

1. *Ibid.*, p. 263-264.
2. *Ibid.*, p. 246 ; l'argument revient d'ailleurs en DBD, p. 101.
3. SG, p. 125. Les doubles sens sont de Sartre.
4. *Ibid.*, p. 101 et p. 300.

son acte : on ne trahit que ce qu'on l'on aime, et c'est là toute la poésie du sacrilège, de la destruction perfide par lui-même de ce que Genet pouvait avoir de plus cher. Là est la suprême pureté de la volonté du Mal ; Genet, comme Gœtz, entend trahir le Mal lui-même. C'est le fameux jeu du « qui perd gagne », consistant à vider le Mal de tout contenu positif afin de lui éviter de retomber, par consistance ontologique, dans un Bien[1]. La grandeur du méfait lui vient à la fois du défi qu'il oppose au Bien de la morale des Justes, et à la fois du désastre de son échec ; il s'agit à la fois de faire mal et de mal faire[2]. En effet, il n'est plus haute trahison que la trahison de soi-même et de ses projets, que souhaiter échouer dans la moindre de ses entreprises et entraîner dans son échec tous ceux qui s'en sont faits complices ; le secret de l'ascèse de Genet est dans cette trahison, parangon du Mal qui échoue – et doit vouloir échouer – à s'accomplir[3]. On retrouve donc le souhait impossible, et maintenu malgré tout, par lequel l'enfant Genet se veut faire Saint à travers son rôle de Voleur.

STATUT ONTOLOGIQUE

Que sont au juste ces catégories, de rôles ou de crimes, qui influencent la conscience au point de la pousser à s'aliéner ? L'analyse narrative nous conduit progressivement vers une ontologie d'idéalités facticielles mais non moins agissantes. Qu'est-ce à dire ?

Facticité

La première chose qui saute aux yeux dans la narration sartrienne est la totale facticité des catégories mobilisées. Le Bien dont il est question dès le premier chapitre du premier livre est enraciné dans la terre du Morvan : « Être, c'est appartenir à quelqu'un. Si la propriété définit l'Être, la loyauté calme et sans surprise des possessions terrestres définit le Bien »[4]. Cette métaphysique est agricole, la morale qui en découle s'adresse à des paysans propriétaires de leur exploitation qui seuls peuvent s'attendre à être des Justes. La contingence socio-économique de ces caractéristiques est frappante ; les concepts servant de principes ultimes de l'action sont enracinés dans une idéologie de classe. On peut à ce titre approcher le *Saint*

---

1. SG, p. 124 et p. 165-175, à comparer avec DBD, p. 263.
2. SG, p. 224.
3. *Ibid.*, p. 182-183.
4. SG, p. 13.

Genet comme témoin d'une période charnière dans l'évolution de la pensée de Sartre, ouvrant sur son engagement éthique marxiste[1]. Le Bien est à la fois reçu et traité comme éternel et transcendant, et choisi voire généré en fonction de sa propre situation dans le monde. Lorsque l'on tente, sous la forme personnelle du Dieu chrétien, d'en faire l'arbitre et le témoin de quoi que ce soit d'externe aux significations socialement déterminées, on se heurte au silence, à une absence qui doit mener à conclure qu'il n'existe pas par lui-même. Dieu est mort, il n'y a que les hommes ; nul principe extérieur au libre jeu des consciences n'est à chercher[2]. Or, le Mal se définit toujours selon cette dialectique d'opposition et de renforcement du Bien, qu'il doit donc présupposer et dont il dépend dans son essence ; si le Bien est socialement déterminé et fabriqué pour des motifs de classe, le Mal héritera forcément de cette idéologie dont il devra se faire le négatif. Dès lors, on comprend qu'il ne peut y avoir de Héros ou de Criminel que comme défenseurs de vices et de vertus historiquement situés, de Justes et de Martyrs que d'une morale du siècle ; même l'ascèse du Saint doit, dans l'athéisme soutenu par la narration et la pensée sartriennes, se référer à un Autre qui n'est ni plus ni moins que la communauté des hommes hypostasiée comme un Autre en soi[3]. L'Enfant et son pendant idéal qu'est le Sage portent certes une acceptation inconditionnelle (volontaire pour le Sage, inévitable et aliénante pour l'Enfant) du monde quel qu'il soit, mais en pratique ce monde sera toujours socialement structuré.

Facticité ne signifie pas caprice individuel. Les catégories qui structurent l'expérience de Genet avant sa conversion à la poésie n'ont pas été forgées par lui. Elles ne seraient rien s'il ne les acceptait pas, mais l'enfant Genet a justement accepté – à son jeune âge il n'avait d'autre voie – les rôles que son entourage lui a transmis[4]. C'est qu'il n'est de relation à autrui que sur le mode de l'aliénation, et même d'une double aliénation : chacun est pour l'autre à la fois aliénant et aliéné[5]. *A fortiori* dans la situation qui nous occupe, « le monde entier de la propriété est dans la dimension de l'aliénation » puisque toute propriété se fonde sur un don, dans lequel il y a forcément puissance d'aliénation : en possédant on aliène (et donc on est aussi aliéné par) autrui. Ainsi, le Martyr aliène autant le

---

1. Comme le propose F. Jeanson, « De l'aliénation morale à l'exigence éthique », *Les Temps Modernes*, 632, 2005, p. 557-570 ; cela nous semble confirmé par l'apologie du « socialisme » en CM, p. 109.

2. Comparer CM, p. 282 à DBD, p. 268 et p. 278.

3. Comparer CM, p. 23 à SG, p. 276.

4. SG, p. 26-27.

5. CM, p. 380-382 et p. 419.

Juste qu'il est aliéné par lui : les rôles qu'ils jouent les aliènent aux Idées essentielles qui structurent la société et auxquelles ils n'ont d'autre possibilité que de sacrifier leur liberté[1]. En effet, plus qu'à un maître de chair, c'est à une idée que s'aliène Genet, que s'aliène tout homme, au Mal substantifié ou au Bien, au rôle du Héros, du Criminel ou du Saint, en se faisant Juste ou Martyr d'entités eidétiques qui engagent la liberté dans une ornière menant, directement ou sournoisement, à l'objectivité[2].

Réalité

Certes, les catégories et les rôles que nous avons examinés sont facticiels, enracinés dans un contexte socio-économique et surtout dans le système historique et culturel de représentations d'une communauté. Ils sont joués, imités, jamais incarnés au point d'anéantir l'autonomie d'une conscience qu'ils ne font que voiler à l'aide d'une parure, et toujours incomplètement[3]. Pour autant, quand Gœtz décide ou non de raser des villes, de prendre le commandement d'une rébellion, quand Genet commet un vol, dénonce un complice ou même quand il refuse par son évanouissement de participer à une simulation de vol, tous ces choix ont à la fois des conséquences très concrètes et prosaïques, et des causes idéales. C'est parce qu'il veut incarner un Héros du Mal puis du Bien et enfin se libère de ces concepts que Gœtz assiège Worms puis y renonce, refuse la révolte violente puis s'y joint ; c'est au nom d'une exigeante ascèse menée en quête du Mal le plus pur que Genet commet ses forfaits ou s'y refuse, avec toujours plus de raffinement dans la logique de ses discriminations. Le seul contexte matériel est impuissant à rendre compte de toutes ces nuances dans le comportement, qui ont une influence réelle sur les actes ; il faut passer par les concepts mobilisés, faire usage d'un registre intellectuel pour saisir leur enchaînement.

Les conséquences de telles décisions agissent sur le possesseur effectif d'un objet, sur l'intégration réelle d'un individu dans un groupe ou son arrestation par la police, pour ne rien dire des massacres qui rythment *Le Diable et le Bon Dieu*. Ce n'est pas seulement l'interprétation du monde qui évolue à travers le développement des raisonnements intérieurs aux consciences ou aux personnages qu'elles jouent, mais le monde lui-même, avec lequel elles ne cessent d'être en interaction par la médiation de ces

---

1. CM, p. 371, 376 et 392.
2. Comparer par exemple SG, p. 151-153 à CM, p. 422-424.
3. Genet ne peut que *jouer* à être Criminel, toujours au prix d'un truquage, d'un semblant nécessairement faux : SG, p. 40, 50, 97, 171, 204, 213-214, 261 et 281. Voir aussi CM, p. 351.

rôles : Gœtz et Genet sont des philosophes qui transforment le monde au fil de l'interprétation qu'ils en font. En outre, si les catégories sont informées par le contexte d'où elles émergent, elles ne s'y réduisent pas. On ne peut comprendre l'itinéraire de Genet ou de Gœtz à partir de leur situation socio-économique seulement, condition nécessaire mais non suffisante d'intelligibilité de leur parcours ; il faut saisir le développement original de leurs concepts centraux dans toutes ses apories et solutions. Ainsi n'y a-t-il aucune primauté du matériel déductible de la pensée de Sartre, même en l'absence de l'existence effective d'un Dieu ou d'Idées : celles-ci, aussi facticielles et abstraites soient-elles, sont porteuses d'une action finale mais aussi efficiente, irréductible à la matérialité dont elles émergent. C'est d'ailleurs là la condition de pertinence d'une démarche de phénoméno-logie ou de psychanalyse existentielle, qui permet à celle-ci de prétendre à un pouvoir explicatif supérieur à une pratique de biographie matérialiste sociologisante ; l'Idée a un lien assez étroit avec la matière pour qu'il soit sensé de passer par la première pour expliquer les transformations de la seconde. La création continue que chaque conscience opère (fût-ce sous l'influence d'autres consciences) de catégories et de rôles, auxquels elle s'aliène dans sa quête d'Être, s'inscrit donc pleinement dans la réalité concrète et sociale : ce sont ces concepts qui structurent la relation que l'on entretient avec le monde, y compris avec autrui.

Bien plus que nous renseigner sur les détails idiosyncrasiques de la vie personnelle d'un individu, fût-il Jean Genet, le propos de Sartre peut être lu comme visant à explorer le déploiement d'un tel système idéal, dans toute la pression qu'il peut exercer de l'intérieur sur une conscience pourtant libre, comme pour l'amener dans la direction de l'impossible projet d'une identification avec un rôle social. Pour le Sartre épris de l'irréductibilité d'une liberté à laquelle il entend accorder une valeur absolue contre la menace de l'objectivation, l'enjeu est d'identifier les mécanismes de l'alié-nation afin de mieux la comprendre et de pouvoir, ultimement, se défaire de ses entraves et atteindre une authenticité qui semble bien constituer le but final de son existentialisme[1].

---

1. C'est du moins la fonction essentielle de l'art selon les CM, p. 563-570.

CONCLUSION

Saint Genet, comédien et martyr. Qu'il soit *Saint* ne peut être compris qu'à condition de garder à l'esprit que le Saint dont il est question est le rôle idéal que Genet n'a cessé de viser tant par la gratuité destructrice et déjà poétique de ses forfaits que par l'ascèse intérieure qu'il s'impose pour purifier le Mal qu'il entend incarner. C'est le Saint comme complément indispensable du Héros, en l'occurrence celui du Mal, le Criminel. Ce rôle fascine et passionne tant Genet qu'il ne peut espérer l'endosser sans le dénaturer et l'approchera donc par la voie de la sainteté. Mais cette sainteté idéale est une coquille facticielle jamais vraiment incarnée, et qui ne peut qu'à la limite se performer. Comme Gœtz, Genet doit se contenter de jouer au Saint, d'exprimer par une imitation forcément grotesque une Idée irréalisable et d'être comédien jusqu'au fond de lui-même, aliénant sa propre liberté pour la conformer à ce qu'il pense attendu de lui par ce rôle auquel il se voue. Bien plus que par sa libération à travers l'écriture drama-turgique, c'est par cette dimension de son aliénation qu'il est profondément *comédien*. On ne joue guère seul, cette comédie l'amène à des interactions, tout à fait réelles, avec d'autres consciences, d'autres hommes, dont il se distingue et auxquels parfois il nuit, mais qui eux aussi ont leur tour de jeu. Ils profiteront de cet écart pour se constituer en société des Justes, fédérés par un Bien qui se fonde sur l'exclusion presque rituelle d'une altérité représentant le Mal ; par commodité on la concentre dans le personnage du *martyr*, que Genet est naturellement amené à interpréter. Ainsi Genet est-il situé quant à son rôle idéal, son rôle social, et quant au mode de son rapport à ces rôles, c'est-à-dire le statut ontologique qu'on peut leur accorder. Il est à remarquer que l'ouvrage ne pastiche pas le titre, par exemple, du *Journal du Voleur*, et il nous semble qu'il y a davantage là qu'une volonté d'éviter la confusion avec l'autobiographie de Genet. Le Voleur est une catégorie seconde, qui mobilise des aspects d'héroïsme et de sainteté en les redis-tribuant, faisant figure de Martyr et prolongeant même en certains points l'innocence aliénée de l'Enfant : il s'agit ainsi d'un fil rouge, d'un exemple récurrent, plus que d'un concept fondamental ou même du propos de Sartre lui-même, comme en témoigne la comparaison avec les *Cahiers*. Il est en effet moins question de comprendre Genet – quel que soit le travail de recherche et d'empathie accompli par Sartre – que de décrire l'aliénation dans son déploiement à la fois individuel et social, à travers l'un des participants de cette dialectique asymétrique, en l'occurrence le martyr, saint et comédien. Cette description est logiquement détachable de tout jugement de valeur quant à ce phénomène. Elle peut être, au moins en principe, mobilisée aussi bien dans une optique d'émancipation de l'individu que d'exploitation du potentiel d'aliénation présenté dans toute relation sociale, en particulier dans le cas d'un déracinement et d'un isolement, réels ou imaginaires.

Corentin TRESNIE
Université libre de Bruxelles

RÉALITÉ SYMBOLIQUE DU SOCIAL
ET PSYCHANALYSE EXISTENTIELLE
MAUSS ET LÉVI-STRAUSS DANS LE *SAINT GENET*

Juliette Simont a souligné que toutes les figures analysées par Sartre – de Baudelaire au Flaubert de *L'Idiot de la famille* en passant par Genet – présentent des traits communs. On retrouve dans toutes les biographies existentielles l'attitude d' « assomption-défi » et un itinéraire tortueux au terme duquel ces figures trouvent « la voie de leur libération, c'est-à-dire le biais qui leur permettra de produire du "jeu" dans le destin auquel ils se sont voués »[1]. Ce motif général et transversal n'a toutefois pas empêché Sartre de renouveler constamment sa méthode et ses approches.

De ce point de vue, le *Saint Genet, comédien et martyr* marque un tournant dans la psychanalyse existentielle sartrienne[2]. Comme l'a montré Vincent de Coorebyter, dans *L'Être et le Néant*, les conduites, les désirs et les choix concrets d'un individu sont déchiffrés à partir d'un projet originel posé comme « autosuffisant, [...], "absolu", *en amont de tout contact* avec une situation concrète ». C'est le projet lui-même qui « confère son sens à la situation [...] plutôt que de se configurer sur la base d'une situation »[3]. Dans le *Baudelaire* (1947), Sartre élabore une conception plus dynamique du projet originel, en faisant de celui-ci une réponse socio-affective à un traumatisme vécu et en rendant visible les contradictions et tensions qui l'habitent. Mais la méthode herméneutique de cet essai poursuit

1. J. Simont, « Le choix originel : destin et liberté », *Les Temps Modernes*, 674-675, *Sartre avec Freud*, 2013, p. 92.

2. J.-P. Sartre, *Saint Genet, comédien et martyr* [Désormais SG] [1952], « Tel », Paris, Gallimard, 2011.

3. V. de Coorebyter, « Una libertà non situata : la scelta originale ne *L'Être et le Néant* e nel *Baudelaire* », trad. it. V. Riolo, *Studi sartriani*, XII, 2018, p. 21-22. Nous citons selon l'original français, non publié.

néanmoins dans la voie tracée par *L'Être et le Néant*. Elle consiste encore à déchiffrer toute l'existence du poète depuis le foyer central signifiant que constitue le choix fondamental[1]. C'est seulement avec l'introduction aux *Œuvres complètes* de Jean Genet que le projet prend un caractère véritablement situé, engendré dans « l'épaisseur d'un être-à-autrui infantile et social »[2].

Sartre ne renonce pas à l'idée d'une liberté ontologique, mais se donne cette fois le défi de la ressaisir depuis une situation où elle semble *a priori* compromise : une condition sociale imposée dans l'enfance et qu'un enfant réalise à travers une expérience traumatique. Ce défi est évidemment celui d'intégrer à sa psychanalyse existentielle un motif proprement freudien – la compulsion de répétition d'une expérience infantile traumatique, identifiée par Freud en 1920. En s'appropriant ce motif, Sartre donne une dimension temporelle au projet, montrant comment il s'engendre depuis cette situation d'aliénation et se déploie dans le temps, c'est-à-dire change tout en se répétant. C'est de cette manière que Sartre aborde désormais la liberté ontologique : non plus sous les traits d'un libre choix *originel* reflété dans ses multiples facettes existentielles et comme simple dépassement intégrateur de la situation, mais sous ceux d'une libération progressive – la « liquidation de la crise originelle »[3] – à travers une succession de métamorphoses.

Mais il y a plus, car le drame intime qui se répète est un drame qui, tel qu'analysé par Sartre, met en jeu la force du social, plutôt que des motifs psychologiques et des relations intersubjectives. Selon V. de Coorebyter encore, le *Genet* fait preuve d'un « sens du social [...] aussi frappant que les puissances de l'émancipation » et cela se reflète dans l'élaboration, par Sartre, d'une « théorie générale de l'aliénation »[4] s'efforçant d'éviter « l'erreur originelle de Marx et de Freud, dont les pensées sont toutes deux des théories du conditionnement extérieur »[5].

Poursuivant dans cette direction, nous voudrions montrer que ce sens du social doit aussi quelque chose, sinon beaucoup, à l'anthropologie que Lévi-Strauss, au même moment, entend refonder à partir des traditions ethnologiques francophones et anglo-saxonnes, en s'appuyant tout

---

1. V. de Coorebyter, « Una libertà non situata », art. cit., p. 30-31.
2. *Ibid.*, p. 37.
3. SG, p. 604.
4. V. de Coorebyter, « Prière pour le bon usage du *Saint Genet* : Sartre biographe de l'aliénation » [désormais « Prière »], *Les Temps Modernes*, 632-633-634, *Notre Sartre*, 2005, p. 109.
5. *Ibid.*, p. 112.

particulièrement sur l'œuvre de Marcel Mauss. La publication du livre de Sartre qui est, rappelons-le, une préface aux *Œuvres complètes* de Jean Genet parues chez Gallimard[1], est pratiquement contemporaine de la publication, par Lévi-Strauss, de l'*Introduction à l'œuvre de Marcel Mauss*, publiée en 1950[2]. Cette dernière prend elle-même la suite d'une première présentation de l'œuvre de Mauss en 1947 et de l'événement théorique que représente la publication des *Structures élémentaires de la parenté* par Lévi-Strauss en 1949. Que l'*Introduction* de 1950 ait eu pour Sartre une grande importance ne fait aucun doute. D'abord parce que, dans l'immédiat après-guerre, *Les Temps Modernes* avaient ouvert leurs pages aux anthropologues et que le travail de Lévi-Strauss y faisait l'objet d'une grande attention, en particulier de la part de Simone de Beauvoir, qui connaissait Lévi-Strauss de longue date et publiera dans la revue une recension des *Structures élémentaires* dès 1949[3]. Mais si l'*Introduction à l'œuvre de Marcel Mauss* retient l'attention de Sartre, c'est aussi que ce dernier était, depuis longtemps, familier des recherches de Mauss. Grégory Cormann a montré en effet que ses travaux antérieurs, comme l'*Esquisse d'une théorie des émotions*, portent la trace directe de l'*Esquisse d'une théorie générale de la magie* de 1902-1903 et de l'article sur « Les techniques du corps » de 1936[4].

Sartre se réfère explicitement à cette *Introduction* dans un passage précis de son *Saint Genet*, à travers une citation dont le sens ne se dévoile vraiment que rapporté aux autres thèses majeures de Lévi-Strauss. Dans l'analyse qui va suivre, nous voudrions mettre en évidence la façon dont, avec le *Genet*, la psychanalyse existentielle de Sartre, en s'appropriant trois thèses majeures du Mauss de Lévi-Strauss – qui sont aussi bien celles de l'anthropologie structurale à ses débuts –, se dote d'un sens du social « fort » : penser le social comme ensemble de systèmes irréductibles ; redéfinir la nature des relations entre le mental et le social dans les termes maussiens de « fait social total » et le social lui-même comme monde de rapports symboliques ; ressaisir l'échange (de signes) comme phénomène social primitif. L'appropriation de ces trois motifs, essentiels au projet

1. J. Genet, *Œuvres complètes*, t. II, Paris, Gallimard, 1951. *Saint Genet, comédien et martyr* constitue le tome I de ces *Œuvres complètes* publiées à partir de leur tome II en 1951.

2. C. Lévi-Strauss, « Introduction à l'œuvre de Marcel Mauss », dans M. Mauss, *Sociologie et anthropologie* [désormais *Introduction*] [1950], Paris, P.U.F., 1995.

3. S. de Beauvoir, « Les structures élémentaires de la parenté », *Les Temps Modernes*, 49, 1949, p. 943-949.

4. G. Cormann, *Sartre. Une anthropologie politique (1920-1980)*, Bruxelles/Frankfurt-am-Main/New York/Oxford, P.I.E./Peter Lang, 2021, en particulier chap. II, p. 63-80.

anthropologique de Lévi-Strauss, n'a rien d'une simple répétition, car ils s'articulent aux thèses sartriennes antérieures, ainsi qu'à l'intérêt particulier de Sartre – apparemment secondaire dans le texte de Lévi-Strauss – pour la conception maussienne de la *personne*[1]. Dès lors nous présenterons, en quatre parties, la manière dont Sartre, en faisant droit à la force du social, refaçonne ses propres idées : la négativité originaire, l'irréductibilité de la subjectivité, le motif dramaturgique et l'imaginaire comme irréalisation, la différence entre l'usage poétique et l'usage prosaïque du langage.

Cet article se limite au repérage de quelques grandes inventions théoriques issues des sciences sociales qui, selon nous, renouvelèrent la psychanalyse existentielle de Sartre au début des années 50. Etudier les transformations de la philosophie sartrienne sous l'effet des savoirs que Lévi-Strauss rassemblait sous le terme d'anthropologie est un vaste projet – d'ailleurs en cours –[2], auquel cette étude ne prétend apporter qu'une modeste contribution.

LA NÉGATIVITÉ ORIGINAIRE

LE SOCIAL COMME « ENSEMBLE DE SYSTÈMES IRRÉDUCTIBLES »

On le sait, Sartre élabore l'idée des trois métamorphoses de Genet – conversion au Mal, au Beau et à l'Écriture – sur le fond de ce que l'écrivain a rendu de mille manières sous les traits d'un événement initial, irrémédiable et irréversible, la fin de son innocence. Ce drame inaugural est connu et ce n'est, à vrai dire, qu'une banale anecdote : un enfant adoptif, pris la main dans le sac en train de dérober, se voit désigné par un mot « vertigineux » : « Tu es un voleur ». Les premiers larcins de Genet, commis dans l'innocence de l'irréflexion infantile, passent ainsi d'un seul coup à l'objectivité, dans l'instant d'une condamnation qui le *change en lui-même* c'est-à-dire qui lui donne et lui révèle en même temps sa nature. Une « nature », car la condamnation projette aussitôt sa lumière rétrospective sur ses actes passés (*c'était* du vol); une « essence », même, car la nomination, par sa portée universelle, le projette d'un coup dans l'éternel présent du recommencé : celui qui *est* voleur l'est toujours et partout. Cette nomination, à ses yeux, lui confère un double passé : celui, à jamais

---

1. M. Mauss, « Une catégorie de l'esprit humain : la notion de personne, celle de "moi" » [1938], dans *Sociologie et anthropologie, op. cit.*, p. 333-356.
2. Travail en cours que réalisent, entre autres, Grégory Cormann, Alexandre Feron et Fabio Recchia.

dépassé, de l'innocence, et celui qui est voué à ne jamais passer, qui hante le présent – sa transformation en ce voleur qu'il était toujours déjà[1].

Il s'agit d'un cas typique de ce que Sartre avait naguère décrit dans les termes du pour-autrui, mais l'altérité intersubjective est à présent ressaisie sur le fond des logiques anonymes du social, comme si celles-ci produisaient des «positions de sujet». L'analyse de Sartre, en suggérant que Jean Genet accède à la conscience de soi *par* la révélation de son être social, rejoint la perspective de Durkheim, selon laquelle «certaines manières d'agir sont imposées ou du moins proposées *du dehors* à l'individu, et se surajoutent à sa nature propre»[2]. Elle pose que la vie sociale est un système *réglé* de relations entre des personnes et repose, selon les termes de l'anthropologue Tim Ingold, sur «un cadre d'institutions régulatrices» qui donnent aux conduites individuelles une orientation normative, dépendante de leur position relative dans la structure sociale[3].

Tout paraît se jouer *à ce niveau* sur le plan de l'objectivité sociale. Le monde social de Genet est, d'après Sartre, celui où le statut social de l'individu est suspendu à la propriété privée. Dans ce monde-là, un enfant abandonné et adopté est, par définition, un non-héritier, un non-propriétaire. S'il s'approprie néanmoins, ce geste sera un vol ; il est condamné à être un voleur et, par-là même, *l'autre négatif* du propriétaire. La propriété, dynamique normative propre à la petite bourgeoisie paysanne dans laquelle est élevé l'enfant Genet, n'est pas seulement une structure économique, c'est aussi sa morale : être désigné comme voleur dans une société où la propriété (l'avoir), valeur sacrée, «définit l'Être»[4], ne peut être qu'une malé-diction (à la lettre) qui métamorphose Genet en «vermine», en enfant du Mal. Ainsi Genet prend-il conscience de soi à travers le jugement moral prononcé par autrui : c'est une condamnation et, de fait,

---

1. V. de Coorebyter a souligné que l'état d'innocence n'est en rien, chez Genet, une parfaite harmonie avec soi. Avant sa condamnation, si Genet intériorise, de manière irréfléchie, les valeurs sociales de la famille qui l'a recueilli, c'est sur un mode «inquiet» parce que sa situation véritable est celle d'un «faux enfant» ; enfant abandonné et recueilli, son existence «trouble l'ordre naturel et l'ordre social». «Objectivement coupable», il ne peut que désirer son innocence, raison pour laquelle il s'en remet «aux grandes personnes» pour le confirmer dans son être. *Cf.* «Prière», p. 116-117.

2. E. Durkheim, «Société», *Bulletin de la Société française de philosophie*, XV/3-4, 1917 (publié en 1919), p. 57.

3. T. Ingold, *Machiavel chez les babouins. Pour une anthropologie au-delà de l'humain*, Paris, Asinamali, 2021, p. 111.

4. SG, p. 14.

le prononcé de son exil, c'est-à-dire de sa *mort* sociale, de sa mort *en tant qu'être social*. Nous reviendrons sur la manière dont Sartre ressaisira, sur cette base, la subjectivité vécue de Jean Genet. Il faut insister d'abord sur le fait que son analyse, bien que située sur le versant objectif de la réalité, ne doit rien à un déterminisme qui ferait du social un système complet, de la structure une architecture statique et des individus les simples occupants de positions sociales. S'agissant de l'identité sociale de Genet, Sartre invoque de manière significative une observation de Lévi-Strauss dans son *Introduction à l'œuvre de Marcel Mauss* :

> Dans toute société donc, il serait inévitable qu'un pourcentage, d'ailleurs variable, d'individus se trouvent placés, s'il l'on peut dire, hors système ou entre deux ou plusieurs systèmes irréductibles. À ceux-là le groupe demande et même impose de figurer certaines formes de compromis irréalisables sur le plan collectif, de feindre des transitions imaginaires, d'incarner des synthèses incompatibles [1].

Dans ce passage, Lévi-Strauss, qui discute de manière critique les travaux ethnographiques qui ont appliqué le vocabulaire psychopathologique à des conduites jugées aberrantes – telles les transes shamaniques ou certains rituels magiques –, défendait qu'au contraire ces conduites ne faisaient que « transcrire un état du groupe et rendre manifeste telle ou telle de ses constantes » et qu'à ce titre elles devaient être considérées comme « partie intégrante du système total » [2], ou encore comme « un élément constitutif du type particulier d'équilibre qui lui est propre » [3].

Dans la transposition sartrienne, il s'agira de retrouver, à partir des conduites « aberrantes » de Genet, non pas tellement le système dans sa positivité, mais l'équilibre dynamique – en réalité conflictuel – de la structure sociale. Genet est en effet l'homme aux conduites socialement tenues pour aberrantes, celles que son époque recode, à travers le vocabulaire psychopathologique ou psychiatrique, comme déviantes ou anormales : le délit de vol, le crime, l'homosexualité, la prostitution, la trahison. En les recodant à son tour dans les valeurs transcendantes du Bien et du

---

1. SG, p. 68, qui cite *Introduction*, p. XX. La citation de Sartre est en réalité plus longue et court sur les pages 67-68. Elle reprend de manière partielle un long passage de l'*Introduction* de Lévi-Strauss, qui commence chez Sartre par l'affirmation : « Toute culture peut être considérée comme un ensemble de systèmes symboliques » (*Introduction*, p. XIX). Pour la question du symbolique, voir *infra* section suivante.

2. *Introduction*, p. XX.

3. *Ibid.*, p. XXI.

Mal, Genet révèle peut-être la nature profondément ambivalente des caté-gories psychopathologiques, l'affinité des normes morales et des normes médicales, le fait que les déviances incarnent, au fond, le mal social immanent caractéristique des sociétés modernes[1]. Mais pour Sartre il révèle aussi, et avant tout, la négativité qui habite la société et façonne l'existence de certains individus.

La condamnation qui fait de Genet un enfant du Mal n'a rien d'acci-dentel. Elle renvoie à l'acte par lequel la société assure sa propre cohésion, expulsant hors de soi son propre négatif. Sartre souligne ainsi que la normativité sociale ne va pas sans *division*, sans la production d'un certain Autre de l'Être, un certain *dehors du dedans* – « c'est la loi, dit saint Paul, qui fait le péché »[2]. Sur un plan anthropologique, tout se passe comme si la dissociation des « deux moments indivisibles de la liberté humaine »[3], l'Être et le Néant, constituait l'origine paradoxale de toute unification sociale, soutenue par cette dualisation sans cesse rejouée ; le positif et négatif, l'Être et le Néant, *donc* le Bien et le Mal s'y présupposent récipro-quement. De ce point de vue, le Mal absolu n'est qu'un mythe, mais un mythe essentiel et actif : il entretient le fantasme d'un Autre absolu qui, en pratique, sert de miroir négatif au Bien. Hantise de la société des hommes de bien (les Justes), il est l'inquiétude qui les tient en respect. L'altérité du Mal loge comme un quasi-dehors dans le dedans de l'Être, comme une extériorité inassimilable dans l'intériorité du groupe.

Aussi nécessaires que les « filles de bordel » aux « honnêtes femmes », les criminels sont donc indispensables aux Justes[4]. Qui seront-ils ? Pas n'importe qui, car il faut qu'ils tiennent leur rôle, qu'ils incarnent le Mal comme une nature et la conduite antisociale comme une vocation. Sartre note qu'on n'a pas ici affaire à une conscience collective oppositionnelle de classe, laquelle entretient avec la société des Justes la relation d'un groupe avec un autre groupe. Là où la lutte politique force et maintient la réci-procité, la production des conduites antisociales fabrique une négativité

---

1. De manière complémentaire, Fabio Recchia a montré comment Sartre a traduit, dans les termes de l'ontologie phénoménologique, la thèse durkheimienne du comportement délinquant comme un fait normal, essentiel aux évolutions morales de la vie sociale. *Cf.* F. Recchia, « La Figure du délinquant. Essai de psychologie phénoménologique à partir du Saint Genet, comédien et martyr », dans G. Cormann et J. Englebert (dir.), *Psychopathologie phénoménologique, dépassement et ouverture*, Paris, Cercle Herméneutique, 2019, p. 33-56.

2. SG, p. 35.

3. *Ibid.*, p. 36.

4. *Ibid.*, p. 41.

en-deçà[1]. «Comme le Mal est négation, séparation, désintégration», écrit Sartre,

> on ira chercher ses représentants naturels parmi les séparés et les sépara-tistes, parmi les refoulés inassimilables, indésirables [...]. Heureusement, il existe dans notre société des produits de désassimilation, des déchets : enfants abandonnés, «pauvres», bourgeois déchus, «lumpenproletariat», déclassés de tout espèce, en un mot tous les misérables. Avec ceux-là nous sommes tranquilles : ils ne peuvent s'agréger à aucun groupement puisque personne ne veut d'eux ; et, comme la solitude est leur lot, nous n'avons pas à craindre non plus qu'ils s'associent entre eux[2].

Tel est Genet, que la société a chargé «d'incarner le Méchant, c'est-à-dire l'Autre»[3] dans la solitude.

C'est ici qu'interviennent les «compromis irréalisables» qui, selon Lévi-Strauss, sont imposés à ceux qui sont placés hors système – ou, plus exactement, *entre des systèmes irréductibles*. Objet produit et expulsé par la catharsis de l'honnête homme, le Mal de Genet sera *en lui*, l'altérité est placée en son cœur – on l'a convaincu «d'être, au plus profond que lui-même, *un Autre que soi*. Désormais sa vie ne sera que l'histoire de ses tentatives pour saisir cet Autre en lui-même et pour le regarder en face [...] ou pour le fuir»[4]. Le *cogito* de Genet, pour cette raison même, cesse d'être ce qu'il est en l'honnête homme, un sens intime de ce que je suis pour moi, un rapport immédiat et pré-objectif qui s'arrange avec les qualités objec-tives que les autres me reconnaissent, qualités «qui n'expriment point tant ce que je suis en moi-même que ce que je suis *par rapport à eux*»[5]. Le *cogito* de Genet, lui, est «truqué»[6] : précisément parce qu'il ne cessera de répéter la sentence prononcée contre lui, parce qu'il se donne tort, il détruira les vérités de son sens intime comme autant de mensonges, au profit des qualités (évidemment négatives) qu'on lui attribue ; il déléguera à un autrui installé en lui le soin de lui révéler son essence singulière.

---

1. Anticipant les études subalternes et le travail de James C. Scott sur l'» infrapolitique », Sartre met en évidence une négativité sociale hors des formes reconnues de la lutte politique mais présentant néanmoins une dimension conflictuelle et des subjectivités « résistantes » dont Genet constitue l'emblème. Voir J. C. Scott., *La domination et les arts de la résistance. Fragments du discours subalterne* [1992], trad. fr. O. Ruchet, Paris, Éditions Amsterdam, 2019.

2. SG, p. 41.
3. *Ibid.*, p. 46.
4. *Ibid.*, p. 47.
5. *Ibid.*, p. 43.
6. *Ibid.*, p. 47.

Il refoulera constamment son propre *cogito* pour se faire, à travers l'autrui virtuel ou réel qui parle en lui, *objet pour soi-même, objet pour les autres*[1]. Aliéné, Genet l'est ainsi au sens radical où il est *fait sujet par assujettissement*, par une sujétion qui ne vient pas de la simple présence des autres mais, à travers eux, par une logique propre aux profondeurs de la vie sociale : sa paradoxale division originaire, aussi activement répétée qu'elle est refoulée – projetée sur les réprouvés qu'elle charge d'incarner son négatif. Tout commence donc par une négativité originaire. Il ne s'agit plus de la structure ontologique du pour-soi, mais de l'élément social où se forme un sujet clivé ou dédoublé, dont l'existence entière est vouée à réaliser une impossible synthèse – et dont la biographie sartrienne s'efforce de ressaisir, de manière dynamique, les différentes figures.

LE FAIT SOCIAL TOTAL, LE SYMBOLIQUE

L'emprunt à Lévi-Strauss écarte l'hypothèse d'une aliénation qui fonctionnerait comme une reproduction simple. La force du social n'est pas l'actualisation mécanique d'une identité sociale préconstituée, la réalisation d'un rôle social prescrit à l'avance ; la vie de Genet n'est pas un simple *reflet* des exigences morales et du manichéisme de la petite bourgeoisie paysanne et propriétaire. On n'a pas chargé Genet d'une identité dont il serait captif, pas plus qu'on ne l'a seulement condamné à la souffrance sociale, à l'absence de reconnaissance[2]. Pourtant, la mise en évidence d'une division originaire du social et d'une subjectivité clivée n'est pas, comme telle, le dernier mot du raisonnement sociologique original de Sartre. Il faut encore ajouter que l'exploitation de ce motif quasi-dialectique emprunte un chemin bien particulier : celui d'une exploration menée à partir de l'écriture de Genet et pour ainsi dire dans sa langue *et avec ses mots*, autrement dit une tentative de penser le monde social *depuis son point de vue*. Il en découle une manière toute particulière de relier, sans les réduire l'une à l'autre, l'individu et le social, le psychologique et le sociologique, ou encore le mental et le social.

Ici encore, il convient de se tourner vers le texte de Lévi-Strauss. Selon ce dernier, l'ethnologie a soulevé, de longue date, la question des rapports

---

1. SG, p. 48.

2. La lecture du *Saint Genet* par Judith Butler fait apparaître une lutte pour la reconnaissance ; nos propres conclusions sont un peu différentes. Voir J. Butler, *Sujets du désir. Réflexions hégéliennes en France au XXe siècle*, Paris, P.U.F., 2011, p. 191 et p. 197 *sq.*

existant entre les traits propres à la culture d'une société donnée et les caractères psychologiques de ses membres, cherchant à cerner la direction de la *causalité* entre ces deux ordres – avec des succès mitigés[1]. C'est chez Mauss qu'on trouve, pour la première fois, une approche crédible des relations entre le social et le mental. À travers la notion de «fait social total», Mauss bouleverse les termes mêmes de la question, évacuant le problème de la causalité. Il impose un double déplacement : la réintégration de l'expérience subjective ou vécue dans l'analyse de l'objectivité sociale, d'une part, et l'approche du social comme «ensemble de systèmes symboliques»[2], d'autre part.

Au niveau le plus général, l'intention de Mauss, lorsqu'il propose la notion de fait social total, est selon Lévi-Strauss «de définir le social comme *la réalité*» et de défendre l'idée que «le social n'est réel qu'intégré en système»[3]. Cela ne signifie pas seulement qu'il s'agit, pour chaque société particulière, d'identifier comment ses différents aspects (familial, technique, juridique, religieux, etc.) se répondent et se relient sur un plan synchronique et historique et d'intégrer de manière systématique jusqu'aux aspects physio-psychologiques qui traduisent les usages du corps et de l'esprit privilégiés par cette société. «Il faut aussi», écrit Lévi-Strauss, que le social «s'incarne dans une expérience individuelle»[4], «qu'il soit saisissable dans une expérience concrète»[5]. Atteindre «le sens et la fonction d'une institution» suppose de se mettre «en mesure de revivre son incidence sur une conscience individuelle», de «faire coïncider l'objectivité de l'analyse historique ou comparative avec la subjectivité de l'expérience vécue»[6]. Appréhender totalement un fait social, c'est l'appréhender

> comme une chose, mais comme une chose dont fait cependant partie intégrante l'appréhension subjective (consciente et inconsciente) que nous en prendrions si [...] nous vivions le fait comme indigène au lieu de l'observer comme ethnographe[7].

---

1. Dans la première partie de son *Introduction*, Lévi-Strauss discute les travaux de Ruth Benedict, de Margaret Mead et d'autres ethnologues chez qui les catégories psychanalytiques, ou encore psycho-pathologiques, sont appliquées à l'examen des réalité culturelles.

2. *Introduction*, p. XIX.

3. *Ibid.*, p. XV.

4. *Ibid.*, p. XXV.

5. *Ibid.*, p. XXVI.

6. *Ibid.*

7. *Ibid.*, p. XXVIII.

La prise en compte de l'expérience vécue ne donne cependant nulle primauté à cette dernière : il ne s'agit pas, ni pour Mauss ni pour Lévi-Strauss, de promouvoir une herméneutique phénoménologique de la signification qu'une existence individuelle donne à son monde social et naturel. C'est que la source du sens, de la signification, n'est pas à chercher du côté de la subjectivité individuelle, mais bien du social comme « monde de rapports symboliques »[1], comme système collectif dont les conduites individuelles constituent des « éléments »[2].

Pour le dire en termes plus contemporains, le raisonnement sociologique qui s'élabore autour de l'œuvre de Mauss ne se borne pas à postuler que le social opère à travers l'orientation normative des conduites, le façonnement des comportements. Il suppose aussi – et c'est le sens que l'on peut donner au terme « d'appréhension subjective » retenu par Lévi-Strauss – que les sujets possèdent une faculté symbolique, qu'ils soient capables de « projeter leur expérience commune au niveau des idées », de « formuler des codes et des standards de comportement collectifs au moyen desquels la performance peut être dirigée », et, plus profondément, qu'ils puissent conceptualiser le soi « comme quelque chose dont on peut réflexivement être conscient »[3]. Mais cela ne signifie pas pour autant que les sujets individuels maîtrisent les symboles et les significations qu'ils mobilisent, ce qu'oppose Lévi-Strauss à ses contemporains : « les conduites individuelles [...] *ne sont jamais symboliques par elles-mêmes* »[4].

En prenant comme matériau de sa biographie existentielle non seulement l'œuvre de Genet, mais son écriture même – qu'il s'agit de *faire travailler* –, c'est très exactement cette dimension symbolique, lieu de connexion du mental et du social, que Sartre cherche à atteindre. Jean Genet a fait de sa vie le matériau de son œuvre et ceci, pas seulement dans son récit autobiographique, le *Journal du Voleur*. Ses livres, son écriture même, sont le produit d'une intense fabulation lyrique et poétique qui fait appel à la symbolique puissante du Bien et du Mal, à son tour déclinée dans un vaste répertoire de personnages – le Criminel, le Voleur, la Sainte, le Pédéraste, le Mac, les Justes, le Dur, etc. Ceux-ci sont à la fois le fruit de l'imagination de Genet *et* les archétypes des systèmes symboliques qu'il

1. *Ibid.*, p. XXV.
2. *Ibid.*, p. XXVI.
3. Nous empruntons une nouvelle fois ces termes à T. Ingold, *Machiavel chez les babouins, op. cit.*, p. 112.
4. *Introduction*, p. XVI.

met en scène : la moralité, le religieux, l'économique, le sexuel, dont nous avons aperçu la structure duale et la négativité interne.

Tout se passe comme si Sartre suivait, après Lévi-Strauss, l'avertissement de Mauss :

> Le caractère individuel [...] ne fournit que la matière première, ou les éléments d'un symbolisme [...]. Le psychisme individuel ne reflète pas le groupe [...] il le complète. Cette *complémentarité* entre psychisme individuel et structure sociale fonde la fertile collaboration réclamée par Mauss, qui s'est réalisée entre ethnologie et psychologie[1].

Mais encore une fois, cette complémentarité n'est pensable que si l'on se tourne vers ce que Lévi-Strauss appelle la «réalité du symbolique»[2], que si l'on admet «une origine symbolique de la société»[3] et l'idée que «les symboles sont plus réels que ce qu'ils signifient»[4]. Ou encore, comme le relève Sartre lui-même citant Lévi-Strauss dans le passage déjà relevé, que «toute culture peut être considérée comme un ensemble de systèmes symboliques au premier rang desquels se placent le langage, les règles matrimoniales, les rapports économiques, l'art, la religion»[5]. Ceci implique, pour la biographie existentielle, de prendre au sérieux *la* symbolique de Genet comme régime de sens à part entière en s'installant de plain-pied en elle, de faire parler son écriture au lieu de la traverser pour rejoindre, en dehors d'elle, des faits historiques et sociologiques objectifs chargés de l'expliquer[6].

La réflexion de Lévi-Strauss mettait en évidence le fait que les différents systèmes symboliques d'une culture donnée, loin de former une

---

1. *Introduction*, p. XXIII. Lévi-Strauss relève aussi que «cette collaboration ne restera valable que si la première discipline continue à revendiquer, pour la description et l'analyse objective des coutumes et des institutions, une place que l'approfondissement de leurs incidences subjectives peut consolider, sans parvenir jamais à la faire passer au second plan». Sartre part plutôt de l'incidence subjective pour remonter à l'analyse objective des coutumes et des institutions.

2. *Ibid.*, p. XVI.

3. *Ibid.*, p. XXII.

4. *Ibid.*, p. XXXII.

5. SG, p. 67-68.

6. C'est ce qui distingue nettement la biographie sartrienne de celle d'Ivan Jablonka (*Les Vérités inavouables de Jean Genet*, Paris, Seuil, 2004). Là où Sartre ressaisit, à travers l'écriture de Genet, les forces du social dans leur nature symbolique, Jablonka oppose à Sartre les réalités sociales qui se cachent derrière les textes, dans une veine positiviste. De là résulte, comme l'a noté V. de Coorebyter, que «plus exacte que le *Saint Genet*, la quasi-biographie de Jablonka ne donne aucune clé convaincante de l'inquiétante étrangeté, du caractère proprement inouï des livres de Genet» («Prière», p. 120).

totalité organique et achevée, sont toujours incommensurables et qu'ils présentent des rythmes d'évolution différents. C'est sur ce constat qu'il avançait l'existence d'individus « hors-système », chargés « d'incarner des synthèses incompatibles » entre plusieurs de ces systèmes. Sartre, nous l'avons vu, s'approprie l'hypothèse, mais en mettant plutôt en évidence la négativité qui habite à la fois le système économique et le système moral, profilant une compréhension dialectique de leur dynamique propre. Il resterait certainement à examiner plus avant la manière dont le *Saint Genet* a, ou pas, mis en place une analyse des rapports *entre* les systèmes symboliques figurés dans l'œuvre de l'écrivain.

Le motif dramaturgique et l'imaginaire
la *persona*

Nous voudrions insister à présent sur l'importance du modèle dramaturgique qui joue son rôle dans le récit de Sartre et qui est bien sûr l'écho de l'œuvre théâtrale de Genet, et plus largement des univers fictionnels qu'il a lui-même mis en place. Sur le plan littéraire, ceux-ci sont en effet construits, même dans les romans, comme des scènes de théâtre peuplées de personnages toujours près de s'évaporer dans l'idéalité. Des univers chargés de symboles et qui, bien que nourris de la propre vie de Genet, ne sont pas « réalistes », mais manifestent leur caractère fictionnel et s'assument dans le jeu de leurs apparences[1]. En prenant au sérieux la fantasmagorie de Genet, Sartre la réinscrit dans une genèse subjective, faisant apparaître un procès de théâtralisation plus profond que l'écriture et où celle-ci prendra corps – successivement comme poésie et comme prose. Ce faisant, Sartre ne se contente pas de rappeler ce qu'il a déjà établi à propos de la vie du sujet comme rapport à soi dans *L'Imaginaire* et *L'Être et le Néant* : il élabore aussi, empruntant à Marcel Mauss sa conception du rôle social, sa propre compréhension du symbolique.

Reprenons donc depuis les « compromis irréalisables » (Lévi-Strauss) qui, selon Sartre, marquent le sort de Genet. Le décret social qui accable l'enfant Genet l'obligea à décider prématurément de lui-même. Contemporaine de la catastrophe initiale de sa condamnation par les Justes, la première métamorphose de Genet est la décision paradoxale et prévisible de celui qui n'a pas le choix : celle de *vouloir* intégralement ce qui est, de se

---

1. Genet ayant fait de sa propre vie la matière de ses écrits, Sartre aborde son œuvre comme une multiplicité de surfaces de *projection* de soi.

décider pour son destin – car il ne peut ni ne veut renoncer à la morale qui lui a été inculquée, elle reste « gravée pour toujours dans son cœur »[1]. Voué à la mort sociale, à une « vie invivable », Genet choisit pourtant de vivre – c'est ce que Sartre voit comme son optimisme fondamental –, d'assumer entièrement et *souverainement* l'unique possibilité qui lui est laissée : « il vivra cette impossibilité de vivre comme s'il l'avait créée tout exprès pour lui-même, épreuve particulière à lui seul réservée » ; « J'ai décidé d'être ce que le crime a fait de moi »[2], écrit Genet. De ce point de vue, la reprise subjective n'est que le décalque de la condamnation ou de la mort sociale objective, elle la répète et l'approfondit : toute la vie de Genet sera la répétition de sa propre impossibilité. C'est, dit Sartre, « le ressort de sa vie »[3]. À travers, d'une part, la répétition compulsive, dans la vie comme dans la fiction, de la scène originelle – son œuvre pullule de mises en scène de condamnations, de moments irrémédiables, à commencer par le célèbre poème de 1942 *Le condamné à mort* – et, d'autre part, les tentatives innombrables d'incarner le Négatif en étant ou en faisant le Mal. Tel le Saint ou le Martyr, Genet s'active, pratiquant une ascèse pour se soumettre à la puissance du Mal, pour se sacrifier à elle. Vol, trahison, prostitution, échec et volonté même de cet échec – car on ne peut *être* le Négatif – ne semblent eux-mêmes que la répétition du sacrifice originaire dont il est le produit, et comme telle, une parodie ou une comédie de souveraineté.

De sorte que le choix du Mal, décision réaliste et défi lancé à ses juges, n'est en fait qu'une sorte de « révolution intérieure », « revendication fière, solitaire et inefficace » qui transforme une situation de fait en pur « impératif éthique ». À vrai dire, à ce « stade éthique » la révolte est à la fois réaliste et idéaliste : « *réaliste* parce qu'elle se maintient délibérément dans le cadre des institutions existantes », « *idéaliste* car elle n'entraîne aucune amélioration réelle dans la condition des parias »[4]. L'adhésion sans réserve aux puissances noires du Mal, à la condition antisociale de l'*outcast*, reste sous l'ombre portée du Bien dont dépend le Mal – ce qui signifie, à l'inverse, que le Mal lui-même ne cesse de hanter, comme son contrepoint nécessaire, le Bien qui le refoule. Les jeux sont faits, et Genet le sait ; l'impossibilité du Mal – d'un Mal pur, d'un Être du Mal – sera pour lui « le triomphe du principe mauvais », d'où la poursuite inlassable *et* du Mal impossible, *et* de son propre échec : « le schéma général de ses projets doit

1. SG, p. 14.
2. *Ibid.*, p. 63.
3. *Ibid.*, p. 209.
4. *Ibid.*, p. 69.

demeurer le *qui perd gagne* généralisé»[1]. Captif d'une contradiction et de l'échec inévitable qui en découle, Genet l'intériorise, ce qui se traduira par un *effort, un travail constant*, qu'on pourrait désigner comme une *performance*, au sens théâtral du terme.

Genet, en se faisant le «martyr»[2] de l'impossibilité de vouloir le mal, se retrouve à jouer, à travers différentes figures, ce qu'on pourrait appeler, après Marcel Mauss, un «drame sacré». Dans un texte célèbre, Mauss a en effet mis en évidence la manière dont de nombreuses sociétés anciennes, jusqu'à la Rome antique, considéraient la personne en ses rôles sociaux, figurant dans la structure sociale, comme distincte de l'individu organique. Empruntant au mot latin *persona* l'idée du masque, du personnage, Mauss affirmait que «tout un immense ensemble de sociétés est arrivé à la notion de personnage, de rôle rempli par l'individu dans des drames sacrés comme il joue un rôle dans la vie familiale»[3]. Comme «fait social total», Genet ne révèle pas seulement les systèmes symboliques du monde social particulier qui est le sien (l'économique, le moral, le religieux dans leur spécificité historique), mais, plus profondément, *la nature du social* en tant que système réglé de relations entre des «personnes».

Observons à présent la manière dont Sartre s'approprie le thème anthropologique de la *persona* et, plus généralement, de la notion de système symbolique. Le cas Genet est celui, extrême, d'un individu dont le sort est de ne pouvoir réaliser sa condition *que* dans des gestes symboliques. Déjà dans la vie réelle (si l'on peut s'exprimer ainsi), ses compagnons sont des miroirs pour Genet : il se réfléchit en eux, et ce qu'il reconnaît en eux, avant tout, ce sont des comédiens plutôt que des individualités. Une fois projetés dans ses écrits, ces compagnons deviennent des personnages qui jouent leur propre rôle : dans le *Journal du Voleur*, «Stilitano joue le rôle de Stilitano»[4]. «Le monde de Genet ressemble», écrit Sartre, «à celui des grands paranoïaques : il *interprète*. Il est, comme Barrault, acteur et metteur en scène tout à la fois : en même temps qu'il joue son rôle, il aide Stilitano à jouer le sien»[5]. Dans son *Journal*, Genet et ses personnages peuvent même être «deux incarnations d'une même *"persona"* qu'ils se reflètent» et cela signifie qu'il est lié à eux – qui sont

---

1. SG, p. 209.
2. *Ibid.*, p. 193.
3. M. Mauss, «Une catégorie de l'esprit humain : la notion de personne, celle de "moi"», art. cit., p. 347.
4. SG, p. 354.
5. *Ibid.*

ses compagnons de crimes et de délits – « par l'identité de la "*persona*" qu'ils interprètent »[1].

On voit donc que, si la particularité sociale du cas Genet révèle quelque chose de la nature du social – l'existence de personnes au sens de rôles sociaux –, c'est en tant que conduite anormale, où le symbolique prend pour ainsi dire toute la place, se clôturant fictivement sur lui-même[2]. Tout se passe comme si, dans sa vie comme dans son écriture, Genet se retrouvait captif du symbolique, enfermé dans la performance, condamné à mettre en scène, encore et encore, les drames sacrés de la vie sociale, sans pouvoir réellement s'y inscrire. Sartre déchiffre la symbolique à l'œuvre dans le drame sacré de Genet, mais travaille aussi à en faire paraître les conséquences dans sa vie subjective, replaçant le psychique au premier plan : sa fantasmagorie est à la fois le produit et le verrou, l'effet et le piège de la contradiction où il a été placé.

Il est d'ailleurs significatif que Sartre identifie la *persona* qui lie Jean Genet et ses compagnons de crime à la « Solitude »[3] : si tout est joué, si tout est seulement *figuré*, si tout est comédie, c'est qu'il n'y a pas de lien social *réel*, pas de réciprocité, *pas d'action réelle dans le monde*. Lévi-Strauss soulignait qu'aucune société ne peut « offrir à tous ses membres, et au même degré, le moyen de s'utiliser pleinement à l'édification d'une structure symbolique qui [...] n'est réalisable que sur le plan de la vie sociale », c'est-à-dire par la participation « à un monde définissable seulement par la relation de moi et d'autrui »[4]. Reprenant ses propres thèses sur l'imaginaire, Sartre interroge la manière dont Genet mobilise sa propre faculté symbolique. Lorsqu'un individu socialisé s'absorbe tout entier dans la *persona*, n'est-ce pas une manière de s'irréaliser en elle, ainsi que Sartre a décrit la performance de l'acteur dans *L'Imaginaire*[5] ? Ne trahit-il pas l'impossibilité qui lui est faite de participer *réellement* aux relations sociales[6] ?

1. SG, p. 359.
2. Il serait nécessaire de mettre ces réflexions en lien avec le passage de l'*Introduction à l'œuvre de Marcel Mauss* où Lévi-Strauss suggère que les conduites anormales, « parce que désocialisées et en quelque sorte abandonnées à elles-mêmes, réalisent, sur le plan individuel, l'illusion d'un symbolisme autonome » (*ibid.*, p. XVII). Lévi-Strauss souligne par ailleurs constamment (pour avancer *in fine* l'idée de « signifiant flottant ») que le symbolisme ne peut par définition *jamais* se parachever.
3. SG, p. 359.
4. *Introduction*, p. XX.
5. J.-P. Sartre, *L'Imaginaire* [désormais *L'Imaginaire*] [1940], « Folio », Paris, Gallimard, 1986, p. 367-368.
6. C'est en référence à Lacan que Lévi-Strauss affirme que l'édification d'une structure symbolique « pour la pensée normale, n'est réalisable que sur le plan de la vie sociale »,

La contradiction fondamentale dans laquelle Genet se trouve piégé ne souffre en effet ni relève, ni dépassement. Son existence est marquée, *ab origine*, par l'impossibilité d'une action transformatrice. Intériorisation de l'impossible et de sa propre impuissance, cette existence tourne pour ainsi dire en rond, « sans histoire et sans efficace »[1] ; Genet dit lui-même qu'il vit « dans un songe »[2]. À vrai dire, il s'active; mais la réflexion parasite à chaque instant l'action qu'il mène, produisant de celle-ci des images déformées : de faux motifs et de faux moyens sont projetés sur l'action vraie. L'« optique de l'irréel »[3] aggrave le clivage du sujet : « il se dédouble, s'écartèle entre la vérité et la fiction, il construit ses conduites selon deux systèmes d'interprétation contradictoires »[4]. Nous touchons ici à la source de l'extraordinaire fantasmagorie qui fait la singularité de l'œuvre littéraire de Genet, de la puissance fictionnelle qui la porte et qui nous fait assister, en direct, à la transformation d'un wagon cellulaire en carrosse royal, d'un vieux travesti en une reine de conte de fées, d'un criminel en une figure christique. Mais cette prolifération de l'imagination s'avère être la contrepartie d'une impossible confrontation au réel ; comme si l'assomption souveraine du réel tentée par Genet ne pouvait qu'aboutir à sa sujétion la plus intégrale, suscitant l'imagination moins comme une échappée que comme moyen de survie *dans la prison de la situation*[5]. C'est ainsi qu'entrent en scène et le drame, et la comédie : la volonté obstinée à « vouloir tout le réel » se retourne en son contraire; « tout, dit Sartre, se transforme sous ses doigts en accessoires de comédie »[6], Genet « transforme continuellement l'histoire en catégories mythiques »[7].

Le motif dramaturgique traduit à la fois la fidélité de la psychanalyse existentielle aux thèses sur l'imaginaire et ses affinités profondes avec une

---

ajoutant que « c'est […] celui que nous appelons sain d'esprit qui s'aliène, puisqu'il consent à exister dans un monde définissable seulement par la relation de moi et d'autrui. […] Le refus de s'y prêter […] correspond à l'apparition de troubles mentaux » (*Introduction*, p. xx).

1. SG, p. 378.
2. *Ibid.*, p. 379.
3. *Ibid.*, p. 380.
4. *Ibid.*
5. M. Pams développe cette idée de l'imaginaire comme « survie » dans « Sartre et le *Saint Genet* : de l'ontologie de la mauvaise foi à la politique de la révolte », *Études sartriennes*, 19, 2015, p. 198 et p. 200.
6. SG, p. 383.
7. C'est du fond de la singularité absolue, de la solitude de la révolte éthique, que naissent les catégories mythiques. Sartre se propose, en référence à Mircea Eliade, d'analyser ces mythes pour « rétablir les faits dans leur signification vraie » (*ibid.*, p. 13).

théorie complexe du social comme ensemble de systèmes symboliques[1]. La psychanalyse existentielle, selon Mathieu Pams, « devient l'élucidation du théâtre psychique, des scènes mentales par lesquelles un sujet vit intérieurement une incarcération et une exclusion réelles »[2]. Une exclusion sociale qu'il faut désormais penser depuis la manière dont Genet mobilise sa propre faculté symbolique, laquelle sera aussi la clé de sa libération.

LANGAGE POÉTIQUE, LANGAGE PROSAÏQUE
ÉCHANGE ET RÉCIPROCITÉ

Nous savons que pour Sartre, il s'agit de dégager le secret de la métamorphose par laquelle le « moment subjectif » cesse de s'évaporer dans l'infini dédoublement du théâtre intérieur pour enfin mordre sur le monde, faire siennes ses propres conditions en les transformant, se libérer. L'opérateur de la dernière métamorphose, nous dit Sartre, fut sa conversion à l'écriture, et par là il faut entendre l'instauration d'un rapport nouveau avec le langage en tant que réalité autonome et que matériau pour l'exercice de la faculté symbolique des individus[3]. Genet baigne dans un univers de signes, de symboles – concrètement, de mots –, mais se trouve pris dans ce que Lévi-Strauss nommerait « l'illusion d'un symbolisme autonome »[4], comme si les mots ne renvoyaient jamais qu'à eux-mêmes, le privant pour ainsi dire de la fonction secondaire, mais aussi essentielle, du langage : la communication, qu'il lui faudra reconquérir. Nous touchons ici à un dernier motif socio-anthropologique, celui de l'échange, dont Lévi-Strauss note qu'il est pour le Mauss de l'*Essai sur le don* le « commun dénominateur d'un grand nombre d'activités sociales en apparence hétérogènes » et, selon lui-même, en réalité « le phénomène primitif »[5], ce qui se trouve

---

1. Il faut rappeler avec M. Pams que, selon Sartre, la capacité du théâtre à mettre en scène la force du destin – comme contingence et nécessité – est liée à « l'impuissance du spectateur à modifier les rôles qui se jouent devant lui [...] "analogue à l'impuissance de l'homme qui rêve et qui sait qu'il ne peut rien faire" ». M. Pams cite « Le style dramatique » [1944], dans J.-P. Sartre, *Un théâtre de situations*, « Folio », Paris, Gallimard, 1992, p. 26. Voir M. Pams, « Sartre et le *Saint Genet* », art. cit., p. 197.

2. M. Pams, « Sartre et le *Saint Genet* », art. cit., p. 198.

3. Selon Tim Ingold, la faculté symbolique dépend à son tour de l'usage du langage qui, en agissant comme un « "instrument de modélisation" [...] permet à ses détenteurs de désigner et d'articuler des modèles de comportement et des programmes d'action, et de diriger leur réalisation » (T. Ingold, *Machiavel chez les babouins, op. cit.*, p. 113).

4. *Introduction*, p. XVII.

5. *Ibid.*, p. XXXVII.

sous le social comme système réglé de relations. Si l'on peut dire que la libération de Genet passe pour Sartre par l'élaboration d'un certain rapport au langage, c'est dans la mesure où celui-ci est fondamentalement échange de signes. À travers son œuvre, Genet finit par s'établir (bien que d'une manière toute particulière) dans le circuit de l'échange de significations – «donner, recevoir, rendre» – dont il a d'abord été exclu, passant de la gesticulation à l'action.

Pour le comprendre, il n'est pas inutile de revenir à l'un des effets de sa condamnation initiale. Comme nous l'avons écrit au passage, il s'agit d'une malé-diction; sa désignation comme «le voleur» est un acte de nomination. Si cette nomination est une modification radicale de sa personne, c'est aussi en tant qu'elle décide ce que le langage sera pour lui. Cette nomination est un acte à sens unique, qui *doit* être non réciproque : à travers elle, la désignation du Mal, c'est très exactement l'interruption de la réciprocité. Placés «du côté des objets nommés»[1], les inassimilables sont expropriés du pouvoir de nommer, expulsés du groupe de ceux qui s'arrogent ce pouvoir et privés de la possibilité d'entrer de plain-pied dans l'échange symbolique[2]. Nous en connaissons l'une des conséquences pour Genet : jeté dans une solitude radicale, son être lui échappe radicalement, «s'écoule dans les yeux d'autrui»[3] et fait naître l'ambition de se réaliser comme pure singularité – orgueil de la révolte éthique, du martyr et de la sainteté.

Mais l'autre conséquence est la suivante : en acceptant le verdict prononcé contre lui, ne pouvant dès lors nommer les autres et avec les autres, c'est-à-dire *renvoyer le mot*, celui-ci «cesse d'être un indicateur, il devient un *être*». «De moyen le verbe passe au rang de réalité suprême»[4], faisant glisser à l'avant-plan sa matérialité sonore, à l'arrière-plan la signification. Autre ressort, donc, de l'irréalisation dans laquelle s'enfonce Genet : en régime normal, l'échange symbolique sert l'intuition; nommant-nommé, le locuteur laisse en confiance s'effacer le signifiant au profit de ce qu'il désigne, de la réalité qu'il nomme. Sorti de ce circuit, exproprié du pouvoir de communiquer, Genet va en sens inverse. Ce sont les choses ou les affections de la conscience qui sont comme des signes et

---

1. SG, p. 52.
2. Nous avons vu qu'ils incarnent à cet égard l'anti-société : à la différence de ceux que réunit la lutte politique, ils ne forment pas de groupe solidaire ou structuré.
3. SG, p. 53.
4. *Ibid.*, p. 54.

leur fonction est d'éclairer les «ténèbres du nom»[1] qui, lui, a pris l'épaisseur de la chose, la densité impénétrable de l'être. Pour Genet, écrit Sartre, «le langage est l'âme, les affections de son âme sont des moments du discours»[2]. Prisonnier de la chaîne du signifiant, privé de l'intuition de soi comme de l'intuition tout court, Genet ne peut réaliser dans le mot «l'unité du singulier et de l'universel»[3]. L'homme ordinaire dépasse sa singularité vécue par le «contenu universel et socialisé des mots»: «si je parle de moi, il faut que je m'universalise pour être compris»[4]. Ensorcelé, Genet, à l'inverse, «use du langage comme d'une drogue pour se plonger dans des enchantements secrets; s'il arrive qu'il parle, c'est qu'il trompe ou qu'il trahit, bref, il est prisonnier d'un verbe volé, truqué»[5]. Du fond de la singularité qu'il cultive – son culte du Mal –, l'universel, loin de servir la communication, trahit une attitude incantatoire: «Je serai le Voleur», «Je suis le Poète».

Il ne fait pas de doute qu'un tel usage du langage ne soit à l'origine de la deuxième métamorphose de Genet, de son passage au «stade esthétique», pour parodier Kierkegaard: conversion au Beau qui fera de lui un poète. L'esthète ne fait cependant qu'approfondir autrement le choix initial du négatif. Dès lors que le choix du Mal s'avère enlisé dans l'irréel, Genet, nous l'avons vu, se décide pour l'irréel lui-même, pour l'apparence ou l'imaginaire. Selon Sartre, la Beauté est le truchement par lequel Genet fait monter pour lui-même le jeu des apparences et poursuit son entreprise de destruction de l'Être et du Bien. Explorant la technique poétique des «jugements magnifiants» qui transforment l'abject en splendeur et mettent en équivalence l'atroce et le sublime, Sartre n'y voit qu'un usage corrosif des mots destiné à plonger l'être dans le néant. Tour de vis supplémentaire, le culte du Beau comme valeur supérieure n'est que le moyen d'assister, dans l'imaginaire, à la destruction du monde. «Étrange enfer de la Beauté», qui n'est au fond que le «Mal victorieux»[6]. Avec le jugement magnifiant, il ne s'agit plus seulement d'une «idéalisation du réel», d'un «passage au mythe, à la légende», mais de tuer ce dont on parle[7] – c'est la «pompe» funèbre. Et pendant ce temps, le réel, lui, reste intact; c'est encore Genet qui disparaît: «Genet s'évapore; il croit sérieusement,

1. SG, p. 54.
2. Ibid., p. 591.
3. Ibid., p. 56.
4. Ibid.
5. Ibid., p. 474.
6. Ibid., p. 421.
7. Ibid., p. 443.

profondément à une transsubstantiation qui l'arracherait à sa vie vécue pour l'incarner dans le corps glorieux, les mots »[1].

Aussi la vraie force de l'écriture ne vient-elle pas seule : il faudra qu'elle renonce à la toute-puissance de l'usage *poétique* du langage. Le poème – et notamment le premier d'importance, composé dans la prison de Fresnes en 1942, qui s'intitule *Le condamné à mort* – n'avait pas vocation à être lu par d'autres, mais *prononcé* devant les prisonniers. C'était encore, de la part de Genet, une mise en scène, un *geste* plutôt qu'un acte de communication[2].

C'est seulement en écrivant à destination de *lecteurs* que Genet changera la donne : si ses romans en prose demeurent tout entiers bâtis sur le matériau de sa fantasmagorie subjective[3], réfraction de son théâtre intérieur, ils n'en sont pas moins donnés à *lire*. Les mots écrits, entrés dans l'objectivité, réclament d'être lus – on y reconnaît les traits de ce que Sartre appellera par la suite le pratico-inerte. En écrivant, Genet fait du « rêve consolidé. Mais, à peine tracés, les mots boivent le songe, sèchent, réclament d'être lus »[4]. Les mots exigent du lecteur un travail : reprise de la signification, recréation de l'univers fictionnel. Dirons-nous qu'ici Genet rétablit la communication rompue, se range soudain au « contenu universel et socialisé des mots », réinstalle une heureuse réciprocité, se libère en sortant de sa condition ? À vrai dire, pas exactement : « la communication qu'il se propose sera d'un type très singulier »[5].

Tout d'abord, « Genet n'est pas revenu au Bien. Son intention est de nuire et son œuvre veut être une mauvaise action »[6]. Ensuite, Genet n'a pas cessé de poursuivre la chimère de devenir à la fois cet autre qu'il était pour les autres *et* cet autre qui le regarde comme autre. Tout se passe comme si la lecture qu'appellent les mots offrait à cette dramaturgie une possibilité nouvelle : écrire, c'est se donner les moyens de forcer les Justes à le voir

---

1. *Ibid.*, p. 576.
2. D'après le récit qu'il en fit à Sartre, ce fut à la fois une tentative de prouver sa supériorité et l'affirmation paradoxale de cette supériorité dans la résolution d'en assumer l'échec par avance – ce poème en effet devait faire l'objet de la risée de ses compagnons d'incarcération. Ce qui importe à Genet, à ce moment-là encore, c'est sa *singularité*, « se rendre le plus irremplaçable des êtres », fût-ce par le plus profond mépris (*ibid.*, p. 613).
3. *Ibid.*, p. 600: « Chez Genet, chaque personnage est une modulation différente du thème originel. Comme ces monades leibniziennes qui reflètent toute l'œuvre divine mais chacune d'un point de vue différent ».
4. *Ibid.*, p. 604.
5. *Ibid.*, p. 535.
6. *Ibid.*, p. 605.

comme il le souhaite, Saint ou Martyr du Mal : « il s'est décidé à ciseler sa singularité dans la liberté d'Autrui »[1]. En écrivant, Genet se saisit du pouvoir des mots pour mettre en action d'autres libertés, laissant aux autres le soin de « réaliser son être », tout en demeurant, au fond, « l'unique destinataire de son message »[2].

Par ailleurs, comment ses romans sont-ils composés ? Sartre dit qu'il s'agit de faux romans : Genet romancier ne communique pas une réflexion sur des situations générales ; il ne partage pas avec ses lecteurs une vision *sur* le monde des criminels. Il ne donne rien, ne nous apprend rien. S'il adopte la prose, les mots des Justes, ceux de la communication – ceux qu'on lui avait interdits, justement –, c'est une feinte au service d'une trahison[3]. Il offre cette prose en pâture à la poésie, machinant, à même l'écriture, des *significations irréalisables.* La prose est truquée, bourrée de pièges. Il forcera, par exemple, le lecteur à jongler avec les « jugements magnifiants », les accouplement monstrueux de l'abject et du sublime dont il est coutumier (vomir comme geste d'adoration ; le forçat comme une rose au milieu du jardin); trompé, le lecteur s'efforcera de trouver, de reconstruire le sens, et *ce sera en vain* : non seulement « il aura l'impression que les mots se détournent de lui pour se faire comprendre ailleurs », mais en outre il aura collaboré à donner « un semblant d'existence au faux comme parasite du vrai »[4], à une « apparence de monde »[5]. La signification demeurera comme une tâche impossible à remplir.

Et bien sûr Genet, pas plus que le lecteur, ne possède la clé : il charge l'Autre, son lecteur, de réaliser des significations qui sont pour lui aussi irréalisables, il l'oblige en quelque sorte à assister, à sa place, à la destruction du monde, de l'Être et donc du Bien. Après les vols réels de son adolescence, Genet pratique le vol des mots pour les « asservir à des fins vicieuses », et le moyen de ce vol, c'est le langage poétique. Ce langage, dont Genet exploite à fond le caractère d'artifice, creuse des trous dans la prose, inocule en elle « un non-sens parasitaire qui vit en symbiose avec un organisme réel »[6].

Il semble à présent réussir à *réaliser* le mal autrement : par personne interposée, ou par procuration. C'est, certes, encore par le truchement d'un

1. SG, p. 613.
2. *Ibid.,* p. 646.
3. *Ibid.,* p. 558-559.
4. *Ibid.,* p. 563.
5. *Ibid.,* p. 568.
6. *Ibid.,* p. 564.

langage parasité, détourné, bloquant le flux du «contenu universel et socialisé des mots» par les artifices de l'attentat poétique. Il n'y en a pas moins une victoire verbale, «due à la somptuosité des termes» selon Genet lui-même. En tant que moyen, l'écriture déborde l'intention initiale[1]. De symptôme d'une contradiction indépassable, elle devient un antidote à l'irréalisation de soi, faisant craquer le choix initial de vouloir son destin. La victoire n'est peut-être *que* verbale, mais de cet échec relatif sourd sa libération. Malgré lui, le travail des mots l'emporte, *le geste devient un acte et le libère de sa condamnation.*

Deux indices majeurs de cette libération : premièrement, la délégation à autrui (ses lecteurs) de l'accomplissement du Néant, du Mal, de l'Irréalisable libère Genet de son obsession à réaliser son être et, par conséquent, de son théâtre intérieur. Si Genet a commencé par une fabulation proliférante autour de son drame – chaque personnage de ses romans est une répétition différente du thème original –, cette intériorisation fantasmagorique de l'extériorité se renverse, par l'écriture romanesque, en extériorisation de cette intériorité. *Enfin* il sort de soi, comme d'une prison. Deuxièmement : cessant de *se chercher* dans la figure du vagabond misérable ou du héros légendaire et fabriquant ces figures comme des pièges poétiques où il embrigade les autres, il se saisit comme «activité synthétique»; il aperçoit *l'opération* créatrice qui transforme le vagabond en héros, le travesti misérable en souverain. La singularité de l'être (soi) cède ici le pas à la singularité de l'œuvre ou du travail, car construire des pièges met à l'avant-plan de sa conscience les problèmes techniques de l'écriture, la facticité de son propre travail, une relation avec l'Être, la positivité, le réel. Et, quoi qu'il veuille, «l'horrible travailleur» ne peut pas ne pas «réintroduire la réciprocité»[2], s'employer à ce que Lévi-Strauss désignait comme «l'édification d'une structure symbolique qui [...] n'est réalisable que sur le plan de la vie sociale»[3].

Mais quelle réciprocité? Genet n'a pas abandonné le Mal pour se fondre dans l'intimité de la société des Justes. Son écriture s'impose comme une communication troublée, ou comme un trouble dans la communication. L'expérience et la tâche qu'il impose au lecteur – réaliser une signification impossible – n'est autre que l'épreuve qu'il a vécue lui-

---

1. *Ibid.*, p. 643 : «L'acte vit, se transforme ; le but que l'on veut au départ est un abstrait, donc il est faux ; peu à peu il s'enrichit des moyens qu'on emploie pour l'atteindre et, finalement, le but concret, le but vrai, c'est celui qu'on veut *à l'arrivée*».
2. *Ibid.*, p. 605.
3. *Introduction*, p. xx.

même. Le vol du langage par l'effraction poétique donne la réplique à l'expropriation de ceux qui se trouvent jetés parmi les « objets nommés ». Genet, dit Sartre, « nous a rendu coup pour coup »[1]. La réalisation impossible du négatif par le moyen d'autrui, c'est une manière de ramener à la surface visible la division originaire et immémoriale dont il fut le produit, le déchet inassimilable : « il nous oblige à réaliser en nous le divorce originel qui transforma en lui un enfant religieux en voyou ; sans cesser d'être soi le Juste est déjà l'Autre »[2]. La réintégration de Genet, fruit d'une réciprocité forcée, tricheuse et agressive, est tout sauf la réalisation de la Cité des fins kantiennes, une reconnaissance réciproque des sujets entre eux.

Nous avons fait l'hypothèse que la référence à Lévi-Strauss dans le *Saint Genet* est autre chose qu'un emprunt de circonstance : elle signalerait, chez Sartre, une tentative d'intégration de sa conception initiale de la subjectivité, de l'imaginaire et de l'écriture – les trois piliers de la psychanalyse existentielle – à une conception du social comme réalité symbolique. Si cette hypothèse est convaincante, elle a plusieurs conséquences. Elle peut soutenir les observations de ceux qui ont mis en évidence la nouveauté du *Saint Genet*, le *sens du social* qui s'y affirme. Elle peut aussi déboucher sur l'observation d'une complexification de la méthode herméneutique que Sartre continue d'adopter, et qui se traduit par un travail *dans* et *avec* l'écriture de Genet. Il appartiendra à d'autres spécialistes de déterminer à quel point la psychanalyse existentielle s'en trouve transformée. Mais son impact va potentiellement encore au-delà : elle suggère à ceux qui travaillent sur la théorie sartrienne du social et de l'histoire que la notion de totalisation, centrale à l'époque de *Questions de méthode*, doit moins à la tradition hégéliano-marxiste qu'à l'anthropologie structurale à ses débuts, c'est-à-dire à la réappropriation brillante et puissante de la notion maussienne de « fait social total » par Lévi-Strauss.

Florence CAEYMAEX
Professeure, Université de Liège

---

1. SG, p. 553.
2. *Ibid.*, p. 552-553.

DU « PETIT GARÇON QUI NE VEUT PAS GRANDIR »
AU « FILS DE L'HOMME »
LA QUESTION DE L'ENFANCE CHEZ SARTRE

On le sait, l'enfance joue un rôle prépondérant dans les biographies existentielles de Sartre – qu'il s'agisse, par exemple, du deuil précoce affligeant Mallarmé, de la condition socio-affective désajustée du petit Jean Genet, ou de la carence d'amour maternel qui prédispose le nourrisson Gustave Flaubert à la passivité. On le sait aussi, c'est dans *L'Être et le Néant* que Sartre établit les linéaments de la méthode qu'il mettra en œuvre dans ses biographies – méthode qu'il nomme « psychanalyse existentielle ». Or, ce mode de « psychanalyse » ignore superbement l'enfance. Si Sartre se justifie abondamment (et non sans attaquer Freud) du fait que la psychanalyse qu'il appelle de ses vœux fait l'économie de l'inconscient, notion qu'il juge entachée de déterminisme – et le lecteur, qu'il partage ou non ce rejet, peut comprendre en quoi il est impliqué par l'ontologie du pour-soi –, il ne s'explique pas le moins du monde, en revanche, sur ceci qu'elle fait également l'économie de l'enfance : ici, plus que d'un rejet, il s'agit d'un escamotage.

Non que le mot d'enfance soit totalement absent dans *L'Être et le Néant*. Mais il n'y est pas investi de la puissance et de la fécondité euristiques qui seront les siennes par la suite. Ainsi, le début du sous-chapitre intitulé « La psychanalyse existentielle » fait allusion à l'enfance de Flaubert. Dans ces pages qui manifestent l'éveil de l'intérêt de Sartre pour le futur « idiot de la famille », il s'agit de critiquer une certaine psychologie, en l'occurrence celle de Paul Bourget. Ce dernier, *dixit* Sartre, analyse la *psychè* de Flaubert en la réduisant à quelques traits abstraits prétendument typiques de l'adolescence en général (l'ambition, l'hypersensibilité, le besoin d'agir, la propension à l'exaltation), traits dont la combinaison produirait, par une alchimie que Sartre juge inintelligible, la passion d'écrire et, partant, la personnalité de l'écrivain. Au fil de cette critique,

Sartre mentionne, comme un élément parmi d'autres qui lui semblent infirmer les dires de Paul Bourget, le fait que le désir d'écrire de Flaubert est antérieur à l'adolescence – et il s'agit d'un élément factuel :

> Enfin, la correspondance prouve que, bien avant la «crise de l'adolescence», dès sa plus petite enfance, Flaubert était tourmenté du besoin d'écrire[1].

C'est tout autrement qu'une petite quinzaine d'années plus tard, résonne ce passage de *Questions de méthode* (1957) – il s'agit toujours de Flaubert :

> [...] tout s'est passé *dans l'enfance*, c'est-à-dire dans une condition radicalement distincte de la condition adulte. C'est l'enfance qui façonne des préjugés indépassables, c'est elle qui fait ressentir, dans les violences du dressage et l'égarement de la bête dressée, l'appartenance au milieu *comme un événement singulier*[2].

L'enfance n'est plus à présent utilisée de façon ponctuelle, circonstancielle et négative – Paul Bourget se trompe, ce n'est pas de l'adolescence que date la passion de Flaubert pour l'écriture, elle remonte à bien plus tôt –, elle est mobilisée affirmativement, elle devient matricielle et structurale, au sens précis du terme de structure : une forme invariante qui est occupée par des variables singulières sans que sa pertinence soit modifiée. Quelle que soit la façon dont se noue une existence, ce nouage se joue *dans l'enfance* – les italiques que Sartre, de façon récurrente, appose dans ces pages à «enfance» ou «enfant» marquant bien l'importance décisive que revêtent désormais ces termes à ses yeux[3]. C'est dans l'enfance que, par le biais de la famille, se produit l'intériorisation de l'extérieur et que se forge la singularité de la personne, sa manière individuée de «signer» la situation qui lui est faite.

Je me propose ici, non de traiter directement des biographies existentielles – d'autres s'en chargent dans le présent volume –, mais d'explorer les différentes figures du rapport de Sartre à cette notion clé, *l'enfance*, au fil d'un parcours sinueux et accidenté. Il ne s'agit pas en effet d'un

1. J.-P. Sartre, *L'Être et le Néant*, «Bibliothèque des Idées», Paris, Gallimard, 1943, p. 645.

2. J.-P. Sartre, *Questions de méthode*, dans *Critique de la Raison dialectique*, «Bibliothèque de Philosophie», Paris, Gallimard, 1985, p. 56.

3. Voir aussi *ibid.*, p. 55 : «C'est *comme enfant* qu'il [Flaubert] a vécu sa condition future à travers les professions qui s'offriront à lui : sa haine contre son frère aîné, brillant élève de la Faculté de Médecine, lui barrait la route des Sciences».

cheminement linéaire, qui irait de l'insouciance quant à la question de l'enfance (manifeste dans *L'Être et le Néant*) à une prise de conscience progressive de son rôle crucial.

LES ANNÉES 20
ET LE PETIT GARÇON QUI NE VEUT PAS GRANDIR

Durant ses années à l'École normale, Sartre envisageait l'enfance avec faveur. Il offrit alors à son ami et condisciple Raymond Aron un poème intitulé « Ho hé Ho », dont le premier vers est :

Je suis un petit garçon qui ne veut pas grandir[1].

Le héros du poème (qui ressemble au Poulou d'avant la castration capillaire de ses cinq ans : il faut admirer « le balancement comique et charmant de [s]es boucles ») est pourvu de traits que l'on retrouvera dans le devenir de l'œuvre – notamment la notion de jeu et la critique de l'esprit de sérieux, largement présentes dans *L'Être et le Néant*, mais alors sans référence à l'enfance[2] – et d'au moins un trait déconcertant, une sorte d'*hapax* : le poème s'ouvre sur une ode au soleil, au vent, aux feuilles dans le vent, à la mer, aux vagues, bref à la Nature, espace de jeu préféré du petit garçon, qu'il n'abandonnera pas, dit-il,

comme des poupées éventrées
pour le plaisir de devenir un homme.

Sartre, par la suite, et c'est le moins que l'on puisse dire, ne se signalera pas par une telle communion bienheureuse avec les éléments naturels.

Dans quel cadre théorique faut-il inscrire cette attention portée à l'enfance par le jeune Sartre ?

Il y a certainement la veine nietzschéenne. Sartre partageait avec Nizan une fascination pour la pensée de Nietzsche ; dans leurs années passées au lycée Henri IV, les adolescents avaient conclu un pacte de surhumanité[3].

---

1. J.-P. Sartre, *Écrits de jeunesse*, Paris, Gallimard, 1990, p. 407.
2. Sartre commente ce poème de jeunesse dans son journal de guerre. Voir *Carnets de la drôle de guerre* dans J.-P. Sartre, *Les Mots et autres écrits autobiographiques*, « Bibliothèque de la Pléiade », Paris, Gallimard, 2010, p. 618 : « En tout cas, ce petit garçon ne voulait pas grandir par crainte de devenir sérieux ».
3. Voir l'avant-propos de J.-P. Sartre à *Aden Arabie*, repris dans *Situations, IV*, Paris, Gallimard, 1964, p. 144. Voir également J.-F. Louette, *Sartre contra Nietzsche*, Grenoble, Presses Universitaires de Grenoble, 1996, p. 16 *sq*.

Nietzsche nourrissait aussi sa tumultueuse relation sentimentale avec Simone Jollivet[1]. On se souvient, dans *Ainsi parlait Zarathoustra*, des trois métamorphoses de l'esprit : il devient chameau, se chargeant des fardeaux les plus pesants, puis lion, féroce créateur de valeurs nouvelles, affranchi de ses anciens maîtres et du devoir, et enfin enfant joueur, danseur et rieur :

> L'enfant est innocence et oubli, un renouveau et un jeu, une roue qui roule d'elle-même, un premier mouvement, une sainte affirmation[2].

À quoi fait écho, dans « Ho hé Ho » :

> Regardez ma bouche pure comme un chant de grillon
> [...]
> Songez que mon âme est cent mille fois plus pure que mon visage
> Car je suis un petit garçon que ne veut pas grandir
> Le jeu puissant m'emporte avec ses rires et son détachement de toute chose
> Et son amour de toute chose[3].

Zarathoustra blâme « l'esprit de lourdeur » des hommes qui, tel le chameau, s'agenouillent docilement et se laissent charger du poids de tâches et de valeurs écrasantes[4] ; à ce blâme fait écho, dans « Ho hé Ho », la narquoiserie du petit garçon au pied léger :

> Je puis jouer aussi avec les institutions des hommes
> Les yeux brûlant d'une fièvre sérieuse
> Ils se jettent sous leurs lourdes machines
> Qui avancent toutes seules et les écrasent
> Mais moi posant un pied sur la roue qui tourne et veut me happer,
> [...]
> Je fais la nique à ces carcasses de fer [...][5].

Mais Nietzsche n'est pas la seule source de l'intérêt que Sartre éprouve alors pour l'enfance. Etudiant, il s'intéresse vivement à la psychologie, ainsi que l'atteste, en particulier, son Diplôme d'Études Supérieures en philosophie, intitulé *L'Image dans la vie psychologique : rôle et nature*[6].

---

1. S. de Beauvoir, *La Force de l'âge*, dans *Mémoires*, « Bibliothèque de la Pléiade », t. I, Paris, Gallimard, 2018, p. 411 *sq.*

2. F. Nietzsche, *Ainsi parlait Zarathoustra*, trad. fr. H. Albert et J. Lacoste, dans *Œuvres*, « Bouquins », Paris, Laffont, 2004, t. II, p. 303.

3. J.-P. Sartre, *Écrits de jeunesse, op. cit.*, p. 409.

4. F. Nietzsche, *Ainsi parlait Zarathoustra, op. cit.*, p. 434.

5. J.-P. Sartre, *Écrits de jeunesse, op. cit.*, p. 410.

6. Ce texte datant de 1927 a été publié par Gautier Dassonneville dans *Études sartriennes*, 22, 2018, p. 43-246.

Or, comme l'a montré Grégory Cormann, durant les années 20 les travaux de Piaget sur la psychologie enfantine bénéficient d'une extraordinaire aura[1]. Et Sartre, dans son mémoire, exploite certains éléments de *La Représentation du monde chez l'enfant*, qui lui servent à montrer que «conscience», «inconscient», «pensée», sont non pas des évidences natives, mais des représentations résultant de la complexification de l'univers imagé mobilisé par le sujet[2]. Il est au reste peut-être possible de lire jusque dans le poème des traces de cet investissement sartrien dans le champ de la psychologie. On lit dans le mémoire :

Il [le tout jeune enfant] perçoit mieux les couleurs que les formes[3].

Et dans le poème :

La vérité, quand je m'entretiens avec moi-même,
C'est la teinte verte ou violette de mes pensées[4].

Ou encore, dans le mémoire (et il s'agit précisément ici de cas examinés par Piaget) :

L'enfant fait évanouir sa pensée, il la disperse [...], la dilue dans le vent[5].

Et dans le poème :

Je joue dans l'éther avec les tourbillons des vents
Qui me roulent à leur gré, n'importe où, avec l'aveuglement des tempêtes[6].

L'ÉCLIPSE DE L'ENFANCE,
POURQUOI ? (1930-1945)

Que s'est-il donc passé pour que l'enfance disparaisse, au moins un temps, du travail de Sartre, disparition dont *L'Être et le Néant* est la manifestation la plus flagrante ?

1. G. Cormann, « Sartre/Piaget, les deux problèmes de l'enfance », dans S. Audidière et A. Janvier, «*Il faut éduquer les enfants*». *Ambivalences de l'idéologie de l'éducation, conjonctures critiques, expérimentations*, Lyon, ENS Éditions, à paraître.
2. J.-P. Sartre, «L'Image dans la vie psychologique : rôle et nature », *Études sartriennes*, 22, 2018, p. 162.
3. *Ibid.*, p. 60. Il s'agit d'une citation de G.-H. Luquet, *Les Dessins d'un enfant*, Paris, Alcan, 1913.
4. J.-P. Sartre, *Écrits de jeunesse, op. cit.*, p. 409.
5. *Id., L'Image dans la vie psychologique, op. cit.*, p. 161.
6. *Id., Écrits de jeunesse, op. cit.*, p. 409.

D'abord, par rapport aux deux facteurs cités ci-dessus comme déterminants de la faveur en laquelle il la tenait dans les années 20 – Nietzsche et Piaget –, il y a une prise de distance. Sartre se détache de la pensée de Nietzsche. Il écrit même, en 1927, le roman de cet éloignement, *Une défaite*, dont Simone de Beauvoir dit qu'il fut «judicieusement refusé par Gallimard»[1]. L'intrigue rejoue l'idylle triangulaire Nietzsche/Wagner/Cosima Wagner et son échec; le personnage principal, Frédéric, jeune normalien, bientôt précepteur des enfants du couple formé par Cosima et le maestro vieillissant Organte, est un condensé de Nietzsche amoureux de Cosima, de Sartre épris de Simone Jollivet[2], la «chère petite fille» dont il se considère l'éducateur et à qui il fait lire Nietzsche, et de Sartre philosophiquement épris de Nietzsche comme Nietzsche le fut de Wagner. La Cosima sartrienne (qui deviendra Anny dans *La Nausée*), mère de deux fillettes, en est elle-même une; cette femme-enfant réclame du précepteur de ses filles qu'il lui dise des contes de fée et les écoute avec une vorace naïveté[3]. À la faveur du feuilleté d'identités incarnées par le héros, la rupture (la «défaite» de Frédéric) figure à la fois la fin des amours de Tribschen, de celles de Sartre et de «Toulouse», et le congé philosophique donné à Nietzsche. Dans sa détresse de prétendant éconduit, Frédéric se raccroche d'abord, par la force impitoyable de sa volonté, à la «règle austère» et toute nietzschéenne de la Joie. Mais peu à peu ce volontarisme se désagrège; errant dans Paris, «il doit entendre tout le jour le chant désordonné de sa chair» et traîner au gré des rues une conscience qu'il voudrait fuir et dont il connaît trop «l'écœurante odeur de viande»[4]; bref, il est en proie à une *Stimmung* qui s'apparente singulièrement à la nausée: il devient Sartre, ou, si l'on veut, Sartre cesse d'être nietzschéen. On se souvient d'ailleurs de la tirade explicitement antinietzschéenne de Roquentin au jardin public, lorsqu'il s'en prend aux «imbéciles» qui parlent de «volonté de puissance et de lutte pour la vie»[5].

Quant au règne de la psychologie génétique de Piaget, il se fissure sous l'effet de critiques d'inspiration d'abord ethnographique, que détaille

---

1. S. de Beauvoir, *La Force de l'âge*, op.cit., p. 384. *Une défaite* a été édité par Michel Contat et Michel Rybalka dans *Écrits de jeunesse*, op. cit., p. 204-281.
2. «Toulouse», dans les *Carnets de la drôle de guerre*, ou «Camille», dans *La Force de l'âge*.
3. *Une défaite*, op. cit., p. 238 : « Il [Frédéric] regarda Cosima et resta charmé : elle ouvrait de grands yeux verts écarquillés, effrayés, méchants, enfantins, au-dessus d'un cerne violet ».
4. Pour tout ce développement, cf. *ibid.*, p. 281-283.
5. J.-P. Sartre, *La Nausée*, dans *Œuvres romanesques*, «Bibliothèque de la Pléiade», Paris, Gallimard, 1987, p. 158.

Grégory Cormann dans l'article déjà cité et que ne peut ignorer Sartre puisque leurs auteurs, pour certains, lui sont proches : Henri Delacroix, qui fut son directeur de mémoire, et Marcel Mauss, qui comptera beaucoup pour lui. Grossièrement résumées [1], ces critiques reviennent à ceci : Piaget durcit à tort la différence entre mentalité enfantine et mentalité adulte, il universalise des caractéristiques qu'il dit propres à un stade de développement de l'enfant en général (narcissisme, inaptitude à la pensée logique) et qui pourraient bien n'être que des effets de la société dans laquelle il grandit ou du milieu dans lequel il est étudié – soit, pour les sujets observés en l'occurrence par le psychologue, notre société occidentale, extrêmement rationalisée, et ses institutions pédagogiques. Des enfants du même âge mais vivant dans d'autres sociétés qui leur donnent un autre rôle (qui les insèrent dans le monde du travail plutôt que de les regrouper dans l'institution scolaire) ont un rapport au monde et à autrui tout autre que celui qu'observe Piaget dans la communauté enfantine qu'il a artificiellement formée à Genève. Le modèle évolutionniste piagétien, qui rapproche ontogenèse et phylogenèse, développement de l'enfant jusqu'à l'âge adulte et développement des sociétés, de la plus « primitive » jusqu'à la plus « civilisée », s'inscrit dans un cadre théorique dont l'évidence s'est imposée au début du XXᵉ siècle : le primitif, le fou et l'enfant sont pensés ensemble comme incarnations de la marge d'irrationalité qui à la fois questionne et révèle l'étalon-or de la rationalité civilisée occidentale [2]. La mise en cause de ce modèle piagétien par les critiques ethnographiques mentionnées ci-dessus se double, au début des années 30, en raison de la montée des fascismes, d'une critique politique ; elle est due, notamment, à Lévy-Bruhl qui, revenant sur ses propres travaux, en arrive à penser que le « civilisé » n'est sans doute pas celui qu'on croit. Le ver est dès lors dans le fruit et il reviendra à Lévi-Strauss, en 1949, au chapitre VII des *Structures élémentaires de la parenté*, intitulé « L'illusion archaïque », de détacher définitivement l'enfant du « primitif » et les sociétés « primitives » d'une supposée enfance de l'humanité.

Il y a donc, simultanément, à la fin des années 20, d'une part une prise de distance de Sartre par rapport à Nietzsche et donc à la figure nietzschéenne de l'enfant joueur ; d'autre part une complexification de la réception des travaux de Piaget, qui les relativise et les rend moins

1. Pour le détail de leur contenu et des circonstances dans lesquelles elles se déployèrent, on se rapportera à l'étude de Grégory Cormann déjà citée.

2. Voir F. Keck, « Le primitif et le mystique chez Lévy-Bruhl, Bergson et Bataille », *Methodos*, 3, 2003, https://doi.org/10.4000/methodos.111.

prégnants. En outre intervient le rapport spécifique de Sartre à la temporalité ou, ce qui revient au même, à soi. Ce rapport est tel qu'il lui interdit de donner consistance au passé, donc d'enraciner une existence dans son enfance et, plus généralement, de reconnaître positivement l'enchaînement des âges de la vie «tels qu'ils défilent dans la cathédrale de Strasbourg quand l'horloge sonne midi»[1]. On se souvient de Roquentin abandonnant son travail d'historien biographe après s'être rendu compte que «le passé n'existe pas. Pas du tout»[2], des sarcasmes tout intérieurs que le même, au café Mably, adresse au docteur Rogé, qui affiche, telle une publicité pour un grand cru, les nervures de son visage et l'onctuosité de sa voix – comme si son âge lui valait nécessairement d'avoir bonifié –, et qui de son passé fait «de l'expérience à l'usage des femmes et des jeunes gens»[3]. Tout se passe comme si, dans les années 30, l'âge et les âges, pour Sartre, ne produisaient que ridicule ou débâcle. À l'insolent petit garçon qui ne voulait pas grandir répondent, quelque dix ans plus tard, le désenchantement et le désarroi de celui qui ne peut plus ne pas avoir grandi, à savoir Mathieu, à la dernière page de L'Age de raison :

> Il bâilla : il avait fini sa journée, il en avait fini avec sa jeunesse. [...] Il se répétait en bâillant : «C'est vrai, c'est tout de même vrai : j'ai l'âge de raison.»[4].

Dans son journal de guerre, Sartre s'analyse au sujet de ce rapport à la temporalité. En accord avec son fort tropisme cartésien et sa propension psychique à ne pas être solidaire de soi-même, à croire pouvoir abandonner celui qu'il était la veille, comme une peau de serpent morte, pour se recréer vierge dans un neuf aujourd'hui, il conférerait un privilège démesuré au pouvoir séparateur de l'instant. Il incrimine son incapacité à comprendre la durée, à donner consistance au passé et à la mémoire[5]; il prétend être en train de se guérir de cet instantanéisme et de s'employer à élaborer une

---

1. J.-P. Sartre, «La Conspiration, par Paul Nizan», dans Situations, I, Paris, Gallimard, 1947, p. 25.

2. Id., La Nausée, op. cit., p. 114. Ou encore : «Tout d'un coup ils [les existants] existaient et ensuite, tout d'un coup, ils n'existaient plus : l'existence est sans mémoire» (p. 157).

3. Ibid., p. 81.

4. J.-P. Sartre, L'Âge de raison, dans Œuvres romanesques, op. cit., p. 729.

5. Vincent de Coorebyter a montré comment, dans L'Imagination (1936) et, auparavant, dans le mémoire de fin d'études de Sartre (1927), le souvenir n'a pas de statut spécifique : image forgée au présent, il est, comme toute image selon Sartre, non pas une perception renaissante, mais une synthèse active, une fiction. Cf. V. de Coorebyter, «De L'Imagination à L'Image dans la vie psychologique : l'inconsistance du souvenir», Études sartriennes, 25, 2021, p. 121-146.

philosophie du temps qui fasse place à sa puissance d'unification autant que de séparation.

On peut découvrir cette philosophie dans *L'Être et le Néant* : la temporalité y devient «une unité qui *se* multiplie», de façon telle qu'«il n'y a aucune priorité de l'unité sur la multiplicité ni de la multiplicité sur l'unité»[1]. Mais Sartre a-t-il exorcisé le pouvoir séparateur de l'instant, est-il désormais à même de comprendre l'unité d'une existence qui se temporalise et se totalise en faisant boule de neige à partir de son enfance, autrement dit, qui est marquée par son passé? On peut en douter. Certes, il affirme la solidarité ontologique indissoluble des trois dimensions du temps, passé, présent, futur, solidarité dont le creuset est le mode d'être du pour-soi. Le pour-soi, parce qu'il est présence à soi comme insurmontable non-coïncidence avec soi, se diffracte, *en arrière*, en direction de qu'il *est* mais doit néanmoins rejouer sur le mode de la néantisation, dépasser, et donc faire passer au passé, et *en avant*, vers ce qu'il poursuit comme susceptible de combler son manque d'être et qu'il n'atteindra jamais, toujours *manqué*, toujours repoussé au futur. Cependant, le privilège du présent demeure, puisque c'est bien le mode de *présence* à soi du pour-soi qui déploie le temps :

> Toutefois il convient malgré tout de mettre l'accent sur l'ek-stase présente – et non comme Heidegger sur l'ek-stase future [...][2].

De sorte que François George a raison quand il écrit : « Il y a chez Sartre deux philosophies du temps»[3], deux philosophies contradictoires et simultanées. Il y a, d'une part, celle de l'existence se totalisant, éclairant son passé à partir de son projet futur lui-même aimanté et hanté, à partir de *L'Être et le Néant*, par l'inaccessible en-soi-pour-soi ou Valeur; et, d'autre part, celle de l'instant, dans ses deux guises : affalement désordonné de présents, c'est le vécu de Roquentin, ou foudroiement où tout se rejoue, se réoriente, se désoriente, et le lecteur de *L'Être et le Néant* sait combien y insistent les énigmatiques instants de foudre, ceux où s'opère une conversion,

> ces instants extraordinaires et merveilleux, où le projet antérieur s'effondre dans le passé à la lumière d'un projet nouveau qui surgit sur ses ruines et qui ne fait encore que s'esquisser, où l'humiliation, l'angoisse, la joie, l'espoir

---

1. J.-P. Sartre, *L'Être et le Néant, op. cit.*, p. 181.
2. *Ibid.*, p. 188.
3. F. George, *Deux études sur Sartre*, Paris, Christian Bourgois, 1976, p. 80 *sq.*

se marient étroitement, où nous lâchons pour saisir et où nous saisissons pour lâcher[1].

De cette double pensée du temps, témoignent, en 1940, les hésitations dont Sartre fait part à Simone de Beauvoir autour des personnages de *L'Age de raison*. Ne faudrait-il pas que ce Mathieu flottant et brumeux, faute de pouvoir donner un sens à sa vie, soit au moins lesté d'un passé, ne faudrait-il pas remonter à l'origine de ses relations avec Brunet et Daniel (Sartre passerait, dit-il, par un « vieux truc » d'écrivain, lui faire évoquer ses souvenirs, sans lesquels « ce personnage n'a ni consistance ni unité »), ne faudrait-il pas aussi évoquer l'enfance d'Ivich? Sartre se pose la question en comparant ses personnages à ceux de *L'Invitée*, « si profondément enracinés »[2]. En effet, le début de *L'Invitée*, dans une des versions du roman, concernait la jeunesse de Françoise. Sartre commença à écrire l'enfance d'Ivich mais Beauvoir lui conseilla d'abandonner, tout comme elle-même avait finalement décidé que son roman s'ouvrirait avec l'arrivée de Xavière. Tous deux optent au bout du compte par un début abrupt et renoncent à situer leurs personnages dans une temporalité existentielle longue[3].

Est-ce parce que Nietzsche et Piaget, qui avaient éveillé l'intérêt de Sartre pour l'enfance, se trouvent relativisés? Est-ce en raison de sa difficulté à donner poids au passé? En tout cas, à partir du début des années 30 et jusqu'à *L'Être et le Néant* inclus, l'enfance ne fait plus partie de la sphère des intérêts de Sartre.

« L'ENFANCE D'UN CHEF » (1938)

À ce qui vient d'être avancé pourrait être opposée une objection massive : « L'enfance d'un chef », cette nouvelle datant de 1938 et qui clôture *Le Mur*. Que devient cette prétendue éclipse de l'enfance, alors que le titre fait manifestement de celle-ci une notion centrale?

---

1. J.-P. Sartre, *L'Être et le Néant, op. cit.*, p. 555.
2. *Id.*, *Lettres au Castor et à quelques autres*, t. II : *1940-1963*, Paris, Gallimard, 1983, p. 135.
3. Je dois à la thèse d'Esther Demoulin, *Écrire côte à côte. Simone de Beauvoir et Jean-Paul Sartre, un couple littéraire*, soutenue en Sorbonne le 10 novembre 2021 et inédite au moment où j'écris ces lignes, d'avoir attiré mon attention sur cette genèse croisée. Voir également I. Grell, *Les Chemins de la liberté de Sartre. Genèse et écriture (1938-1952)*, Berne, Peter Lang, 2005, p. 84.

Il me semble pourtant que «L'enfance d'un chef», si paradoxal que cela paraisse, confirme plutôt ce qui a été avancé ci-dessus.

D'abord, il ne s'agit pas, en ordre principal, d'un texte sur l'enfance, mais d'un mini-roman d'apprentissage : Sartre suit l'itinéraire du personnage principal, Lucien Fleurier, depuis ses premières années jusqu'à l'âge adulte, sans insister plus sur celles-là que sur l'adolescence ou la maturité commençante.

Pour autant, l'objection peut être relancée, quitte à être transformée : si roman d'apprentissage il y a, fût-ce en modèle réduit, que deviennent les supposées réserves de Sartre par rapport au passé et à une temporalité continue? Ne mobilise-t-il pas, dans «L'enfance d'un chef», le régime temporel long auquel, on vient de le voir, il renonce pour *L'Âge de raison*?

Certes, mais la nouvelle est puissamment parodique, ce qui n'a pas échappé à la sagacité de ses commentateurs, tels, par exemple, Geneviève Idt et Jean-François Louette. Le modèle de Sartre, notent-ils tous deux, est le *Wilhelm Meister* de Goethe : il s'agit de suivre le fil d'une existence dans ses péripéties, ses errances, ses embardées, son éducation sentimentale et intellectuelle, jusqu'au point où elle trouve enfin le droit chemin. Cependant, remarque Geneviève Idt, cette forme littéraire typique du romantisme est dévoyée par la médiocrité des expériences du «héros», qui jamais ne se révolte contre sa classe et le destin qu'elle lui réserve, ni contre ses géniteurs – lesquels ne cessent pas de le protéger –; qui suit les modes intellectuelles (psychanalyse, surréalisme) avec un conformisme désolant, fait son apprentissage sexuel sans audace ni passion, et dont les rares voyages, entrepris avec la bénédiction familiale, se cantonnent à des destinations peu aventureuses[1]. Jean-François Louette, quant à lui, insiste sur la mise en tension sarcastique, dans la nouvelle, de deux paradigmes du roman d'apprentissage : développement organiciste (le héros grandit comme pousse un végétal), épreuve initiatique (le héros subit une épreuve qui le métamorphose de fond en comble)[2]; cette métamorphose, c'est le devenir antisémite de Lucien Fleurier, consacré par une expédition punitive en bande qui laisse sur le trottoir, quasiment mort, un Juif tabassé[3]; elle est aussi ce par quoi le héros devient ce qu'il est, s'intègre décisivement à sa classe et à son destin de chef : loin d'être une révolution de l'individu,

1. G. Idt, *Le Mur de Jean-Paul Sartre. Techniques et contexte d'une provocation*, Paris, Larousse Université, Paris, 1983, p. 156 *sq.*

2. J.-F. Louette, «"L'enfance d'un chef" : la fleur et le coin d'acier», dans *Traces de Sartre*, Grenoble, Ellug, 2009, p. 72 *sq.*

3. J.-P. Sartre, *Le Mur*, dans Œuvres romanesques, *op. cit.*, p. 378.

la « métamorphose » consiste donc – ironie – à emprunter le chemin qui lui était déjà réservé.

À ces commentaires subtils, que je ne rappelle que très partiellement, je voudrais ici ajouter une nuance : sans doute, pour que le roman d'apprentissage soit parodique, ne faut-il même pas se référer au lamentable contenu des expériences de cet antihéros, ni évoquer la complexité structurelle que Sartre y introduit. Peut-être le simple fait, pour Sartre, d'endosser cette forme littéraire est-il par soi parodique et ne peut-il que donner lieu à un jeu de massacre. Car il ne s'agit nullement d'investir positivement la temporalité du *Erziehungsroman*, mais au contraire de la détruire en manifestant qu'elle est celle des Salauds. C'est ce qu'il faut entendre dans la réponse de M. Fleurier – il faut que jeunesse se passe – quand son épouse s'inquiète du ralliement de Lucien aux Camelots du Roi :

> Laisse-le faire, ma chérie, dit-il avec douceur, laisse-le suivre son instinct. Il faut en avoir passé par là[1].

Le temps propre au roman d'apprentissage prédéfinit les personnages qui y apparaîtront : ils ne peuvent être que haïssables et piteux, confits dans le sérieux du défilement des âges de la vie. S'agit-il bien d'ailleurs de personnages ? De Lucien, Sartre aurait déclaré qu'il « ne *prend* pas comme personnage de roman ; on ne se dit pas : Qu'est-ce qui va lui arriver ? »[2]. Et en effet, on peut penser que ces silhouettes de carton-pâte, fabriquées tout exprès pour être abattues, n'ont de consistance que par la virtuosité de l'auteur, la richesse intertextuelle dont il les tisse, la causticité qui les désintègre. Si elles ne sont pas vraiment des personnages, *a fortiori* ne sont-elles pas des personnes ; même si Sartre n'est pas avare de descriptions organiques ou sexuelles, Lucien est fort peu incarné ; il n'a aucun mystère, on n'éprouve nul besoin de le comprendre. À tous les âges parcourus par la nouvelle, il n'est que l'occasion d'une démolition en règle de la bourgeoisie. C'est pourquoi je ne souscrirais pas totalement à l'*incipit* d'un autre article de Jean-François Louette, qui fait de la nouvelle « la première, avant même le concept, des psychanalyses existentielles »[3]. Car les psychanalyses existentielles de Sartre ont pour moteur la passion de percer le secret d'un être qui mérite l'empathie par sa complexité, par la radicalité dont il fait preuve et par l'énergie créatrice résultant de cette radicalité :

1. J.-P. Sartre, *Le Mur*, dans *Œuvres romanesques*, *op. cit.*, p. 375.
2. M. Rybalka, « Notice », dans J.-P. Sartre, *Œuvres romanesques*, *op. cit.*, p. 1848.
3. J.-F. Louette, « La dialectique dans "L'enfance d'un chef" », *Études sartriennes*, 4, 1990, p. 126-127.

Lucien Fleurier ne remplit pas ces conditions. Et sans doute une des objections les plus dirimantes que l'on pourrait adresser à cette manière sartrienne de pratiquer la «psychanalyse» serait-elle la suivante : elle est de peu d'utilité pour comprendre et faire comprendre les souffrances ordinaires d'un humain d'envergure moyenne.

Cependant, même si Sartre ne se livre pas en 1938 à la psychanalyse existentielle d'une personne (Lucien n'en est pas une), l'hypothèse de J.-F. Louette – «L'enfance d'un chef» préfigure l'entreprise psychobiographique à laquelle Sartre se livrera à partir de *Saint Genet, comédien et martyr* (et, dans une moindre mesure, de ses écrits sur Mallarmé) –, cette hypothèse, donc, me semble pouvoir être soutenue par un autre biais : justement parce que Lucien, enfant, *n'est personne*, n'est que plasticité et malléabilité. Interprétation psycho-sociologique : il est creux, fade et conformiste comme le veut son appartenance de classe. Interprétation philosophique, celle que Sartre tire de Husserl : la conscience n'a pas d'intériorité, l'Ego est une construction secondaire.

Dans le prière d'insérer du *Mur*, Sartre dit de Lucien que, des différents personnages du recueil, «il est le plus près de sentir qu'il existe» [1]. Et pour cause, l'auteur lui a prêté beaucoup des traits de Poulou [2] : voilà deux enfants uniques, deux angelots aux longues boucles, tous deux choyés, tous deux exposés, dans un salon bourgeois, les jours de visites, à l'intérêt et à l'admiration d'adultes complaisants, tous deux comédiens, tous deux pénétrés d'un déconcertant sentiment de superfluité et d'inconsistance. On aurait pourtant attendu qu'un enfant aussi bien né que Lucien, pourvu d'un avenir de capitaine d'industrie, fût d'emblée, par son statut d'héritier, persuadé de son importance, comme l'est, dans un milieu plus populaire, cet autre héritier décrit dans *Les Mots*, le fils d'un patron de restaurant qui, à l'âge de sept ans, crie à la caissière avec une mâle autorité : «Quand mon père n'est pas là, c'est moi le maître!» ; qu'il bénéficiât de ce lest de légitimité dont, du fait du trépas prématuré de son père, fut privé Poulou («Mon géniteur eût décidé de mon avenir : polytechnicien de naissance, j'eusse été rassuré pour toujours» [3]). Que dit Sartre quand il brosse au moins en partie à l'image de l'enfant qu'il dit avoir été – voyageur sans billet au pays de la contingence – le portrait de ce futur chef aux ignobles convictions?

---

1. *Cf.* J.-P. Sartre, *Œuvres romanesques*, *op. cit.*, p. 1807.
2. Pour une analyse fouillée des ressemblances de ces deux enfants que tant de choses opposent néanmoins, voir G. Idt, *Le Mur de Jean-Paul Sartre*, *op. cit.*, p. 203 *sq.*
3. J.-P. Sartre, *Les Mots*, dans *Les Mots et autres écrits autobiographiques*, *op. cit.*, p. 47.

Cette ressemblance paradoxale signifie, écrit Geneviève Idt, que
« Sartre était l'un des possibles de Lucien et Lucien l'un des possibles de
Sartre »[1] ; en l'évoquant, Sartre pressent peut-être déjà que tout se passe
dans l'enfance, que ces années où le petit d'homme est d'abord
disponibilité, incertitude, curiosité et ouverture au monde, où Poulou =
Lucien = ...[2], sont aussi celles où, par le biais de la famille, cette plasticité
enfantine est impitoyablement canalisée, où la société la pénètre, la
marque, la moule et s'impose comme prédestination ; dans ce moule et
comme réponse à cette violence se fait la « personne » ; qu'elle intègre cette
violence, la reproduise, la dépasse par la révolte, de toute façon elle restera
tatouée de « cette plaie profonde toujours cachée »[3] que sont les premières
années. De cela, *Questions de méthode* sera la théorie, *Saint Genet* et
L'Idiot de famille des mises en œuvre. On n'est pas polytechnicien de
naissance, on ne naît pas chef, on le devient. M. Fleurier voit ce devenir,
suivant le modèle du roman d'apprentissage, comme l'enrichissement
progressif d'une jeune existence parcourant le cycle de ses expériences.
Par le tremblé du jeu de miroir – j'aurais pu être Lucien, il aurait pu être
moi –, la satire sartrienne de l'itinéraire du futur chef évite d'essentialiser
complètement ces haïssables bourgeois et le jeu de massacre gagne une
allusive profondeur dont, quelques années plus tard, le fin mot sera livré en
clair : derrière le roman d'apprentissage et sa temporalité d'épanouis-
sement, derrière l'harmonieuse romance des âges de la vie, il y a la férule,
la violence du dressage, le rétrécissement drastique des possibles.

C'est peut-être pourquoi *Les Mots* est un antiroman d'apprentissage.
Nous ne verrons pas Poulou aborder les difficiles rives de l'adolescence et
se forger dans les épreuves du devenir-adulte. Pourtant, Sartre s'en
confesse – dans son journal de guerre encore –, lui-même n'avait pas été
sans se doter, très tôt, d'une temporalité organiciste :

> je n'en étais pas moins dès ma plus petite enfance pourvu d'une *vie*. Et je
> n'ai pas cessé de l'être. Une vie, c'est-à-dire un canevas à remplir avec,
> déjà, une foule d'indications faufilées, qu'il faut ensuite broder [...]. Un
> instant ne m'apparaissait pas comme une unité vague s'ajoutant à d'autres
> unités de même espèce, c'était un moment qui s'enlevait *sur fond de vie*.
> Cette vie était une composition en rosace où la fin rejoignait le commen-
> cement : l'âge mûr et la vieillesse donnaient un sens à l'enfance et à

---

1. G. Idt, *Le Mur de Jean-Paul Sartre, op. cit.*, p. 205.
2. Lévi-Strauss dira en ce sens de l'enfant, dans *Les Structures élémentaires de la
parenté*, qu'il est un « social polymorphe ». *Cf.* à ce sujet l'étude déjà citée de G. Cormann.
3. Sartre cite ces mots de Flaubert dans sa préface à *L'Idiot de la famille*. *Cf.* J.-P. Sartre,
L'Idiot de la famille, t. I, « Bibliothèque de Philosophie », Paris, Gallimard, 1988, p. 8.

l'adolescence [...]. En un sens j'envisageais chaque moment présent du point de vue d'une vie faite, pour être exact il faudrait dire : du point de vue d'une biographie[1].

Mais quand le quasi sexagénaire revient sur ses premières années, il a « désinvesti », il ne croit plus au mandat littéraire qui innervait cette « vie ». Aussi prend-il l'exact contrepied de la temporalité en rosace et interrompt-il abruptement son autobiographie : « Laissons cela »[2]. Poulou a onze ans et Sartre, revenu de l'illusion biographique, coupe le fil du temps. C'est d'ailleurs suffisant : puisque « tout s'est passé *dans l'enfance* » – dans le jardin de livres, sous l'œil du grand-père à la fois imposant et bouffon –, à quoi bon tirer plus loin le fil ?

LE RETOUR DE L'ENFANCE

Dans l'étude évoquée ci-dessus, Grégory Cormann montre en tout cas de façon extrêmement convaincante que c'est par une réflexion sur l'éducation que l'enfance fait retour dans la pensée de Sartre à la fin des années 40, dans la communauté intellectuelle avec Simone de Beauvoir et les discussions qui accompagnèrent le travail de celle-ci sur la morale et la part de la formation dans la transmission des valeurs. En 1947, dans *Pour une morale de l'ambiguïté*, elle écrivait :

> Ce qui caractérise la situation de l'enfant, c'est qu'il se trouve jeté dans un univers [...] qui a été façonné sans lui et qui lui apparaît comme un absolu auquel il ne peut que se soumettre ; à ses yeux, les inventions humaines, les mots, les mœurs, les valeurs sont des faits donnés, inéluctables comme le ciel et les arbres : c'est dire que le monde où il vit est le monde du sérieux, puisque le propre de l'esprit de sérieux, c'est de considérer les valeurs comme des choses toutes faites[3].

Et c'est cette direction-là, au féminin cette fois, qu'elle continue à explorer pendant la rédaction du *Deuxième Sexe* : on le sait, l'éducation de la petite fille y est déterminante dans son devenir-femme, donc dans son aliénation.

1. J.-P. Sartre, *Carnets de la drôle de guerre, op. cit.*, p. 361-362.
2. *Id., Les Mots, op. cit.*, p. 139.
3. S. de Beauvoir, *Pour une morale de l'ambiguïté*, « Folio », Paris, Gallimard, 2003, p. 47-48.

Grégory Cormann commente le manuscrit encore inédit « L'enfant et les groupes »[1], qu'il date de 1949 d'après les références qu'y mobilise Sartre. Texte inabouti, interrompu, carrefour qui indique à la fois la direction de *Questions de méthode* et de la *Critique de la raison dialectique* (comment se constitue originairement l'expérience de l'intersubjectivité en tant que groupe social), de la morale que Sartre tentera d'écrire en 1964-1965 (comment l'enfant fait l'expérience des valeurs), et, plus proche dans le temps, du *Saint Genet* (comment le vol à la fois nie la propriété et la conserve à titre de valeur) ; et texte qui gagne en effet beaucoup en intelligibilité si on le replace dans les échanges avec Beauvoir durant l'après-guerre. G. Cormann aurait pu également évoquer, un peu antérieures (1947-1948), certaines pages des *Cahiers pour une morale* – les brouillons, publiés à titre posthume, du « prochain ouvrage » sur la morale promis à la fin de *L'Être et le Néant*. Le lien entre éducation, morale et aliénation devient, dans ces années-là, un thème majeur de la pensée sartrienne[2].

On se souvient de l'anecdote longuement commentée par Sartre, dans *L'Existentialisme est un humanisme*. Un élève en proie à un dilemme moral vient lui demander conseil : soit il rejoint les forces de la France libre à Londres et peut espérer venger la mort de son frère tué par les Allemands, soit il reste auprès de sa mère dont il est dorénavant la seule raison de vivre et qu'il désespérerait en partant se battre. Sartre considère, en 1946, n'avoir pas de consigne à donner à ce jeune homme qui, en venant le trouver, atteste avoir déjà pris sa décision, le choix du conseilleur n'étant pas étranger au parti qu'il adoptera[3]. Or, tout se passe comme si, un an plus tard, tentant de rédiger une morale de la liberté, Sartre se demandait sous quelles fourches caudines ont dû passer les jeunes gens avant de pouvoir

1. Le manuscrit est conservé à l'Université d'Austin, Texas, Harry Ransom Humanities Research Center. On en trouve la description dans le catalogue génétique établi par l'équipe Sartre de l'Institut des Textes et Manuscrit Modernes : http://www.item.ens.fr/wp-content/uploads/2019/12/Écrits-philosophiques.pdf.

2. Quant au lien établi par Sartre entre enfance et aliénation dans les *Cahiers pour une morale*, voir également A. Feron, « La dialectique de l'Autre : Lacan et les sources d'une nouvelle pensée de l'aliénation chez Sartre et Beauvoir », *Études sartriennes*, 24, 2020, p. 189-216. Alexandre Feron insiste sur le rôle décisif que joua, pour la façon dont Beauvoir et Sartre comprennent l'aliénation dans l'après-guerre, l'article du jeune Lacan, « Les complexes familiaux dans la formation de l'individu. Essai d'analyse d'une fonction en psychologie » (1938). C'est dans ce texte, cité par Sartre et par Beauvoir, que Lacan théorise le stade du miroir selon lequel le devenir-autre est inscrit au cœur du processus originel de subjectivation (au lieu de survenir de façon seconde, dans l'intersubjectivité affectant la spontanéité libre du pour-soi, comme c'est le cas dans *L'Être et le Néant*).

3. J.-P. Sartre, *L'Existentialisme est un humanisme*, Paris, Nagel, 1970, p. 37-46.

décider de leur vie et s'il n'est pas irénique de leur attribuer cette puissance de libre décision. Car, enfants, ils ont été laminés par une éducation qui, quelles que soient les modalités concrètes de son exercice, ne peut être qu'intrinsèquement violente.

L'enfant, écrit-il dans les *Cahiers pour une morale*, est dans sa famille comme l'embryon dans l'utérus maternel ; le cordon ombilical de ses premières années extra-utérines lui achemine et lui impose, outre les nutriments matériels, une nourriture symbolique qui n'est autre que la prédigestion du monde, qu'il reçoit sous forme d'impératifs. Les parents, parce qu'ils *savent mieux*, font peu de cas de la volonté et des fins de l'enfant (réduites à l'état d'instincts inadéquats) ; et un risque hypothétique (si tu ne veux pas prendre froid, il faut mettre ton manteau) se transforme en obligation catégorique (mets ton manteau). L'enfant peut être reconnu comme liberté, mais toujours *mineure ;* il arrive, dans le meilleur des cas, qu'on lui fournisse une justification des devoirs qui lui incombent, des exigences qui pèsent sur lui, mais les raisonnements qu'on lui expose « écrasent sans convaincre », parce qu'ils sont soutenus par une liberté qui déborde la sienne, en vue d'un Bien futur situé « hors de ses projets concrets » [1]. L'enfant sait que les arguments présentés par ses parents sont sélectifs et n'éclairent pas le tout du réel, que son propre jugement est parasité et que, pour lui éviter les erreurs dans lesquelles son ignorance, à leurs dires, va immanquablement le précipiter, les adultes le transforment en objet.

Ici Sartre évoque, pour s'en détacher, le vieux parallélisme évolutionniste qu'avait repris Piaget, celui du primitif et de l'enfant, du développement des sociétés et des individus :

> L'enfant a des stades d'erreur à passer et ces stades sont chacun des stades que l'humanité a dépassés [2].

L'analogie est-elle valable ? Sartre le nie : les époques et les sociétés ne sont limitées que par elles-mêmes ; jusqu'au moment où elles auront passé, elles seront libres, passionnées, pleines ; elles ne se heurtent pas à leurs limites parce que celles-ci se confondent entièrement avec elles et ne peuvent apparaître que rétrospectivement, elles ne sont pas objet :

> L'ignorance de la société à une certaine époque n'est pas vécue comme ignorance, elle n'est *rien* [1].

---

1. J.-P. Sartre, *Cahiers pour une morale*, Paris, Gallimard, 1983, p. 201.
2. *Ibid.*, p. 202.

Et peut-être pourrait-il en aller de même pour l'enfant, s'il n'était pris dans une situation de hiérarchie qui l'objective et lui fait savoir en permanence ses limites ; seul, il trouverait «librement des solutions à ses problèmes » :

> S'il était seul, son ignorance ne compterait pas ; elle ne deviendrait ignorance qu'au regard des stades ultérieurs de son développement et d'ailleurs ignorance récupérée puisqu'elle l'aurait conduit là où il est[2].

Mais il est en famille, en société, sous l'œil d'adultes pris dans cette intenable situation : «*je ne peux pas* traiter l'enfant comme liberté ; et je ne peux pas non plus le traiter comme une chose »[3].

LA MORALE, IMPOSSIBLE ET NÉCESSAIRE

Pourquoi Sartre n'a-t-il jamais publié la morale qu'il annonçait à la fin de *L'Être et le Néant*, alors qu'il y a consacré au moins deux profuses campagnes d'écriture, en 1947-1948 et en 1964-1965 ?

Dans les dernières pages du « traité d'ontologie phénoménologique », intitulées « Perspectives morales », Sartre procède en trois temps. 1) Il fait une annonce : le sens de la Valeur, non plus ontologique (impossible quête d'en-soi-pour-soi ou désir d'être Dieu), mais moral, qui reste à établir, aura partie liée avec ce qu'il appelle désormais «psychanalyse existentielle » ; 2) il esquisse la tâche incombant à la morale et à la psychanalyse existentielle : déjouer l'esprit de sérieux, lequel consiste à viser l'en-soi-pour-soi sur le mode de la chose ou, aussi bien, à chosifier la liberté ; 3) il pose une

---

1. J.-P. Sartre, *Cahiers pour une morale, op. cit.*, p. 202.
2. *Ibid.*
3. *Ibid.*, p. 203. Cette dernière citation conviendrait parfaitement au rapport du colon au colonisé. L'autosuffisance d'une société (et donc son illimitation) peut en effet être battue en brèche par des hiérarchies entre sociétés : le colonialisme, sur lequel Sartre réfléchira plus tard, est le choc de deux sociétés dont l'une, par la conquête, les massacres et l'usage continué de la force, s'érige par rapport à l'autre, qu'elle objective et inférentielle, en société « adulte » autorisée à lui imposer des limites au nom du Bien supérieur qu'est la civilisation. Ainsi le colonisé, en tant qu'homme – il n'est ni une chose ni une bête et le colon le sait –, est traité en mineur, en sous-homme. Tout comme Lévy-Bruhl, ce sont des raisons politiques qui poussent Sartre à se distancier définitivement du parallélisme du « monde primitif » et de l'enfance : il prend conscience du paternalisme violent de l'institution coloniale, des *topoï* au nom desquels les colons font taire les naïfs de la Métropole – ceux-ci ayant trop souvent la faiblesse de penser, avec l'universalisme de qui ignore complètement les spécificité de la situation, que ces gens-là sont des hommes comme les autres ; or «Nous seuls connaissons les Arabes » (J.-P. Sartre, *Critique de la Raison dialectique, op. cit.*, t. I, p. 801).

question : si jamais la liberté en venait à se prendre pour valeur, le règne de la valeur s'effondrerait-il dans celui de la liberté ou, au contraire, la liberté serait-elle reprise par derrière par la valeur? Autrement dit, la morale serait-elle libératoire ou aliénante? Les *Cahiers pour une morale* ne lui semblent pas apporter une réponse satisfaisante à cette question. Il la reprend donc dans la *Critique de la raison dialectique*, et de façon résolument matérialiste. Pourquoi la quête d'en-soi-pour-soi? Dans *L'Être et le Néant*, elle semblait relever d'une sorte d'élection – ou de malédiction – métaphysique : l'homme, voué à un insatiable dépassement, est plus que l'homme. Dans la *Critique*, ce dépassement (ou l'en-soi-pour-soi) n'a plus rien d'une destinée métaphysique : il est simplement la nécessaire inscription de la *praxis* dans son milieu matériel, l'obligation qui est faite à la liberté, dès le stade le plus embryonnaire de son exercice (le besoin de se nourrir), d'assimiler l'en-soi, de le nier et de s'y nier (de « se faire inerte pour agir sur l'inerte »). Tout se révèle dans le besoin, écrit Sartre à la première page de la *Critique*, sur le ton du préambule, comme il écrivait au début de *L'Être et le Néant* : « toute conscience, Husserl l'a montré, est conscience de quelque chose » [1].

> C'est la nécessité de cette relation fondamentale [de la *praxis* à la matière] qui permet de comprendre pourquoi l'homme se *projette,* comme je l'ai dit, dans le milieu de l'En-Soi-Pour-Soi. L'aliénation ne vient pas, comme *L'Être et le Néant* pourrait le faire croire, à tort, d'un choix prénatal : elle vient du rapport d'intériorité qui unit l'homme comme organisme pratique à son environnement [2].

De là une théorie de la Valeur qui semble fermer la voie à la possibilité d'une morale de la liberté. La Valeur est désormais comprise comme aliénation, comme une figure parmi d'autres de ce que Sartre appelle le pratico-inerte. Et une figure particulièrement redoutable, parce que, tout en étant une émanation de la « matière ouvrée », elle se présente comme idéale, de sorte que la liberté s'y investit tout entière, croyant ne reproduire que sa propre translucidité. L'exemple de Sartre est celui de l'anarcho-syndicalisme. Une machine assez indifférenciée, tel le tour, requiert des compétences de la part de son utilisateur. Ces compétences engendrent, chez l'ouvrier qualifié, un sentiment du travail-honneur, c'est-à-dire confèrent au travail une *valeur* qui est revendication de l'humain et de la liberté, mais qui en même temps n'est rien d'autre qu'intériorisation des

---

1. J.-P. Sartre, *L'Être et le Néant, op. cit.*, p. 17.
2. *Id., Critique de la Raison dialectique, op. cit.*, t. I, p. 337.

réquisits de la machine, masquant au travailleur l'exploitation dont il est victime. Sartre commente : la valeur, ce n'est pas seulement l'aliénation de la finalité de l'action, c'est celle de la *praxis* elle-même, tout entière, jusqu'à la moelle. La question laissée en suspens à la fin de *L'Être et le Néant* – la liberté peut-elle se prendre pour valeur? – reçoit donc ici une réponse clairement négative :

> La Valeur, c'est la *praxis* découvrant sans la reconnaître l'inertie dont elle est affectée par l'être pratico-inerte […]. Cela signifie, du point de vue de l'éthique, que des valeurs sont liées à l'existence du champ pratico-inerte, autrement dit à l'enfer […][1].

Perdons-nous le fil de l'enfance? En réalité, non. Le pessimisme éthique de la *Critique* laisse irrésolu un problème. La valeur est une figure de l'aliénation par le pratico-inerte, soit. Mais d'où tire-t-elle sa sournoise idéalité? Pourquoi n'apparaît-elle pas pour ce qu'elle est, un réquisit de la matérialité? Comment s'impose-t-elle? Sartre répond à ces questions en 1965, dans les notes sur la morale qu'il rédige pour des conférences à l'université de Cornell. Comme dans les *Cahiers pour une morale*, il convoque l'enfance et l'éducation, qui deviennent clairement le point névralgique par lequel s'articulent morale et aliénation, par lequel donc se disjoignent morale et liberté.

D'où vient la morale? Sartre avait pu penser, dans *L'Être et le Néant*, qu'elle est inhérente au projet ou à l'action, au sens où ils visent une fin qui n'est pas encore et *doit être réalisée*. Il lui apparaît au contraire, dans les années 60, que le devoir-être n'est pas lié à l'action – prise pratique sur le monde –, mais à l'impossibilité d'agir, à l'impuissance.

> La notion de *praxis*, le faire donc, a pour origine le besoin; elle n'est pas originellement éthique, mais pratique[2].

C'est ici que Sartre en appelle à l'enfance et introduit une distinction qui sera cruciale dans *L'Idiot de la famille* : celle du besoin et du désir. L'enfant (le « fils de l'homme », écrit Sartre dans ces notes des années 60) naît dans l'urgence du besoin : il faut qu'il satisfasse sa faim, c'est une urgence pratique, un absolu et un droit. Et, du fait de son immaturité, il ne peut pas œuvrer lui-même à cette satisfaction :

1. J.-P. Sartre, *Critique de la Raison dialectique*, *op. cit.*, t. I, p. 357.
2. *Id.*, « Morale et Histoire », *Les Temps Modernes*, 632-633-634, *Notre Sartre*, 2005, p. 406.

Dans le domaine de l'homme fils de l'homme, l'assouvissement vient à l'enfant comme impossibilité de vivre vaincue par l'autre. Cette dépendance détermine une culpabilité fondamentale[1].

Cette culpabilité fondamentale – résultat d'une dette impossible à apurer – se reproduit avec la force même du besoin : l'assouvissement même atteste la présence de l'autre dans l'intériorité de la reproduction organique, donc l'impuissance, et dès lors reconduit l'inassouvissement. C'est alors que le besoin se mue en désir. Le désir se caractérise par une impossibilité constitutive : si le besoin est droit absolu à l'assouvissement, le désir est constitutivement impossible à satisfaire ; puisque l'assouvissement relance et approfondit l'impuissance, la plénitude est toujours « au-delà ». On reconnaît très exactement la structure de la Valeur dans *L'Être et le Néant*, visée d'une impossible synthèse d'en-soi-pour-soi, qui n'est plus attribuée, comme dans la *Critique*, au rapport de la *praxis* à la matière et au coefficient d'inertie qui en résulte, mais se trouve replacée, à présent, dans l'humus enfantin de l'existence, avec son impuissance spécifique. Et ce n'est pas seulement de la satisfaction des besoins élémentaires qu'il s'agit, mais de toute la vie acculturée du fils de l'homme, de toute son éducation. Par exemple, comme il ne peut pas être pratiquement propriétaire, la propriété lui sera transmise comme une valeur, comme une idéalité normative et de cette valeur il ne percevra pas l'inertie, parce qu'elle lui est transmise par une liberté humaine :

> [...] le père enseigne à ne pas voler au nom de la *valeur* de la propriété. [...] ce qui est fondamental pour le père c'est l'impératif en tant qu'il est exigence du pratico-inerte (mode de production). Mais pour le fils l'impératif a un caractère idéal parce qu'il vient de l'homme[2].

La pratique, c'est le corps à corps avec la « situation » (dans le vocabulaire de *L'Être et le Néant*), c'est-à-dire avec une configuration de conditions, corps à corps qui éventuellement transforme cette situation ; quand cette rencontre et cette transformation ne peuvent pas avoir lieu – et il en va ainsi dans l'enfance –, c'est la Valeur qui s'impose. Et l'on comprend alors que l'inconditionnalité soit la caractéristique de l'attitude morale : elle n'est qu'un autre nom de l'impuissance. Les conditions sont ce qui peut être affronté, contourné, évité, modifié – les éléments de la situation, qui sont aussi bien l'élément où se déploie la liberté.

---

1. *Ibid.*, p. 408.
2. *Ibid.*, p. 401.

Inversement, ce qui ne peut être ni rencontré, ni affronté, est inconditionnel :

> On peut deviner [...] par quelle raison profonde la tâche éthique apparaît comme un inconditionnel : c'est précisément parce que la norme est affectée d'inertie ; transmettant une demande à un sujet historique, elle se présente comme demande *qui ne peut être changée ;* son être des lointains – elle est future – la protège en effet contre les remaniements et les déviations. [...] Il y a inconditionnalité quand l'avenir pur est soumis à un passé inerte et répétitif. Cette formulation a quelque chose d'absurde et d'insoutenable. Elle rend compte pourtant de la réalité de l'éthique [1].

Et le lien désenchanté ainsi établi entre morale, enfance et impuissance explique peut-être une affirmation tardive de Sartre, énigmatique à première vue :

> J'ai toujours pensé que la morale existait [...] On peut la trouver dans *Flaubert,* par exemple [2].

Car Flaubert est le fils de Gustave, cet enfant minoré par un père écrasant, soigné et nourri par une mère compétente mais froide, cet enfant grandi sans amour, donc sans confiance en soi, sans foi en le futur, cet enfant passivement enlisé dans des marais de contingence ; et c'est son impuissance rancuneuse qui s'exprime dans la Valeur absolue : l'Art pour l'Art. Sartre aurait pu dire, aussi bien, qu' « on peut trouver » sa morale dans *Saint Genet* : Jean Genet, l'enfant sans mère, s'efforçant de s'intégrer à une famille d'accueil rurale dont les valeurs, si docile et aimant qu'il se montre, lui sont constitutivement interdites, l'enfant qui se cogne à ce mur d'invisible impossibilité comme l'abeille à une vitre, l'enfant dont l'activisme et l'optimisme, une fois qu'aura retenti dans sa jeune existence le « mot vertigineux », « Voleur! », auront à se frayer une voie dans les retorses dialectiques du Bien et du Mal. Et que dire du petit Mallarmé, anéanti par la perte de sa mère, quêtant à jamais, par-delà le monde évidé par cette absence, le scintillement de l'absolue constellation, le Livre... Toutes histoires d'enfances malheureuses, de mères disparues ou insuffisantes, d'impuissance enfantine, de valeurs aliénantes, d'apprentissage tortueux et tourmenté de la libération de liberté. Il y aurait donc de « bons » romans d'apprentissage, qui ne soient pas l'apanage des Salauds? Michel Contat posait la question à Sartre à propos de *L'Idiot de la famille* : s'agirait-il

---

1. J.-P. Sartre, « Morale et Histoire », art. cit., p. 396-397.
2. J.-P. Sartre dans *Sartre. Un film réalisé par Alexandre Astruc et Michel Contat,* Paris, Gallimard, 1977.

d' « une œuvre romanesque que l'on pourrait rattacher, malgré toute sa nouveauté, au *"Bildungsroman"* du XIXᵉ siècle » ? Et Sartre de répondre : roman oui, mais roman vrai, histoire d'un apprentissage, oui, mais qui conduit à cette vérité, « à l'échec de toute une vie »[1], loin donc de l'édification propre au genre. Le temps de la biographie ne peut masquer que, comme l'écrivait Fitzgerald, « toute vie est bien entendu un processus de démolition ». En termes sartriens : qui gagne perd, et la formule est réversible : qui perd gagne.

Juliette SIMONT
Maître de recherches au F.N.R.S,
Université libre de Bruxelles

---

1. J.-P. Sartre, « Sur "L'Idiot de la famille" », entretien avec Michel Contat et Michel Rybalka, dans *Situations, X*, Paris, Gallimard, 1976, p. 94.

FLAUBERT, L'ART-ABSOLU
ET L'EMPEREUR IMAGINAIRE

Un soir de janvier 1844, au cours d'un voyage en cabriolet de Deauville à Rouen, en compagnie de son frère Achille, Gustave Flaubert a subi une crise d'hystérie. Cet effondrement psychologique va changer le cours de son existence. Comment peut-il échapper aux contraintes d'une vie bourgeoise, de ses études en droit qui ne l'enchantent guère à sa future installation dans la respectabilité d'un homme de loi, profession choisie pour lui par ses parents, alors qu'il préfère la vie d'artiste et les conduites imaginaires, tout en ayant ni le pouvoir ni le désir de rompre avec son appartenance sociale? Gustave tente de dépasser des contradictions qu'il n'a pas les moyens de résoudre en allant jusqu'à l'extrémité de ce qu'il pressent comme l'échec de son existence. Préférant la rêverie et l'incantation verbale à la modification pratique des choses, il *choisit* la maladie, moins pour résoudre le conflit que pour déplacer la contradiction qui le mine ; après la crise, il va rester alité pendant de longs mois, avant de bénéficier de l'acceptation par son entourage de son *anomalie* : il ne peut vivre qu'en étant décalé par rapport à son existence, planant au-dessus du monde, qu'il contemple *esthétiquement*, en lui ôtant son poids de réalité et d'intensité affective. Il s'agit pour lui de n'accepter de vivre que pour être écrivain. Son existence peut alors se consumer en un engagement à faire taire toutes les passions, à éteindre son lyrisme, pour réussir d'une certaine manière à *mourir à sa propre vie* et à trouver la bonne distance, celle d'une distraction, méthodiquement construite et entretenue, à l'égard du réel dont il décide de se retirer. L'écrivain ne veut plus avoir d'autre réalité que celle d'un artisan-scripteur d'une œuvre diabolique, qui veut aller à rebours de l'Histoire comme de la Création.

1844-1848 : LA CHUTE DE GUSTAVE,
LA CHUTE DE LA BOURGEOISIE

Mais Sartre parle d'une autre chute, une démission politique, qui eut lieu quatre années plus tard. Cette Chute concerne toute une classe sociale, la bourgeoisie, qui s'abandonne au pouvoir de Louis-Napoléon Bonaparte. En effet, dans sa grande majorité, la bourgeoisie républicaine décida de se rallier au pouvoir personnel de ce dernier, élu président en décembre 1848 puis organisateur du coup d'État du 2 décembre 1851, qui devait conduire au Second Empire. Comme Marx le montre bien dans Le Dix-huit Brumaire de Louis-Napoléon Bonaparte[1], les événements du début de l'année 1848, qui ont entraîné la fin de la Monarchie de Juillet et l'avènement de la Deuxième République, furent suivis en juin par des insurrections populaires, avec l'apparition de mots d'ordre socialistes : l'élection du président de la République se fit dans une grande confusion des idées et sur fond d'une répression menée par les républicains. L'évolution du rapport de force politique, pendant les trois années allant jusqu'au coup d'État de décembre 1851, a produit la décomposition de l'alliance dynamique qui avait joué en faveur de la bourgeoisie dans les années 1789-1794. Certes, la Révolution française fut commandée par les intérêts et les idéaux universalistes de la bourgeoisie, mais celle-ci sut mobiliser derrière elle, contre l'aristocratie qui s'accrochait à son pouvoir et à ses privilèges, la petite bourgeoisie des villes, la paysannerie dans sa plus large partie, ainsi que les couches plébéiennes des villes comme des campagnes. Du bas vers le haut, explique Marx, les couches inférieures poussent et soutiennent la bourgeoisie dans son combat contre l'aristocratie et, parfois, l'obligent à infléchir ce combat pour être plus forte, en reprenant par exemple des thèmes et des valeurs du petit producteur indépendant au cours des années 1793-1794. Cela n'empêcha pas des oppositions de créer des fissures et des divisions, mais il y eut malgré tout une certaine unification des forces pour conduire les principes de la bourgeoisie à la victoire.

En 1848, à peine Louis-Philippe a-t-il été démis et la Deuxième République proclamée que la bourgeoisie des intérêts économiques et des talents ne sait plus se situer entre, d'un côté, l'aristocratie et les tenants de l'Ordre en général et, du côté opposé, les ouvriers qui apparaissent avec des revendications tranchées sur le travail, la propriété et la démocratie, mettant à nu les ambiguïtés des républicains sur la représentation politique,

---

1. K. Marx, Le Dix-huit Brumaire de Louis-Napoléon Bonaparte, dans Œuvres, t. IV, « Bibliothèque de la Pléiade », Paris, Gallimard, 1994, p. 431-544.

les libertés et la défense des intérêts privés. Le parti de l'Ordre, largement monarchiste, se définit surtout par le conservatisme et la réaction. Du côté des classes populaires, un commencement d'organisation politique se fait jour, sur des principes mettant en avant le caractère social de la République et les attentes des ouvriers et des artisans. Or la bourgeoisie républicaine fit tirer sur les factions insurgées du peuple. La République devint alors l'objet d'une terrible lutte intestine sur sa définition comme sur sa réalisation politique, entre socialistes et républicains, entre les républicains et ceux parmi eux appartenant à la grande bourgeoisie. Les valeurs de progrès et de raison, attachées à la défense de l'individu et de ses libertés, l'Idée de République, ne suffisent plus à fonder une politique susceptible d'assurer l'hégémonie politique et économique de la bourgeoisie tout en maintenant son unité avec les couches populaires les plus avancées ainsi qu'avec la paysannerie. Il s'ensuit que la bourgeoisie ne peut plus être *humaniste*, tout en ne voulant pas renoncer au progrès social et économique, à l'initiative des entrepreneurs, au développement de l'instruction et des sciences afin de consolider le capitalisme en train de se développer.

Face à une telle impasse, la bourgeoisie tente l'opération impossible de *mettre en suspens* le conflit, de gagner du temps, parce qu'elle ne peut ni renoncer à la dimension progressiste de ses principes, ni céder sur ses intérêts de classe : il en résulte qu'elle s'en remet à Louis-Napoléon Bonaparte, dont elle espère qu'il puisse *déplacer* les contradictions dans un nouveau paysage politique et incarner à travers le mythe de l'Empire un État susceptible de contenir les forces populaires et de garantir la transformation économique du pays. En effet, l'incarnation impériale, le mythe de la Grande Armée ainsi que la petite propriété paysanne vont efficacement contribuer à l'acceptation du pouvoir de Louis-Napoléon, qui va user du plébiscite référendaire pour établir son pouvoir personnel et abaisser les institutions représentatives. L'Empire est une façade idéologique et institutionnelle qui réalise les desseins de la bourgeoisie, cette dernière devant accommoder ses propres idéaux individualistes et républicains à la dynastie impériale, à ses fêtes étincelantes, à sa mondanité clinquante et à son imaginaire du chef, dont le prestige se retrempe dans une aristocratie guerrière reconstituée.

Or Gustave Flaubert, au lendemain de sa crise de 1844, a vu en l'insatisfaction une fin en soi. L'écrivain se constitue en centre d'irréalisation du monde ; misanthrope déterminé à aller jusqu'au bout de la rupture, il désire se soumettre au pouvoir d'un Prince du Mal, qu'il appelle dans ses rêveries pour être affranchi par lui, et en même temps, du statut de bourgeois et de la condition d'homme. Il convertit ainsi sa propre névrose en une mission qu'il se confie à lui-même : démoraliser l'homme et le désespérer du réel.

Dans les conditions du métier d'écrire qui sont héritées de la littérature déjà faite, après les écrivains universalistes du XVIIIᵉ siècle et la réaction romantique, l'apprenti-écrivain post-romantique des années 1840-1850 va se convertir à *l'Art-absolu*. Flaubert met en œuvre les procédés littéraires et les thématiques de l'impassibilité et du survol du réel par l'artiste. La solidarité et la complicité entre l'artiste et son public doivent être rompues. L'œuvre à venir est à réaliser comme une chose en soi et un recours contre le réel. Elle se referme sur elle-même dans la consistance incommunicable de la beauté, qui fait seulement allusion aux choses dans l'unité d'un style. Le pouvoir de la contemplation esthétique s'efforce, par conséquent, de réduire le monde à une apparence déréalisée, qui flotte à la surface des mots-choses. Il s'agit de faire exister un triple échec de l'artiste, de l'œuvre et de l'homme.

Le livre II du tome III de *L'Idiot de la famille*[1] – « Névrose et programmation » – établit le caractère *oraculaire*, relativement à son époque, de l'histoire personnelle de Flaubert et de son choix d'être écrivain. Sartre s'appuie sur une riche documentation, dont il cite des passages : la correspondance de Flaubert et des témoignages de ses proches, membres de sa famille ou amis – Maxime du Camp, Louis Bouilhet, les frères Goncourt. À George Sand, dont les positions républicaines sont fermes, il essaie de préciser les raisons de son rejet de la République, du socialisme et de sa grande peur de la modernité portée par une Prusse industrielle et militariste. La thèse principale développée par Sartre est que la chute de Flaubert, en 1844, anticipe celle de la bourgeoisie, en 1848. De fait, Flaubert a vécu la fin de la Monarchie de Juillet sans se sentir concerné, sinon par l'avenir de la propriété, menacée par les *partageux*. Mais son témoignage sur son propre accaparement par le malheur privé et familial est, somme toute, secondaire, selon Sartre, puisque Gustave Flaubert a *déjà* fait l'expérience *personnelle*, en 1844, du même effondrement que réalise la bourgeoisie quatre années plus tard. Il sera cependant vivement atteint par la défaite et la fin de Napoléon III, en 1870.

L'affirmation de Sartre est étayée par deux indications : nous rappellerons la première et étudierons plus en détail la seconde.

---

1. J.-P. Sartre, *L'Idiot de la famille. Gustave Flaubert de 1821 à 1857* [désormais *IF*], t. III, Paris, Gallimard, 1972.

Premièrement, la rencontre entre Flaubert et son époque a lieu, paradoxalement, sur le refus de la communication, qui est au cœur de l'Art-absolu. La preuve en est donnée par l'étrange réception et par le succès, en 1857, de *Madame Bovary*, un roman nihiliste perçu et apprécié comme une œuvre réaliste. Deuxièmement, Flaubert pressent une liaison nécessaire entre l'esthétique de l'Art-absolu et le pouvoir incarné par Napoléon III, empereur *imaginaire* dans sa manière d'agir et d'être présent. En effet, une existence individuelle, celle de Gustave, peut présenter une valeur d'*oracle* parce qu'elle reprend et totalise, selon sa constitution singulière et son rythme propre, la conjoncture générale qui affecte une époque : forces sociales, rapports de pouvoir, culture objectivée dans les livres et dans les pratiques intellectuelles. Chaque vie singulière comprend en elle une *microtemporalisation*, dans laquelle elle reprend et intériorise la facticité de sa naissance, les contraintes de son milieu social, la détermination de chaque membre de sa famille par les contradictions de l'Histoire. Il appartient à l'individu de transformer ses propres limites extérieures, produites par l'enveloppement réciproque du drame familial et de la tragédie de l'époque, ainsi que sa finitude, marque d'impossibilité d'être homme dans une période déterminée de l'Histoire, en une *autolimitation* interne, qu'il va produire, conserver et sans cesse dépasser. Cette limitation *intériorisée* devient partie intégrante de la *programmation*[1] de sa propre existence. La programmation signifie que le projet de l'individu est un *dépassement dépassé*, qui comprend en lui non seulement les conditionnements extérieurs mais aussi la torsion que lui fait subir sa *protohistoire* : le champ de ses possibles est resserré par les contraintes et les normes qu'il a découvertes dans la solitude et

---

1. Il convient de rappeler qu'au tome III de *L'Idiot de la famille*, Sartre considère que l'Histoire, loin de s'apparenter à une totalisation d'ensemble, est en fait une histoire récurrente, marquée par le pratico-inerte et faite de dépassements singuliers qui sont déviés et dispersés en une multiplicité de séquences finies. Il n'y a plus aucun sujet permanent, aucune totalité aboutie, mais un ensemble éclaté de totalisations singulières : « l'Humanité *n'est pas* et ne répond diachroniquement à aucun concept ; ce qui existe, c'est une série infinie dont la loi est la récurrence, définie précisément par ces termes : l'homme est le fils de l'homme » (*IF*, t. III, p. 436-437). Gustave Flaubert, en tant qu'il se fait écrivain, est le contemporain de ses contemporains dans l'exacte mesure où il se trouve être, en même temps, tantôt en avance et tantôt en retard sur eux, dans une totale réciprocité entre le syndrome d'échec, qui constitue sa réponse à une situation incomparable, la sienne, et l'Art comme échec qui se dépasse en contemplation irréelle de l'existence : « En d'autres termes, des facteurs biologiques, sociaux, métapsychologiques – universaux qui se font vivre par nous dans leur réalité singulière – sont pour chacun à l'origine d'un *programme de vie* qui naît des contradictions intériorisées et que freine ou accélère le mouvement général de la Société » (*ibid.*, p. 441).

l'impuissance de l'enfance. Ainsi Gustave est *prédestiné*[1] à être un certain type d'écrivain : c'est la marque de sa propre finitude au sein d'une totalisation de l'époque qui est réalisée par la vie de chaque individu[2]. Chaque perspective individuelle est unique et ne peut être substituée à une autre, mais toutes les totalisations singulières butent sur des contradictions qui définissent l'époque en question comme un processus unique, marqué de discontinuités. Il s'ensuit qu'une existence peut tantôt être en avance *prophétique* sur les autres, tantôt avoir fait son temps, l'actualité de son programme ayant été épuisée. Cette vie peut aussi, en quelques cas, se développer en *synchronie* avec son époque : tel fut le cas exceptionnel et assez unique, selon Sartre, de Gustave Flaubert, de 1852 à 1870 et, plus nettement encore, pendant les dix dernières années du règne de Louis-Napoléon Bonaparte.

L'INCARNATION SINGULIÈRE D'UNE ÉPOQUE
LE CHOIX DE L'ART ABSOLU

La répression sanglante des insurrections ouvrières de 1848 engendre un sentiment de culpabilité dans la bourgeoisie républicaine, soucieuse d'émancipation : elle découvre dans l'horreur que son humanisme ne tient pas face à la noirceur des rapports de classe. Après 1848, les possédants se trouvent dépourvus d'une couverture idéologique suffisante ; ils ont besoin de fictions qui leur permettent de détourner le regard et d'abolir en quelque sorte une réalité qui met à nu leurs propres contradictions. Conscients que leur bien-être dépend d'un prolétariat réduit à l'inhumanité, les bourgeois instruits se sentent menacés par la violence des classes populaires. Ils vont se défendre en adoptant à l'égard d'eux-mêmes une détestation réflexive et, comme ils ne peuvent abandonner la notion d'universalité de la nature humaine, principe de la pensée des Lumières, leur humanisme se transforme en un antihumanisme noir, désespéré, c'est-à-dire marqué par un refus de l'homme, de son abjection animale et de sa perversité. La nature humaine change alors de signe : déchue de sa bonté, elle porte l'empreinte

---

1. Sur la notion de prédestination, voir ce qu'en dit J.-P. Sartre dans les entretiens repris en *Situations,* X : *Politique et autobiographie*, Paris, Gallimard, 1976. Deux phrases-clés, en particulier, sont à relever dans «Sur "L'Idiot de la famille"» [1971], p. 98-99 : «Flaubert apparaît comme voué à la passivité par son statut même de cadet» ; «La prédestination, c'est ce qui remplace chez moi le déterminisme».
2. J'ai abordé ce point dans «Flaubert : individu et totalisation. *L'Idiot de la famille*, tome 3», *Alter. Revue de phénoménologie*, 10, *Sartre phénoménologue*, 2002, p. 249-263.

du Mal. Cette misanthropie trouve satisfaction, par le détour et avec la distance du plaisir esthétique, dans l'Art-absolu, art de l'échec et du désengagement total. L'Art pour l'Art donne en effet mandat au lecteur de s'approprier l'œuvre, une chose inutile, gratuite et intemporelle[1]. Une telle œuvre, séparée de son créateur, est coupée du monde et de la vie ; elle s'offre à une lecture égoïste, souveraine et solitaire. Le refus de la communication, la solitude de l'artiste, l'entreprise de déréalisation du monde, ainsi que la conscience de l'existence comme étant un échec, déterminent un point de vue *nihiliste* sur l'être ; l'attitude de survol du réel, loin de toute connivence ou empathie, en est une expression directe. Or Gustave Flaubert a découvert, l'une à travers l'autre, la mission d'écrire une œuvre impossible, qui l'attache à la littérature post-romantique, et l'impossibilité d'être homme, qui est le résultat de son enfance : à travers lui, c'est l'homme lui-même qui a été vaincu et changé en homme du ressentiment. La crise de Pont-l'Evêque est en cela identique à la défaite et au lâche soulagement d'une classe qui se donne à Louis-Napoléon Bonaparte.

En 1857, les lecteurs de *Madame Bovary* ont éprouvé la beauté comme un plaisir vénéneux et compensatoire. Comment expliquer et prouver dans les faits la *synchronie* entre l'Art-absolu auquel aspire Flaubert et l'abandon de la bourgeoisie à Louis-Napoléon Bonaparte? Flaubert a écrit ses principaux chefs-d'œuvre sous le Second Empire. Dans les dernières années du règne de Louis-Napoléon, il est reconnu et honoré ; il ne cache pas son plaisir d'être reçu dans les salons et d'être invité aux fêtes : le carnaval de l'Empire satisfait son désir d'irréalisation. Sartre reprend et développe, à l'échelle du Second Empire dans sa durée, l'hypothèse de Marx sur les années 1848-1851, au sujet de l'élection de Louis-Napoléon à la présidence de la République, de l'instabilité politique et du coup d'État du 2 décembre 1851. Il fait apparaître l'activisme de Louis-Napoléon, son caractère de comédien et de faussaire ainsi que son opportunisme : c'est un artiste de la politique, comme le dit également Flaubert, qui sait inventer un scénario resserré et une mise en scène efficace. Louis-Napoléon s'appuie sur le mythe impérial et le prestige de la Grande Armée pour unifier, par un coup de force politique bien préparé, les couches dominantes de la société malgré la division entre aristocrates et bourgeois, puis se rallie la paysannerie par la défense de la petite propriété terrienne tout en cherchant à tromper les ouvriers en assumant un populisme plébiscitaire. Sartre décrit

---

1. L'esthétique de l'Art-absolu est analysée dans la troisième partie de l'ouvrage de H.E. Barnes, *Sartre and Flaubert*, Chicago, The University of Chicago Press, 1981 p. 245-309.

une *relation en miroir* entre l'écrivain comme centre d'irréalisation du monde et la dictature de l'irréalité qui fut celle de Napoléon III. En effet, contre la plèbe et contre la bourgeoisie, Flaubert appelle de ses vœux une société hiérarchisée qui protège son anomalie. Il lui faut donc, tout en honnissant la bourgeoisie, préserver les conditions d'existence matérielle de l'artiste. Il a pour ce faire besoin de la figure de son propre père, à condition de la transformer : il ne cherche pas dans le Père un maître de science mais le prince aristocratique du Mal. En échange de l'hommage qu'il rend à cette figure tutélaire, celle-ci l'établit durablement dans sa passivité et dans son regard contemplatif, de pur survol esthétique du monde. C'est une telle figure qu'il a cru rencontrer en Napoléon III.

Le Second Empire réalise-t-il les conditions d'existence de l'Art-absolu ? Il y eut, après l'épisode du procès de *Madame Bovary* en 1857, comme un remords du pouvoir. Un peu plus tard, avec la phase dite libérale de l'Empire, qui prend quelques distances avec l'ordre moral et l'Eglise, les flatteries mondaines, l'intégration dans les nouvelles élites et la Légion d'honneur finissent par accorder à Gustave le *déclassement* par le haut qu'il désirait si fortement : être reconnu symboliquement par une fausse aristocratie militaire, celle de l'aristocratie impériale, le sauve de son appartenance à la bourgeoisie. Il apprécie la relation archaïque d'hommage parce qu'elle est antimoderne ; une vassalité entretenue, l'aliénation à un autre homme, le sens de la fidélité, conviennent à son choix de la passivité et à son refus de la *praxis*. Le mirage impérial valide ainsi le pouvoir discrétionnaire de l'homme sur l'homme ; le nouvel *ethos* qui en résulte facilite et justifie l'entreprise de l'écrivain, qui veut démoraliser les hommes et déréaliser le monde en se revendiquant du Prince du Mal. Par certains aspects, l'Empire s'apparente à un carnaval ou à un opéra : il présente dans ses institutions comme dans ses pratiques la consistance matérielle d'un imaginaire en rupture avec la réalité, qui suscite une théâtralisation des conflits et des comportements.

Le jeu des apparences introduit aussi un principe d'économie et de sélection formelle qui simplifie le réel et neutralise la charge vécue des conflits : la politique effective se réalise comme un jeu d'acteurs, dans une intrigue construite par un metteur en scène qui tire les ficelles et veille à l'éclat de la représentation pour séduire et désarmer les protagonistes. Le jeu impose une stylisation des affects et des intérêts, même si ces derniers ne perdent rien de leur virulence, voire se trouvent attisés par une conduite composée et forcée de *décence dans le vice*, comme l'écrit Sartre, qui vient se superposer à eux. Mais l'empereur, pour pouvoir dominer et tenir en respect ses oppositions, *surjoue* la légitimation par la force militaire ; bien que l'aristocratie d'empire soit empruntée et fausse, sa cruauté, voire son sadisme, sont bien réels, ainsi que ses aventures militaires, aussi violentes que mal préparées, qui font également partie du spectacle de la politique. Flaubert y trouve son compte, n'ayant cessé de critiquer les idées bourgeoises d'universalité, d'égalité ou d'autonomie, en lesquelles il perçoit une mise en danger de sa propre anomalie comme de l'individualité authentique, rare et sauvage.

Flaubert fut heureux sous le Second Empire bien qu'il éprouvât, Sartre l'analyse longuement, des sentiments mélangés à l'égard de Napoléon III : adhésion à la personne, répulsion à l'égard de son entourage, critique de l'État. La défaite de Sedan le plonge dans un grand malaise devant l'empereur déchu. Faut-il reprocher à ce dernier d'avoir provoqué la défaite, ou accuser la bourgeoisie et l'embourgeoisement du régime d'avoir voulu le désastre, comme si la République du 4 septembre 1870 était déjà agissante sous l'Empire, qui fut un sursis ? L'expiration du sursis laisse un goût amer à Flaubert, en 1871-1872 : il se sent désormais comme un fossile, un écrivain mort en même temps que l'Empire, et il peut tout juste se survivre à lui-même.

Sartre revient longuement sur le bonheur de Flaubert sous le Second Empire, en analysant aussi ses regrets et même son désespoir lucide après la chute de Napoléon III. En effet, Flaubert sait gré à l'empereur de l'avoir reconnu et, à travers lui, d'avoir cautionné les exigences de l'Art-absolu. Et pourtant, dans son deuil *inconsolable* de la chute de Napoléon III, Flaubert cherche à consolider *dans le souvenir* l'image qu'il a cru être celle de l'empereur et de la société à laquelle il était convié. Il est vrai que l'effondrement de l'Empire prouve que celui-ci n'a pas tenu ses promesses de déréalisation : la réalité l'a rattrapé et a eu raison de lui. Le pouvoir de l'Empereur imaginaire n'était pas une manière d'échapper à la réalité mais, au contraire, de s'aveugler et de courir à sa propre déroute face à la force des choses, représentée entre autres par la Prusse, anti-modèle de la société française par la puissance de son industrie, son efficacité technique, sa discipline militaire et son esprit positif et utilitaire. La défaite montre surtout que l'empereur a été rattrapé par sa contradiction originelle[1].

---

1. L'analyse de Sartre fait écho à la formule de Hegel que Marx place en liminaire de son *Dix-huit Brumaire de Louis-Napoléon Bonaparte* : « Tous les événements et personnages de l'histoire du monde se produisent pour ainsi dire deux fois. [...] La première fois comme une grande tragédie, la seconde fois comme une farce sordide ». Marx traite surtout de la répétition et de la fonction de l'imaginaire dans le fonctionnement du mythe impérial comme justification de Napoléon III. Sartre analyse en détail comment les fictions impériales permettent à la bourgeoisie de réaliser sa domination à travers un régime qui apparemment cherche à la

Derrière l'intention apparente de mettre au pas la bourgeoisie et de s'affranchir de son esprit égalitaire, de ses intérêts, de son utilitarisme et de son scientisme, Napoléon III était victime de lui-même comme fiction : il n'a été que le paravent et le véhicule d'une société de plus en plus embourgeoisée. L'écrivain, par conséquent, a beau jeu, après coup, de se montrer fidèle, *au nom de l'honneur*, à une illusion. Il était en effet la dupe consentante, trop heureux de participer à l'opéra collectif et de rendre réelle la comédie, en la jouant pour sa part à corps perdu.

Avec Napoléon III, la bourgeoisie a imaginé une fiction afin de pouvoir réaliser ses intérêts. Gustave, lui, a voulu être un Chevalier du Néant et abolir le réel dans la fiction ; il a en ce sens *prophétisé* le Second Empire comme la condition d'existence de l'Art-absolu. Cependant, l'irréalisation effectuée par Louis-Napoléon n'a pas permis d'échapper à la réalité sordide des affects et des intérêts ; c'était au contraire une manière de les servir. Flaubert nous apprend beaucoup, à travers ses sentiments, sur ce que lui-même déteste et continue à vouloir fuir dans la société bourgeoise, conservatrice et républicaine, qui est en train de s'installer. La disparition de l'empereur le renvoie à ses propres contradictions : la société à laquelle aspire l'adepte de l'Art-absolu et au sein de laquelle il veut vivre et prospérer comme un poisson dans l'eau, en tant qu'agent d'irréalisation, n'a pas véritablement existé.

LE CHEVALIER DU NÉANT ET LE CARNAVAL DU SECOND EMPIRE :
IRRÉALISATION OU FAUSSETÉ ?

L'Art-absolu, le pessimisme de Flaubert et l'Empire sont liés. Selon Sartre, Flaubert voit en Louis-Napoléon beaucoup plus que la soumission impuissante de la bourgeoisie, mue par sa haine et son effroi de l'homme. C'est même un Antéchrist, ou un « grand démoralisateur », le seul maître auquel il ait besoin de se soumettre pour vénérer en lui l'esprit du mal. Un tel maître abaisse et détruit les valeurs : Flaubert lui demande de cautionner sa propre entreprise de déréalisation du monde. Celui-ci veut voir, dans le fait que Louis-Napoléon soit porté aux nues par une grande partie du peuple, la preuve de la bassesse de ce même peuple, qui aime ceux qui le

mettre au pas dans une unité nationale incarnée par Louis-Napoléon. Sur le concept de répétition historique et la fonction réelle de l'imaginaire en politique, on peut consulter l'essai de P.-L. Assoun, *Marx et la répétition historique*, Paris, P.U.F., 1978, repris chez le même éditeur dans la collection « Quadrige » en 1999.

méprisent. Pour assurer son propre pessimisme, l'écrivain n'hésite pas à faire assaut d'optimisme quant à la pérennité du pouvoir impérial et de ses chances de dominer la bourgeoisie à l'intérieur et la Prusse à l'extérieur. Il porte même à son crédit, après les errements du procès pour immoralité qui lui a été intenté en 1857, d'avoir pris ses distances à l'égard de l'ordre moral et de l'Eglise, qui ont lui toujours paru représenter l'autre visage d'une bourgeoisie qui défend avec acharnement ses intérêts tout en voulant parer son étroitesse de cœur et d'esprit d'un supplément d'âme.

Dans les années 1860, Flaubert devient une gloire reconnue des salons impériaux et il apprécie d'être séquestré dans un monde magique : Paris est une capitale onirique, son gigantisme est la marque d'un lieu fabuleux où se mêlent la fange des passions et le rayonnement de la cour et des salons. S'il est vrai que les œuvres d'art se manifestent dans le monde comme des centres fixes d'irréalisation, la ville-capitale, sous le Second Empire, est elle-même une irréalisation objective du donné ; elle se métamorphose en une image d'elle-même et en insaisissable absence, qui affleure à la surface de son être perçu. Tout tourne au mythe et Flaubert adopte une posture esthétique sur les choses et sur les êtres ; le regard dédouble les êtres entre ce qu'ils sont, c'est-à-dire la chair triste, la passion vénale, la mort pas très éloignée, d'une part, et, d'autre part, l'irréalité du luxe, du décor, des grands airs et des personnages empruntés, qui offrent l'occasion d'un certain *allègement* de la vie.

Sa propre chute de 1844 a ouvert à Gustave Flaubert la voie de la pure contemplation ; l'abjection consentie du semi-exil dans la maladie des nerfs, alléguée pour se protéger de son entourage et du sérieux des études de droit, lui a offert le loisir et le recul sur tout qui favorisent sa vie d'écrivain. Et l'Empire tout entier fut pour lui une forme d'asile, lui permettant de se consacrer à son entreprise d'irréalisation. Mais cet empereur qu'il considère comme fort *latin* dans son tempérament et sa manière d'agir, gouvernant *étourdi*, est victime de lui-même et de ses improvisations dangereuses : après le désastre de Sedan, Flaubert aspire envers et contre tout à maintenir l'Empire, ne serait-ce que pour garantir le minimum de folie dont il besoin pour respirer et pour vivre. Il regrette le régime et il souffre d'en avoir été complice, mais il en veut surtout à Napoléon III de s'être sabordé et de n'avoir été qu'un simulacre d'empereur. Mais il y a sans aucun doute fiction et fiction. Or l'empereur, contrairement à l'auteur qui vise l'irréel en tant que tel, comme ce qui n'existe pas, est dupe de sa propre illusion : il n'est pas assez faux, ou plutôt, pas faux *jusqu'au bout*, puisqu'il veut donner le change, par les faux-semblants de son régime, à la réalité crue de la bourgeoisie, qui détient le véritable pouvoir, d'ordre économique.

L'artifice permet au monde bourgeois de se consolider et de réaliser la modernisation économique et sociale de la France. Au soir de la défaite de 1870 contre la Prusse, un régime en sursis pendant quinze ans s'est avéré n'avoir été qu'une diversion et un cheminement fatal vers le pire. La bourgeoisie républicaine et fort conservatrice qui prend le pouvoir réprime dans le sang la Commune, mais n'est malgré tout qu'une pâle copie de la modernité prussienne. Et la République commence *par le pire*. Flaubert veut alors se laisser mourir de chagrin : « J'ai décidé de me croire perdu », dit-il, dans une phrase dont Sartre souligne à quel point elle porte la marque de l'autosuggestion.

L'écrivain imagine alors de sauver, s'il le peut, ce personnage irréel rattrapé par une réalité qu'il a échoué à transformer complètement en un rêve éveillé ; Napoléon n'a pas su tenir *captive* jusqu'au bout la conscience de son public et des français. Flaubert imagine alors un dernier tableau, dont il dit qu'il aurait pu être la fin de *L'Education sentimentale*, publiée en 1869 : l'empereur vaincu est emmené vers son lieu de captivité ; affalé dans sa voiture, il voit ses soldats qui entourent son fiacre et le conspuent : « Est-ce que c'était cela, se dit-il, mes *prétoriens* ? ». Le contraste est saisissant entre ses soldats qui l'insultent et l'Armée impériale, fondement du régime : dans l'humiliation de la défaite, Louis-Napoléon acquiert une certaine grandeur. Au moment où il quitte la scène et où la réalité l'emporte sur son régime de spectacle, l'empereur imaginaire acquiert un être et une densité funèbres. Flaubert aurait voulu trouver le moyen d'exprimer une telle vision, en mesurant ce que *peut* l'Art-absolu pour donner de l'être au *rien*, en évoquant au passé un régime qui n'acquiert sa réalité qu'en disparaissant. Mais le projet de livre « Sous Napoléon III » est resté à l'état de notes et de velléités, Flaubert se sentant las et accablé, dans les premières années de la République qui furent aussi les dernières années de sa vie, se considérant comme un *fossile* hors du coup et se survivant à lui-même.

La fin de l'Empire bouleverse Flaubert. Il avait tenu à être reconnu par l'empereur et son entourage, à travers la cérémonie féodale de l'hommage. La soumission consentie au seigneur est suivie du don de la protection par les détenteurs de la force : l'écrivain féal est gratifié d'un certain prestige, qui lui garantit la situation et la sécurité requises par ses exercices d'irréalisation. Mais le caractère de mensonge et de fausseté du règne, que la défaite met à nu, aiguise chez Flaubert la crainte de n'être lui aussi qu'un simulateur, pris à son propre jeu et finalement réduit à l'échec. Car le destin de l'empereur révèle l'existence d'une sorte de mal radical qui ronge toute image : un acteur peut bien s'irréaliser dans le personnage qu'il interprète, il demeure qu'à travers son physique, ses efforts et les ratés de son jeu, le réel et la facticité viennent peser sur son effort de néantisation. Le réel vient en quelque sorte *boucher les trous d'irréalisation* et se manifeste comme un plein que l'on ne peut pas évider. Une telle situation peut être comparée à celle d'un rêveur qui se voit dans une chambre en feu et qui veut en sortir. Il rêve qu'il ouvre une porte mais cette porte le fait entrer dans une autre chambre en feu et ainsi de suite. Toutes les portes de sortie sont truquées et enferment dans ce que l'on cherche à fuir. Il apparaît paradoxalement que l'on ne peut imaginer de quitter le monde sans qu'il y ait une force d'attraction et d'inertie de l'*analogon*, qui perturbe la néantisation et enfonce dans le réel l'entreprise de dépassement vers l'irréel. L'enfer n'est autre que cette irrésistible force des choses qui s'empare de l'acte imageant :

> C'est à ce bourreau – à *son* bourreau – que Flaubert entend rester fidèle. Ou, si l'on préfère, c'est à l'*image-échec* telle qu'elle ne cesse de s'effondrer en se posant ; ce qu'on peut résumer en d'autres termes : pour Gustave, en 70, l'image est un composé de néant et d'être ; elle contient trop de néant pour *produire* – à la manière de l'intuition intelligible – l'objet qu'elle représente ; mais trop d'être pour ne pas être une détermination réelle d'une subjectivité et pour ne pas la qualifier elle-même dans sa réalité idiosyncrasique [1].

Dans cet Empire du faux, l'image éblouissante d'une belle duchesse, richement vêtue, magnifique dans le décor d'un salon luxueux, garni de belles étoffes et de bibelots exotiques, à un point tel que la scène et les participants semblent flotter dans une certaine irréalité, comme s'ils étaient des figures dans la scénographie d'un tableau, se renverse en un affleurement terrible de la mort. Les rides ou un rictus laissent transparaître sur le visage le poids des années et la fatigue des déceptions accumulées. Le charme de la soirée est, un bref instant, rompu, mais ce sont malgré cela des *instants* de belle vie qui fascinent, bouche bée, les invités écrivains, dont Flaubert et les frères de Goncourt, intimidés par le lustre de la haute société et emportés dans des rêveries de luxe et de raffinement. Chez la princesse Mathilde, qui s'affranchit des contraintes guindées du protocole et se veut mécène et protectrice des artistes et des écrivains, Gustave Flaubert vient jouer son propre rôle d'écrivain ravi que la noblesse veuille l'admettre parmi les siens, bien qu'il ne s'abuse pas entièrement sur la grandeur supposée de ses hôtes. Il apprécie intensément ces moments où le réel

---

1. *IF*, t. III, p. 518-519.

s'immobilise et semble planer dans une idéalité irréelle : ce qu'il perçoit devient une pure apparition formelle, stylisée, et comme dématérialisée, entre l'être du non-être et le non-être de l'être.

Il n'était pas douteux, pour lui, en un certain sens, que les nouveaux privilégiés, pour la plupart des parvenus, n'avaient ni sang bleu ni goût littéraire et ne pouvaient en conséquence ni communiquer un *mana* que la naissance peut seule conférer ni *distinguer* les gens d'art selon des critères qui leur demeuraient étrangers. Mais que demandait-il au réel sinon de se déréaliser de soi-même et de demeurer, glissement indéfiniment suspendu, entre l'Être du Non-Être et le Non-Être de l'Être ? Dans la vie quotidienne, il lui fallait la solitude pour maintenir au prix d'un effort coûteux son « attitude esthétique », c'est-à-dire pour transformer sans cesse le perçu, le vécu en un « visible » neutre, qu'il pouvait, dans le meilleur des cas, saisir un moment comme le jeu pur des apparences[1].

Il est aisé de comprendre le lien entre sa vocation d'écrivain et la justification que lui donne une irréalisation qui s'effectue sous ses propres yeux, accomplie, dans l'objectivité extérieure, par le Prince du Mal. Le Second Empire en entier se voit métamorphosé en œuvre d'art. Quand il est accueilli chez la princesse Mathilde, le spectacle saute sur lui par sa densité mais, en même temps, il se désagrège sous ses yeux et ne livre qu'un pur plaisir ludique. Il faut que l'écrivain se plie à la comédie, qu'il y participe, pour la faire exister, comme s'il devenait acteur dans un opéra fantastique, avec des gens communs qui se croient aristocrates. Plus il fait montre de sérieux et de constance dans une certaine obséquiosité et plus il persuade cette aristocratie factice, composée de parvenus et de promus, de le distinguer, de le mettre au-dessus de la bourgeoise, de reconnaître en lui une singularité exemplaire du talent, qui vaut la dignité de la naissance.

Le *programme* est suivi avec constance : le « Chevalier du Néant » annonce dans son choix de l'écriture la même irréalisation qui est devenue la marque d'une époque dont il est le spectateur impliqué et satisfait. La princesse Mathilde, sous le regard de l'invité, devient l'*analogon* de son propre personnage : ce sont ses spectateurs qui lui confèrent son être de fiction dans la mesure où elle est en réalité *élue* par les écrivains qui l'admirent, comme si elle était continument créée par eux comme un être imaginaire, alors qu'eux-mêmes sont adoubés par elle dans leur désir de *distinction*.

1. *IF*, t. III, p. 533.

L'écrivain aime évoluer dans cet univers de carnaval ; il éprouve le délicieux vertige d'exister à la limite de l'image et de la réalité. Il devient le spectateur dont le regard et la participation sont réclamés par une aristocratie qui se sait d'une réalité précaire et attend de lui qu'il lui confirme sa propre existence. L'aristocratie d'Empire qui lui ouvre ses salons dépend de l'empereur, lui-même acteur continuel de sa propre existence. Une telle cour n'est pas sans une dimension de noirceur, puisque son fondement est la force, la brutalité et un certain aventurisme militaire qui lui permettent d'effacer les traces bourgeoises affectant son origine. Flaubert retrouve dans cette face diabolique du pouvoir une des postulations de l'Art-absolu. Il lui apparaît clairement que cette société somme toute criminelle, obligée malgré elle de se magnifier et de projeter une belle image de raffinement, conserve à l'arrière-plan un caractère sanglant, impitoyable et immoral. L'Empire rêve de se dissoudre dans la légende et anoblit pour ce faire l'écrivain afin qu'il l'institue, par son regard esthétique, tel qu'il voudrait être.

LE MAL RADICAL ET LE RETOUR DE L'HISTOIRE

Dès qu'il est de retour à Croisset, où il passe neuf mois de l'année, Flaubert s'approprie son anoblissement par les autres comme le résultat d'une auto-détermination dont il est l'auteur. Il n'a que faire de cette aristocratie à moitié réelle et à laquelle il reproche d'être encore *vulgairement* réelle ; s'il a besoin d'elle, c'est seulement à titre de détermination négative. L'imagination, en effet, vise à travers la pseudo-aristocratie une aristocratie authentique : celle-ci n'existe pas mais se laisse atteindre dans sa pure absence, sur fond de l'être donné et déterminé que l'imagination nie. Or, plus que jamais, Flaubert réaffirme son exigence absolue de décrocher de la *totalité de ce qui est*, vers le non-être. C'est la tâche impossible que l'écrivain s'est assignée à titre exclusif :

Ce qu'éprouve alors Flaubert ce n'est pas la puissance imaginative mais l'orgueilleuse impuissance de l'imagination. L'invisible aristocratie n'est pas seulement au-delà de toute réalité mais, avant tout, au-delà de toute image, c'est l'imaginaire pur et hors d'atteinte, signe de la grandeur sans pareille de l'exigence et, par conséquent, de son inévitable échec. Sombre et fière satisfaction de l'Artiste qui se sent trop grand pour le monde et, du même coup, trop grand pour soi. Son insatisfaction est infinie : non qu'elle se donne d'abord pour telle mais, quel que soit le donné, elle le conteste et dénonce son insuffisance sans pouvoir, pour autant, produire dans l'irréel le non-être absolu, c'est-à-dire l'être du non-être qui, comme totalité de toutes les négations, apparaît comme l'Idéal inaccessible de l'imagination, autrement dit comme l'Imaginaire[1].

L'artiste n'est pas seulement protégé dans ses triviales conditions matérielles d'existence, il est également justifié dans son être. Il devient même le seul être d'exception parce que son anomalie se convertit en une exigence de travailler de toutes ses forces à la négation du donné, *dans sa totalité*. Sartre affirme que l'imaginaire se confond avec un infini que poursuit l'imagination, en l'occurrence, la création d'un être du non-être. Agent d'une telle opération, l'artiste ne peut revendiquer d'exister véritablement que par son naufrage ; c'est l'amertume de son échec qui l'élève absolument. Dans son acte imageant, il se prend lui-même comme *analogon* de sa propre déréalisation, comme s'il voulait aspirer irréellement *tout* son être dans une image déréalisée de lui-même. La déréliction qui en résulte le rétablit à ses propres yeux comme le seul vrai aristocrate, le membre d'une aristocratie qui n'est plus, parce que l'Histoire l'a fait disparaître : il est un aristocrate de droit divin. Quant à l'autre aristocratie, qui se dupe elle-même dans une comédie forcée, elle ne trouve sa vérité que par sa chute dans l'inauthenticité : c'est seulement ainsi qu'elle peut trouver un semblant d'existence.

On peut se demander pourquoi Flaubert accepte en 1866 le ruban de la Légion d'honneur. Tout simplement parce qu'il a besoin d'être vu et *constitué de l'extérieur* comme un héros, tout en se montrant totalement dévoué à l'Idéal impersonnel de l'imaginaire, tendu comme il l'est vers la sainteté du sacrifice de lui-même dans le non-être. Comme il ne peut ressentir son effort surhumain que dans l'épreuve de l'abnégation et dans la défiance de soi, il aspire à ce que sa sainteté irréalisable soit vue et consacrée par d'autres, en l'occurrence ces militaires haut gradés, accompagnés dans leur déambulation par le cliquetis de leurs médailles : ayant fait la preuve d'un fanatisme cruel, ils ont acquis un droit sur tout et une justification de leur être parce que leur violence est le fondement réel du pouvoir impérial. Flaubert accepte donc la médaille, tout en ne se souciant que de sa propre exaltation au-dessus de l'être et de sa tentative de déréaliser le langage.

Sartre ajoute que Gustave a besoin de surmonter le court-circuit entre la littérature et l'aliénation à l'impossible, par l'intermédiaire de la fidélité à une personne. Cette sainteté qu'il ne peut vivre directement sera instituée comme un héroïsme par des héros professionnels auprès desquels il est

1. *IF*, t. III, p. 551.

admis comme un égal, par la force de la plume plutôt que par celle de l'épée. C'est ainsi qu'il pourra continuer à vivre son propre mouvement de dépassement, en son effort vers l'impossible qui le condamne à une frustration récurrente. Il peut ainsi jouer sur les deux tableaux concomitants de l'irréalisable : être et ne pas être, s'absenter de toute plénitude et hanter son propre manque d'être d'une ombre de réalisation, grâce à une dépendance à l'autre qui lui donne mandat :

En tout cas, devenu *l'un d'eux*, cette valorisation ne peut plus rester *extérieure* : c'est son essence *en tant que légionnaire* ; pourtant, comme il ne saurait la *vivre*, elle se borne à le hanter, au-dedans de lui-même, comme cet irréalisable : l'autre face de sa sainteté, c'est-à-dire son *être-pour-l'autre*. Fuyante consécration, frustration délicieuse d'*être sacré* sans pouvoir jamais le *réaliser*, merveilleuse licence d'accepter ou de nier, dans l'intimité silencieuse du vécu, la puissance charismatique du souverain – tantôt Isidore, Badinguet et tantôt l'Empereur – parce que la Sainteté ne relève pas de César et parce qu'elle ne peut empêcher que César ne la récupère et qu'elle ne devienne *séculièrement* héroïsme, honneur, fidélité : le Saint, n'étant pas responsable de cette promotion, peut simultanément s'élever au-dessus d'elle par le mouvement mystique qui l'emporte au-dessus de tout et l'accepter – sans pouvoir en jouir – comme l'unique reconnaissance possible *par le siècle* de ce mouvement ascensionnel[1].

Flaubert n'a pas cessé de poursuivre l'illusion de pouvoir être *arraché* à la bourgeoisie, comme malgré lui et en l'absence de toute action réelle de sa part, par la force de son adhésion à la fiction impériale d'un chef au-dessus de la classe détestée ; une telle illusion est confortée par sa croyance en la puissance de généraux aveuglément dévoués à l'empereur. Dans ces conditions, le règne de l'inutile et de ce qui échappe à tout intérêt peut, exceptionnellement, avoir lieu. Il faut pour cela que le mensonge collectif persévère et entraîne une équivalence de la fiction et de la vérité :

Puisque Napoléon, cette fiction, gouverne *réellement* les Français, les créateurs de fiction – quand il les distingue – sont *réellement* supérieurs aux réalistes, à ces chercheurs passés sous silence qui veulent connaître le réel pour le dominer[2].

À force de se mentir à elle-même, une société déréalisée peut-elle acquérir une consistance réelle dans l'entrecroisement du regard de ses membres partageant la même rêverie ? C'est à ce niveau que la névrose

1. *IF*, t. III, p. 565-566.
2. *Ibid.*, p. 602.

personnelle de Flaubert et le fonctionnement global de cet opéra social où tout est faux peuvent différer, sur le plan du fonctionnement de l'imaginaire. En effet, sur le plan collectif, l'imaginaire est ressaisi par son *mal radical* :

> Le drame de Flaubert est là : irréalisé par l'échec et par une contention perpétuelle de l'esprit, il a besoin d'une société irréelle mais consistante pour soutenir son effort, le nourrir et le récompenser : il la trouve, elle l'accueille, il s'y intègre mais il se rend compte, au bout de quelque temps que cette *consistance autre* du rêve collectif vient de la réalité elle-même. En d'autres termes la comédie impériale ne peut « prendre » que dans la mesure où elle est tolérée par l'ensemble des classes dominantes qui, fort réalistes, voient dans la dictature militaire une force de répression efficace (donc réelle) et un rêve de gloire dont l'effet (réel tout autant) est de détourner les classes défavorisées de prendre une claire conscience de leur sort[1].

La contradiction de l'Empire est que, à l'opposé de Flaubert qui a choisi l'assomption de l'échec comme lutte contre le réel, le pouvoir de l'empereur a commencé dans une certaine réussite, avec l'appui tacite et la mauvaise foi de la bourgeoisie. Mais, au fur et à mesure que se réduisait la marge de manœuvre qui lui a été laissée, l'empereur s'est enfermé dans une mise en scène de son pouvoir et de sa grandeur. Le but n'est donc pas de contester le réel, à l'imitation de l'artiste, mais de se tromper et de tromper la société sur l'état réel du rapport de force et de donner le change pour séduire et endormir les consciences. Napoléon III a fini par adhérer à ses propres fictions et a effacé par le déni sa propre objectivation par la puissance rivale, la Prusse.

Du point de vue de Flaubert, sa propre foi en l'imaginaire avait besoin de la souveraineté de Louis-Napoléon, annoncée dès 1844 dans la programmation individuelle de sa névrose : c'est une croyance vitale, indispensable à l'exercice du pouvoir de l'écriture tel qu'il l'entendait :

> Mais ces variations d'humeur et de vision n'empêchent pas Gustave de nourrir du dedans cette croyance *vitale* : sous la dictature réelle de l'irréalité – c'est-à-dire quand l'apparence impose à l'être sa domination – je suis *le plus réel*, entendons : l'agent le plus efficace de la subversion, quand je pousse à l'extrême et conjointement mon irréalisation créatrice et la déréalisation du monde. Cette réalité souveraine lui vient par l'Autre suprême et sans qu'il s'en soucie ni ne veuille ni ne puisse la vivre, par le simple fait

---

1. *IF*, t. III, p. 576.

qu'il participe, en fixant des songes, au rêve collectif et à la puissance réelle qui, née du sommeil, empêche les Français de se réveiller[1].

Tant que les consciences sont restées captives de l'empereur imaginaire, le pouvoir de ce dernier consacrait celui de l'imagination, c'est-à-dire de l'écrivain. Après la défaite, Flaubert ne peut que vomir la République et la Prusse parce qu'ils représentent à ses yeux l'irrésistible invasion du néant par l'être. La réalisation d'une certaine modernité, à travers le triomphe de la bourgeoisie, de l'utilitarisme et de la science, marque l'échec de l'irréalisation et le destin partagé par l'écrivain et l'Empereur imaginaire. La défaite de l'Empire résonne en lui comme un échec redoublé de l'Art-échec : l'époque impose le réel comme une plénitude que l'art ne peut pas annuler. En effet, Flaubert a tenté de dépasser la crise, par sa réussite d'écrivain, dans une société travaillée par la fiction. Mais son statut d'écrivain est aussitôt menacé par la précarité d'un régime rattrapé par ses contradictions effectives. Il reste à l'écrivain la perception aiguë que l'échec de la société impériale qui l'a accueilli est finalement une conséquence inéluctable de son propre échec de 1844. Il hésite alors entre ne plus écrire, considérant que l'Empire déchu était le lieu naturel de l'Art-absolu, ou se résoudre à en composer l'épitaphe et à prendre acte de l'impossibilité de l'Art-absolu.

Singularité et totalisation
Gustave, prophète de son temps

Pour conclure, il convient d'approfondir le sens de la valeur *prophétique* d'une existence, relativement aux développements historiques d'une époque et à la notion de totalisation de l'individu par l'époque et de l'époque par l'individu. De quelle démarche, de quelles notions Sartre s'empare-t-il pour établir cette dimension prophétique ?

Dès la deuxième partie de *L'Idiot de la famille*, « La personnalisation », Sartre montre que l'unité organique de la personne est hantée et minée par des déterminations multiples et contradictoires. C'est pourquoi Sartre définit la notion de *stress* afin de marquer le caractère en même temps problématique et dynamique de la totalisation d'une vie singulière, rongée en son cœur par l'inassimilable propre à l'enfance tout en cherchant à l'intégrer dans une tentative de défense globale. Pour Gustave, il s'agit

---

1. *IF*, t. III, p. 602.

moins de fuir le réel que de tenter, radicalement, de le mettre en déroute, de manière esthétique. En conséquence, Sartre établit un lien entre une totalisation sans cesse faussée, décomposée, et un mouvement de synthèse en spirale :

> Du point de vue qui nous occupe, il convient d'envisager le mouvement circulaire dans un espace tridimensionnel comme une spirale à plusieurs centres qui ne cesse de s'en écarter ni de s'élever au-dessus d'eux en exécutant un nombre indéfini de révolutions autour de son point de départ : telle est l'évolution personnalisante au moins jusqu'au moment, variable pour chacun, de la sclérose ou de l'involution régressive[1].

Le concept d'*activité passive* désigne pour Sartre le fait de vivre la passivité subie sur le mode de la surenchère, comme une conduite de déréalisation du monde, de la société et de la politique de son temps. Or cette passivité dont Gustave a été affecté par sa petite enfance, au sein du cercle familial du clan Flaubert, est la *médiation* entre sa vie singulière et les contraintes générales qui naissent de la société et de ses divisions. Gustave Flaubert en vient ainsi à incarner l'ensemble social, et celui-ci acquiert un contenu concret dans le microcosme des déterminations de sa vie.

Le concept d'*esprit objectif*, quant à lui, emprunté à Hegel, désigne la culture et l'inscription des œuvres du passé dans la matérialité inerte d'un produit : cela n'est pas sans effet sur les lectures que peuvent en entreprendre – dans la solitude du rapport sériel entre individus – les membres des couches privilégiées, ainsi que sur les impératifs que la littérature faite impose au futur écrivain. Quelle est la situation de l'auteur face à l'esprit objectif, lorsqu'il commence à écrire *Madame Bovary*? C'est la conscience aiguë d'une tâche impossible : à la supériorité fictive de l'écrivain-philosophe en rapport avec l'universel, à la primauté, revendiquée par les Romantiques, de l'écrivain comme membre d'une classe naturellement élevée, aspirant à ressaisir l'humain au sein d'une totalité harmonieuse, les Post-Romantiques opposent un point de vue résolument antihumain. Le caractère collectif du malaise objectif de la bourgeoisie, divisée entre sa peur de l'homme, ou des classes populaires, et son désir d'universalité, requiert toutefois une subjectivation en une manière de vivre et d'assumer de telles exigences contradictoires. C'est à cela que Flaubert est prédestiné : il va jouer sans relâche le rôle *irréalisable* de l'écrivain. Le génie de Gustave tient aussi en ce que son existence particulière anticipe les contradictions et la souffrance de ses éventuels lecteurs

---

1. *IF*, t. I, p. 657.

parce qu'elle s'est transformée diachroniquement, sous l'emprise de la même conjoncture sociale et politique, en une réponse analogue à celle que *Madame Bovary*, sous le Second Empire, exprime synchroniquement avec l'époque.

Sommes-nous témoins d'une correspondance factuelle entre l'individuel et le collectif, ou d'une forme d'expression symbolique entre une névrose personnelle et le malaise général de l'époque qui affecte tout particulièrement la bourgeoisie? Si la névrose dite objective est la marque d'une époque, il faut rappeler que l'époque n'est elle-même que la configuration du réel économique et social, des circonstances, du résultat des actions antérieures et de la multiplicité des subjectivités individuelles qui vivent la conjoncture comme la part d'impossibilité ayant à être vécue et assumée.

L'époque se laisse pressentir à travers l'enveloppement réciproque des totalisations singulières. Tout se passe comme si elle produisait la névrose subjective de tel ou tel individu, non pas comme une simple détermination par une totalité préexistante, mais comme le moyen de se produire elle-même à travers le mouvement d'une multiplicité de vies singulières – dont celle de Gustave Flaubert, cet enfant passif et mal aimé, assigné à l'imaginaire comme chemin de dépassement des contraintes qu'il lui échoit de vivre. C'est pourquoi l'écrivain peut, dans sa propre histoire reprise comme soutien d'une déréalisation du monde, se faire l'oracle de l'histoire de son époque, étant donné que l'histoire de l'époque et la sienne constituent, dans leur différence de *tempo* comme dans leur hétérogénéité, des dépassements individuels qui naissent de la même impossibilité et viennent buter sur le même échec. L'époque est ainsi le produit d'une pluralité de dépassements singuliers, qui sont déviés par l'impossibilité qu'ils ont en partage et qui se situent différemment par rapport à elle, comme dans une galerie de miroirs déformants. Les universalités singulières sont fondées sur les mêmes significations générales, au sens de conditions pratiques, sociales, culturelles, qui conditionnent chaque individu au sein d'une formation sociale. Le décalage entre les temporalisations singulières définit l'époque comme règle de production d'un vécu collectif à travers la récurrence, en chaque vie individuelle, d'une limite interne, qui naît de la reprise par chaque *praxis* de la limite extérieure de toute *praxis*. La thèse novatrice de *L'Idiot de la famille* est que la totalisation a pour condition – et non pour obstacle – l'altérité des micro-temporalisations individuelles. À chacun comme à tous, il échoit un être objectif et extérieur; le processus de totalisation de l'époque a pour réalité objective, partagée par tous les contemporains, le caractère récurrent de la limite interne de tout dépassement singulier :

> Autrement dit, les limites internes de la personne sont l'incarnation des limites internes du processus totalisant dans la mesure même où les frontières intériorisées des microcosmes contemporains donnent sa finitude intérieure à la séquence historique[1].

Pour Sartre, une liaison diachronique, tissée de temporalisations locales, singulières, entre les individus, les groupes et la conjoncture, se substitue à une réalité sans parties d'une époque qui serait à tort considérée comme un tout. Les multiples micro-temporalisations esquissent la totalisation, en maintenant l'altérité qui les distingue et les sépare les unes des autres. Aussi pouvons-nous avancer que la présence du tout en chaque partie s'accompagne du fait que chaque partie a une fin irréductible qui la distingue, en tant que partie, de toutes les autres et de la totalité : c'est l'époque tout entière qui se rassemble, entre en rapport avec elle-même, s'éprouve et se transforme, dans l'épaisseur des existences singulières, déterminée indirectement par elle. C'est ainsi que, par exemple, chaque vie individuelle vit et produit à travers sa propre finitude – telle que celle-ci est affectée par une enfance unique – une invention qui lui est propre du rapport à la mort et, par-là même, une détermination concrète de l'époque tout entière. Ses propres limites, subjectivement intériorisées, la rendent incommensurable aux autres vies ; les décalages temporels entre les incarnations particulières manifestent le processus de temporalisation générale d'une époque, à travers la multiplicité des parcours individuels que Sartre rapproche des modes spinozistes sans postuler pour autant une ontologie substantialiste[2].

---

1. *IF*, t. III, p. 436.
2. Voir *ibid.*, n. 2, p. 431-432, sur l'exemple de Leconte de Lisle, avec des considérations sur le rapport entre la partie singulière, la conjoncture, la totalisation d'ensemble et la production d'un universel concret, *lequel réextériorise sa propre intériorisation par le tout* : « Ainsi, dans toute totalisation en cours, faut-il toujours envisager, dans leurs relations dialectiques, le rapport direct de la totalisation générale à la totalisation singulière (totalisation du singulier par la généralité concrète), c'est-à-dire du tout à la partie et celui de la totalisation macrocosmique à la totalisation microcosmique *par la médiation* de la conjoncture, c'est-à-dire de l'*universel concret* produit par celle-là, retotalisé par chaque partie et déterminant la singularité individuelle à la fois par l'événement conjoncturel (incarnation totalisée de la totalisation) et par la face générale du monde (c'est-à-dire par le rapport réel de toutes les parties entre elles non point en tant qu'elles expriment directement le tout mais en tant qu'elles s'en distinguent par leur mouvement pour le retotaliser – pour le réextérioriser en tant qu'il s'est fait intérioriser par elles). »

L'Histoire est un jeu de *miroirs déformants* qui reflètent le tracé discontinu des réponses produites, par des existences singulières, à une même conjoncture historique du rapport entre l'impossible et le possible. La vie de Gustave écrivain et l'époque se produisent l'une l'autre parce qu'elles comprennent la même finitude. C'est en cela que la défaite de l'empereur imaginaire Napoléon III reconduit Flaubert à son impuissance originelle face au Réel : le « qui perd gagne », thème organisateur de la stratégie d'irréalisation par l'écriture, rencontre en même temps que la défaite de Napoléon III celle de l'Art-absolu et la perte, sans compensation dans l'irréel, de l'homme Flaubert, qui était programmée dès la chute de Pont-l'Evêque.

Hadi RIZK
Groupe d'Études sartriennes

DU MOUVEMENT DE LIBÉRATION DES FEMMES
À *L'IDIOT DE LA FAMILLE*
LA FÉMINISATION DE L'EXPÉRIENCE ET SES LIMITES

« J'aimais cette résistance coriace dont je ne venais jamais à bout »[1] :
ces mots, qui décrivent les difficultés sur lesquelles le jeune Poulou
achoppa lors de sa première lecture de *Madame Bovary*, pourraient, à bien
des égards, être appliqués au moins jeune Sartre qui les écrivit dans
Les Mots. En effet, lorsque ces derniers paraissent, en 1964, Sartre est en
train de commencer à rédiger ce qui deviendra *L'Idiot de la famille*. Le
roman de Flaubert en est le point de départ et le point d'arrivée. Point de
départ, car c'est en songeant à *Madame Bovary* et au paradoxe de sa
réception que Sartre initia, vers 1954, une première étude sur Flaubert[2].
Point d'arrivée, car le dernier tome de *L'Idiot de la famille* aurait dû
proposer une « étude textuelle ou littéraire » de *Madame Bovary* : « Si
j'étudie sa vie, je ne peux trouver que le Flaubert vaincu et si j'étudie
Madame Bovary il faut que je découvre le Flaubert vainqueur »[3]. À la
défaite de Flaubert correspondit donc, d'un point de vue formel, l'inachèvement de *L'Idiot de la famille*.

De son quatrième et dernier tome ne sont connues que des notes prises
par Sartre en 1972-1973 lors d'une énième relecture du roman, notes
elliptiques et fragmentaires où les « nouvelles techniques »[4] désirées par
Sartre– structuralistes, surtout – demeurent peu visibles. Le caractère
documentaire et proleptique de ces notes a pu révéler, comme l'a montré

---

1. J.-P. Sartre, *Les Mots*, dans *Les Mots et autres écrits autobiographiques*,
éd. J.-F. Louette, Paris, Gallimard, 2010, p. 29.
2. *Id.*, « Sur "L'Idiot de la famille" », dans *Situations, X : Politique et autobiographie*,
Paris, Gallimard, 1976, p. 92.
3. *Ibid.*, p. 108-109.
4. *Ibid.*, p. 109.

Gilles Philippe, la «résistance» qu'éprouva Sartre «dans la gestation du texte»[1], résistance due à la perte de la vue en 1973, mais aussi, peut-être, au risque de redondance entre les trois premiers tomes et le quatrième. En effet, si «dans une certaine mesure *Madame Bovary* se déduit de *L'Idiot de la famille*»[2], la difficulté majeure du quatrième tome résidait dans l'évitement de la redondance. Patrice Vibert concluait de l'analyse des plans connus du quatrième tome que «malgré ses affirmations, la lecture de Sartre n'aurait pas été une lecture purement textuelle mais aurait été intégrée pleinement au projet biographique»[3] : c'est dire à quel point le danger de la répétition était réel. Reste que ces notes nous éclairent sur la lecture proposée par Sartre de *Madame Bovary* et, plus particulièrement, d'Emma Bovary. La reconstitution de la lecture sartrienne de ce personnage et de ses rapports avec son créateur (que résume le fameux «Mme Bovary, c'est moi») permet de mettre au jour un dialogue encore inexploité par la critique : celui que Sartre entreprit avec Beauvoir et, plus largement, avec le Mouvement de Libération des Femmes. En effet, la question que Sartre pose à l'œuvre flaubertienne dès *Questions de méthode* – «À quelles conditions la féminisation de l'expérience est-elle possible?» – et à laquelle il tente de répondre dans les notes du quatrième tome de *L'Idiot de la famille* nous paraît proche des débats sur l'écriture féminine qui agitent les milieux féministes des années 1970. Nous le montrerons en deux temps. Dans un premier temps, nous reviendrons sur le rapport de Sartre à la cause des femmes dans les années de rédaction du quatrième tome. Ce sera l'occasion de revenir plus spécifiquement sur la question d'un monopole épistémologique dans la connaissance de l'expérience des femmes. Cette question, introduite par Sartre dans *Questions de méthode*, nous semble reprise dans l'étude sartrienne de *Madame Bovary*. C'est ce que nous essaierons de montrer dans un second temps en revenant sur l'analyse de «l'hermaphrodisme double» proposée par Sartre, qui remet finalement en cause la possibilité d'une féminisation totale de l'expérience vécue.

1. G. Philippe, «Le protocole prérédactionnel dans les manuscrits de *L'Idiot de la famille*», *Recherches & Travaux*, 71, 2007, p. 143.

2. J.-P. Sartre, «Sur "L'Idiot de la famille"», art. cit., p. 109.

3. P. Vibert, «Quelques propositions pour une lecture sartrienne de *Madame Bovary*», *Revue Flaubert*, 8, 2008, https://flaubert.univ-rouen.fr/revue/revue8/vibert.php, consulté le 18 février 2021.

SARTRE, BEAUVOIR ET
LE MOUVEMENT DE LIBÉRATION DES FEMMES (1972-1973)

Pendant la rédaction du quatrième tome de *L'Idiot de la famille*, soit pendant l'année 1972 et le début de l'année 1973, trois grands projets paraissent révélateurs du rapport oblique, mais néanmoins constant, de Sartre au féminisme : ses entretiens avec Benny Lévy et Philippe Gavy publiés sous le titre *On a raison de se révolter*, le lancement du journal *Libération* et son engagement aux *Temps modernes*.

ON A RAISON DE SE RÉVOLTER, LIBÉRATION
ET *LES TEMPS MODERNES* EN DIALOGUE AVEC LE FÉMINISME

Le premier projet lancé dans ces années 1972-1973 concerne les entretiens réunissant Sartre, Pierre Victor (Benny Lévy) et Philippe Gavi. Etalés entre 1972 et 1974, et parus en 1974 sous le titre *On a raison de se révolter*, ils avaient été entrepris pour financer le journal *Libération*. L'ouvrage, qui offre une synthèse des rapports de Sartre avec les Maos, deux ans après la collaboration de Sartre au journal maoïste *La Cause du peuple*, révèle un profond désaccord entre eux sur le féminisme. Sartre, d'abord, refuse la place minoritaire accordée aux femmes dans l'engagement maoïste. Rejetant le terme de «creuset» utilisé par Pierre Victor pour définir le mouvement («Dans le creuset, les gens apportent des points de vue partiels différents, qui sont confrontés, qui fusionnent»), Sartre insiste sur la spécificité de la lutte des femmes :

> Pas d'accord. Prends les femmes : elles apportent, celles qui viennent à nous, un point de vue qui n'est pas partiel. Elles disent : il n'y a eu jusqu'ici que des révolutions faites par des hommes et pour des hommes. Qu'est-ce que ça devient dans le creuset ? Moi, je ne suis pas pour le creuset. [...] [S]i une revendication simple et valable, même sous une forme un peu erronée – «je ne veux pas que mon mari soit mon patron» – se transforme et se fond à une autre, elle perd toute chance d'être entendue sous sa forme première[1].

Sartre poursuit cette idée en contestant la critique classique des gauchistes de l'époque, qui qualifiaient les militantes de petites-

---

1. J.-P. Sartre, P. Gavi, P. Victor, *On a raison de se révolter*, Paris, Gallimard, 1974, p. 114.

bourgeoises déconnectées des réalités sociales[1]. En effet, alors que Pierre Victor relève les « limites de classes » du M.L.F., selon lui dépourvu d'ouvrières, Sartre soulève la nécessité de repenser le rapport des femmes aux classes sociales. Si, après un divorce avec son mari bourgeois, une femme se retrouve sans emploi avec deux enfants, c'est qu'elle appartenait en fait à la bourgeoisie par son mari[2]. Qu'est-ce à dire sinon que la division en classes n'est que partiellement pertinente pour opposer les femmes entre elles, et que leur lutte mérite dès lors d'être pensée comme spécifique ?

Ne pas négliger les luttes féministes au sein des organes maoïstes, voilà l'ambition de Sartre au début des années 1970. C'est aussi ce que semble confirmer l'histoire de la naissance de *Libération*, journal lancé en avril 1973. Si le rôle joué par le journal dans les luttes féministes n'a guère fait l'objet d'une attention critique[3], c'est sans doute qu'il ne fut pas sans ambiguïté. À l'automne 1973, le dessinateur Siné publie contre le M.L.F. un dessin-charge qui suscite l'indignation des lectrices[4]. Le journal voulait pourtant porter la voix des luttes féministes de son époque. En témoigne le « manifeste du 5 février 1973 », où parmi les grandes orientations du quotidien figurent l'ambition de dénoncer les « préjugés qui divisent encore la population », notamment ceux concernant « l'oppression de l'homme sur la femme », et l'envie de « s'empar[er] de tous les faits divers », « facettes de la vie sociale », parmi lesquels se trouve l'exemple d'une « femme inculpée pour avoir avorté »[5]. Et effectivement, dès l'automne 1973, le journal dédie une grosse partie du courrier des lecteurs à des interventions sur le féminisme[6], tout en publiant tous les jeudis une rubrique (« Nous sommes la moitié du ciel ») consacrée à l'actualité féministe.

---

1. J. Zéphir et L. Zéphir, *Le Néo-féminisme de Simone de Beauvoir*, Paris, Denoël/Gonthier, 1982, p. 113.

2. J.-P. Sartre, P. Gavi, P. Victor, *On a raison de se révolter, op. cit.*, p. 115. Cette idée, défendue par C. Delphy dès 1970 dans *L'Ennemi principal*, est formulée dans « Simone de Beauvoir interroge Jean-Paul Sartre », *L'Arc, Simone de Beauvoir et la lutte des femmes*, 61, 1975, p. 3-12, repr. dans C. Francis et F. Gontier, *Les Écrits de Simone de Beauvoir. La vie – L'écriture, avec en appendice Textes inédits ou retrouvés*, Paris, Gallimard, 1979, p. 537-538 et p. 541.

3. On pourra cependant se référer à J.-C. Perrier, *Le Roman vrai de « Libération »*, Paris, Julliard, 1994, p. 40, 70, 86, 122, et à la sous-partie « Sisters » du livre de J. Guisnel, *Libération. La biographie*, Paris, La Découverte, 1999. Il reste que l'histoire de l'engagement problématique de *Libération* pour la cause des femmes est encore à écrire.

4. J.-C. Perrier, *Le Roman vrai de « Libération »*, *op. cit.*, p. 40.

5. Le manifeste est repris dans *ibid.*, p. 415-418.

6. J. Guisnel, *Libération. La biographie*, *op. cit.*, p. 252.

Sartre figure parmi les contributeurs masculins désireux d'être les porte-parole de la cause des femmes au sein du journal. Sa seconde (et dernière) chronique du 15 novembre 1973 est en effet consacrée à la question du viol. Écrite en réaction au viol d'une militante du M.L.F., elle entend déconstruire certains préjugés sur les relations non consenties : après avoir évoqué les viols conjugaux, Sartre insiste sur le fait que la majorité des viols sont perpétrés par des hommes et ne sont jamais la faute des femmes[1]. L'article suscitera de nombreuses réactions de lectrices[2]. La place accordée aux nouvelles questions féministes dans *Libération* s'accentuera à partir de l'été 1975 avec la couverture de l'occupation de l'église Saint-Nizier de Lyon par des prostituées[3], puis la publication, en juin 1976, d'un « Manifeste contre le viol » à l'initiative du M.L.F.[4]. Or cette inclination du journal pour la cause féministe semble être due à une initiative sartrienne ; c'est en tout cas ce qu'affirme Beauvoir dans les années 1970. En 1973, elle concède l'efficacité de la campagne menée par Sartre auprès de ses collaborateurs de *Libération* pour les convaincre « d'engager des femmes à la rédaction » et de « s'occuper des problèmes féminins »[5]. De fait, Sartre semble avoir désiré donner plus de place dans le journal aux femmes de la rédaction, dont certaines étaient d'anciennes « filles de l'APL »[6], l'Agence de Presse Libération : Hélène de Gunzbourg, Zina Rouabah, Nicole Savouillan et Bénédicte Mei. C'est ce que révèle Anne Valleys, claviste à l'atelier de fabrication : « Comme il s'étonnait que

---

1. J.-P. Sartre, « La chronique de Jean-Paul Sartre : où commence le viol ? Débat sur la sexualité », *Libération*, 15 novembre 1973, p. 4, https://www.liberation.fr/france/1998/03/ 19/les-auteurs-de-nos-25-ans-1973-jp-sartre-le-philosophe-agitateur-est-ce-que-tout-acte-sexuel-est-dej_230532/, mis en ligne le 19 mars 1998, consulté le 11 mars 2021. On peut noter l'attaque adressée par Sartre à ses collègues masculins de la rédaction : « Par exemple, la plupart des hommes de *Libération* ne se demandent pas ce qu'une femme peut ressentir dans les rapports sexuels. »

2. « Courrier sur la sexualité (suite). Où commence le viol ? », *Libération*, 20 décembre 1973. Il y a fort à parier que le numéro du 13 décembre 1973 recensait déjà ces réactions, mais il ne figure pas dans le microfilm disponible à la BnF (MICR D-393, 1973/10-1973/12).

3. C. Jaget, « Des filles de joie dans la maison du seigneur », *Libération*, 3 juin 1975. Jean Guisnel insiste sur le fait que *Libération* fut « l'un des seuls journaux français à ne pas traiter ce mouvement exceptionnel par des papiers bourrés de sous-entendus égrillards » (J. Guisnel, *Libération. La biographie, op. cit.*, p. 252).

4. J.-C. Perrier, *Le Roman vrai de « Libération », op. cit.*, p. 86.

5. J.-P. Sartre et S. de Beauvoir, « Entretien réalisé à Rome en 1973 », repris dans A. Schwarzer, *Entretiens avec Simone de Beauvoir*, Paris, Mercure de France, 1984, p. 66-67.

6. Ce qualificatif, visiblement péjoratif, est celui utilisé dans les années 1970 pour les désigner. Voir, par exemple, F. M. Samuelson, *Il était une fois « Libération » : reportage historique*, Paris, Seuil, 1979, p. 206 et p. 229.

les signatures de *Libé* soient surtout masculines, Sartre nous avait conviées »[1].

Tout en jouant un rôle important dans l'orientation féministe de *Libération* en 1973, Sartre est également resté un membre actif des *Temps modernes*, au moins en 1972 et au début de l'année 1973[2]. Que le féminisme soit entré par la grande ou la petite porte aux *Temps modernes*, pour reprendre l'expression de Geneviève Fraisse[3], il y occupait en tout cas une place importante à partir de 1972, avec la publication en juillet-août 1972 de l'article de Rolande Ballorain, « Les métamorphoses du *Women's Liberation Movement* », et celui de Susan Sontag, « Réflexions sur la libération des femmes », paru en décembre 1972[4]. La naissance de la rubrique « Le sexisme ordinaire », dans le numéro de décembre 1973, permettra le dépassement de l'analyse du féminisme américain vers celle du féminisme français en faisant des *Temps modernes* l'un des organes compagnons du M.L.F.[5]. Sans évidemment affirmer que cette entrée du féminisme dans la revue, consacrée par la parution du numéro « Les femmes s'entêtent » en avril-mai 1974, soit le fait de Sartre – c'est Beauvoir qui, en juin 1973,

---

1. A. Dugrand, *Libération 1973-1981, un moment d'ivresse*, Paris, Fayard, 2013, p. 126. Selon A. Dugrand, Sartre était pour les féministes « un ami confiant » (*ibid.*, p. 119).

2. En effet, autant Beauvoir insiste sur le fait que Sartre a assisté, au printemps 1971, à l'ensemble des réunions du comité, et qu'il s'occupe encore assidûment de la revue au début de l'année 1973, autant elle souligne la présence de son compagnon à une réunion au printemps de la même année, réunion qui apparaît dès lors comme exceptionnelle, et indique aussi qu'elle lui fit la lecture du numéro des *Temps modernes* de juin 1973 sur le Chili – preuve que Sartre n'en avait guère suivi la constitution progressive. Voir S. de Beauvoir, *La Cérémonie des adieux*, dans *Mémoires*, t. II, éd. J.-L. Jeannelle et E. Lecarme-Tabone, Paris, Gallimard, 2018, p. 1042, 1068, 1079, 1084.

3. G. Fraisse, « Le rire et l'historienne », *Les Temps modernes*, 647-648, 2008, p. 186.

4. Sur ce point, voir le chapitre VIII, « Le mouvement des femmes à travers *Esprit* et *Les Temps modernes* » du livre d'I. Van der Poel, *Une révolution de la pensée. Maoïsme et féminisme à travers « Tel Quel », « Les Temps modernes » et « Esprit »*, Amsterdam, Rodopi, 1992, p. 173-196. Il convient de souligner ici la thèse de l'article d'Elisabeth Russo qui, dans son analyse des 15 premières années de la revue, a montré l'importance de la place des femmes : 73 % des 162 numéros font une place significative aux autrices de l'époque ; c'est dire que la revue s'est montrée soucieuse de la place des femmes dans ses rangs bien avant la naissance du M.L.F. Voir E. Russo, « Quelles femmes aux *Temps modernes*, de 1945 à la fin des années 1950 ? », dans A. Auraix *et. al.* (dir.), *Des revues et des femmes*, Paris, Honoré Champion, 2022, p. 231-246.

5. Plusieurs féministes ont noté l'importance de la revue pour le Mouvement, comme F. Picq (*Le Mouvement de libération des femmes et ses effets sociaux*, Paris, Groupe d'Études féministes, 1987, p. 85) ou R.-M. Lagrave (« Recherches féministes ou recherches sur les femmes ? », *Actes de la recherche en sciences sociales*, 83, 1990, « Masculin/Féminin », p. 125).

commanda auprès de quelques féministes du Mouvement cette rubrique et ce numéro spécial[1] –, il reste que Sartre a toujours soutenu favorablement ces incursions dans les entreprises collectives dont il faisait partie. En témoigne son intervention pour apaiser les conflits qui surgirent pendant les réunions de travail préparant la série télévisuelle « 75 ans d'histoire par ceux qui l'ont faite » envisagée pour Antenne 2. Alors qu'en 1974, le « groupe femme » se disait ostracisé dans le projet, parce que cantonné à une seule émission sur les questions féministes, Sartre accorda une place plus importante aux femmes qu'aux Bretons ou aux Occitans, reconnaissant de la sorte que la voix des femmes méritait de résonner pour parler de l'ensemble de l'histoire du siècle[2]. Enfin, en juin 1978, Sartre répondit à un entretien pour soutenir le journal *Em Tempo*, dans lequel il insista sur le rôle capital joué par le mouvement féministe de son époque, mouvement qui « donne un exemple à tous du style de rapports amicaux [...] qu'il devrait y avoir pour la lutte »[3].

ENTRE L'ÉCRITURE FÉMININE ET LE « VOL D'OUTIL »
LA POSITION BEAUVOIRIENNE DE LA LITTÉRATURE DANS LES ANNÉES 1970

Les années de rédaction du dernier tome de *L'Idiot de la famille* sont donc des années propices à une réflexion sartrienne sur les problématiques féministes du temps, dont l'influence de l'identité de genre sur la création littéraire. Lorsqu'en 1979, Alice Jardine demande à Beauvoir si ses livres auraient pu être écrits par un homme, Beauvoir assure avec certitude que non. Selon elle, un homme n'aurait pu inventer la « sensibilité féminine » et la « situation féminine dans le monde » de ses personnages féminins pour lesquels elle s'est bien souvent inspirée de son propre vécu. Elle déclare n'avoir jamais lu dans un roman écrit par un homme une description des femmes « telles qu'elles sont vraiment ». Si un homme peut parfaitement décrire les personnages féminins de l'extérieur – et elle cite à cet égard le

---

1. Voir le récit que fait L. Kandel de cette rencontre dans « Simone de Beauvoir, *Les Temps modernes* et moi », *Cahiers Sens public*, 1/27, 2001, p. 62-63.

2. N. Ringart, « Scénario pour un film condamné », *Les Temps modernes*, 647-648, 2008, p. 110. Nous remercions Liliane Kandel pour l'entretien qu'elle nous accorda par téléphone le 18 novembre 2020 et qui nous a permis de mieux comprendre la manière dont se sont déroulées ces réunions de travail.

3. J.-P. Sartre, « Le féminisme, meilleur cas de fraternité (II) », *Em Tempo*, 65, 25-31 mai 1979, https://www.mediapart.fr/journal/culture-idees/150713/entretien-inedit-avec-jean-paul-sartre-22-le-feminisme-meilleur-cas-de-fraternite? onglet=full, mis en ligne le 21 juillet 2013, consulté le 16 août 2021.

portrait de Mme de Rênal par Stendhal –, seule une femme peut écrire ce que c'est que de ressentir comme une femme, ce que c'est qu'être une femme[1]. Cette conviction, qui introduit un rejet d'une certaine forme d'universalisme dans le traitement d'un point de vue féminin, constitue pour Beauvoir un renversement des positions défendues depuis *Le Deuxième Sexe* jusque dans les années 1960, puisque les autrices sont considérées comme plus habilitées que leurs homologues masculins à décrire de manière pertinente l'intériorité des personnages féminins.

Tout en admettant l'existence d'un privilège des autrices dans la construction des personnages de fiction féminins, Beauvoir rejette cependant les considérations de certaines féministes désireuses de créer un nouveau langage spécifiquement féminin. La position beauvoirienne est alors celle du compromis. Audrey Lasserre a insisté sur la vision matérialiste qui est celle de Beauvoir et qui la conduit à refuser la spécificité féminine comme un mythe produit par les dominants contre les dominés. Valoriser une écriture dite féminine consisterait à conforter le système masculiniste de différenciation entre les sexes[2]. La stratégie défendue par Beauvoir consiste davantage à « voler l'outil »[3], c'est-à-dire à utiliser le langage des hommes *contre* les hommes, et non pas à inventer une parole spécifique qui risquerait de ne pas être entendue[4]. Une telle stratégie ne va pourtant pas sans appels constants à la *prudence*, terme souvent utilisé par Beauvoir dans les années 1970[5] : il ne s'agit pas de nier l'existence d'un « contenu

---

1. A. Jardine et S. de Beauvoir, « Interview with Simone de Beauvoir », *Signs*, 5/2, hiver 1979, p. 233. Les éléments cités ont été traduits par nos soins.

2. A. Lasserre, *Histoire d'une littérature en mouvement : textes, écrivaines et collectifs éditoriaux du Mouvement de libération des femmes en France (1970-1981)*, thèse sous la dir. de M. Dambre, Université Paris 3-Sorbonne Nouvelle, 2014, p. 487-488.

3. Expression utilisée par S. de Beauvoir dans la préface du numéro « Perturbation ma sœur... Les femmes s'entêtent » des *Temps modernes*, 333-334, 1974, p. 1719-1720, reproduite dans C. Francis et F. Gontier, *Les Écrits de Simone de Beauvoir, op. cit.*, p. 520. Selon un témoignage rapporté par Alain, l'expression *voler l'outil* semble utilisée par Jules Lagneau pour parler de Maurice Barrès. Voir à ce sujet T. Leterre, « Lagneau, les hommes, l'institution », dans *Jules Lagneau, Alain et l'école française de la perception*, Paris, Institut Alain, 1995, p. 24.

4. S. de Beauvoir, « Des femmes en lutte », *L'Arc*, 61, 1975, p. 28 : « On a le droit de crier, mais il faut que le cri soit écouté. Il faut que ça tienne debout, il faut que ça résonne chez les autres. »

5. Voir la préface de S. de Beauvoir pour le livre d'A. Orphir, *Regards féminins. Condition féminine et création littéraire*, Paris, Denoël, 1976, repr. dans C. Francis et F. Gontier, *Les Écrits de Simone de Beauvoir, op. cit.*, p. 577 ; S. de Beauvoir, « Entretien avec Claude Francis », 22 juin 1976, repr. *ibid.*, p. 572 ; *id.*, « Beauvoir elle-même », propos recueillis par C. David, *Le Nouvel Observateur*, 741, 22-29 janvier 1979, p. 85.

viriloïde»[1] au sein du langage universel, mais d'en prendre conscience et de l'effacer autant que possible.

Ainsi la conception beauvoirienne de la littérature dans les années 1970-1980 consiste-t-elle à associer des positions *a priori* contradictoires. Sans revendiquer la nécessité d'une «création séparée»[2], à la manière de Luce Irigaray ou d'Hélène Cixous, Beauvoir semble aller plus loin que la simple incitation à «voler l'outil» aux hommes, puisqu'elle accorde un monopole aux écrivaines, seules capables de représenter des personnages féminins crédibles. Or, lorsqu'il entreprend, entre 1972 et le début de l'année 1973[3], le tome IV de *L'Idiot de la famille* consacré à *Madame Bovary*, Sartre réfléchit précisément à cette question que l'on pourrait reformuler de la manière suivante : l'identité de genre influence-t-elle la composition des personnages féminins ?

HOMME-FEMME ET FEMME-HOMME
LA LECTURE DE *MADAME BOVARY* DANS *L'IDIOT DE LA FAMILLE*

Cette question est en fait plus ancienne, puisqu'elle est au cœur de la troisième des séquences dédiées à Flaubert dans *Questions de méthode*, publié en septembre 1957. Partant de la phrase apocryphe célèbre, «Mme Bovary, c'est moi», Sartre évoque l'article de Baudelaire sur *Madame Bovary* où il est question du «tour de force» de Flaubert qui parvient à «se dépouiller (autant que possible) de son sexe et [à] se faire femme»[4]. La méthode de Sartre («C'est Mme Bovary qui éclaire Flaubert, et non l'inverse») est bien visible : Sartre part de la féminisation de Flaubert permise par *Madame Bovary* pour interpréter comme «féminins» des éléments de sa biographie : «sa dépendance, son obéissance, son "être relatif"»[5]. Il s'agirait pour Sartre de comprendre pourquoi et comment Flaubert a pu procéder dans son roman à cette métamorphose de l'homme

1. «Beauvoir elle-même», art. cit., p. 85.
2. Nous reprenons ici le titre de la section consacrée à l'écriture féminine dans M. Albistur et D. Armogathe, *Histoire du féminisme français du Moyen Age à nos jours*, Paris, Des femmes, 1977, p. 467.
3. Notre analyse se fonde sur la chronologie établie par G. Philippe dans «*L'Idiot de la famille* : repères chronologiques», *Recherches & Travaux*, 71, 2007, p. 177-180.
4. C. Baudelaire, «M. Gustave Flaubert. *Madame Bovary. La Tentation de saint Antoine*», *L'Artiste*, 18 octobre 1857, repr. dans A. Vaillant (éd.), *Baudelaire journaliste. Articles et chroniques*, Paris, Flammarion, 2011, p. 244-245.
5. J.-P. Sartre, *Questions de méthode*, dans *Critique de la Raison dialectique*, t. I. : *Théorie des ensembles pratiques*, Paris, Gallimard, 1985, p. 89.

(Flaubert) en femme (Emma Bovary). Ce qui apparaît dès 1957, c'est la *problématique* – pour reprendre l'expression de Serge Doubrovsky[1] – du futur *Idiot de la famille*, que Sartre formule dans des termes kantiens pour en révéler toute l'importance : « À quelles conditions la féminisation de l'expérience est-elle possible ? ».

L' « HERMAPHRODISME DOUBLE » D'EMMA BOVARY

Si cette problématique pouvait évidemment entrer en dialogue avec *Le Deuxième Sexe* en 1957, elle nous semble renouvelée par l'actualité féministe des années 1972-1973, moment de la rédaction du quatrième tome de *L'Idiot de la famille*. On est alors au cœur de ce moment littéraire, étudié par Audrey Lasserre, qui annonce celui de l'écriture féminine proprement dit : les années 1970-1973 voient naître une critique des difficultés d'accès à la création et à la reconnaissance artistique des femmes – pensons à l'article de Jacqueline Feldman ou aux témoignages publiés par Suzanne Horer et Jeanne Socquet sous le titre *La Création étouffée*[2] –, mais également une interrogation sur la spécificité supposée de l'apport des femmes en littérature[3]. Si l'on sait à quel point *L'Idiot de la famille* entre en dialogue avec la culture des années 1970, le structuralisme notamment[4], il ne semble pas absurde d'y voir un dialogue de Sartre avec la Beauvoir du M.L.F. Une telle lecture ne vise pas, faut-il le dire, à épuiser la richesse des notes du tome IV, mais bien à tenter d'éclairer l'un de leurs nombreux enjeux.

Dans ce quatrième tome, Sartre entendait développer la thèse baudelairienne qui n'était qu'esquissée dans *Questions de méthode* où il définissait déjà, avec Baudelaire, Mme Bovary comme une femme possédant la « folie et la volonté d'un homme »[5]. En effet, pour Baudelaire, si Flaubert est

---

1. S. Doubrovsky, « Une étrange toupie », *Le Monde des livres*, 2 juillet 1971, dans J. Lecarme (éd.), *Les Critiques de notre temps et Sartre*, Paris, Garnier Frères, 1973, p. 120.

2. Ouvrage qui insistait sur la présomption d'absence d'autonomie créatrice des femmes par l'insinuation fréquente de la présence d'un « homme derrière elles ». Voir S. Horer et J. Socquet, *La Création étouffée*, Paris, Femmes en mouvement, 1973, p. 194.

3. A. Lasserre, *Histoire d'une littérature en mouvement*, op. cit., p. 50 ; D. Naudier, « La cause littéraire des femmes dans les années 1970 », dans M. Reid (dir.), *Femmes et littérature. Une histoire culturelle*, Paris, Gallimard, 2020, t. II, p. 398-411.

4. C. Ambroise, « *L'Idiot de la famille* : una critica letteraria antistrutturalista », *Aut-Aut*, 137-139, 1973, p. 85-102.

5. J.-P. Sartre, *Questions de méthode*, dans *Critique de la raison dialectique*, op. cit., t. I, p. 89-90.

parvenu à se transformer en femme, il n'a pas pu ne pas insuffler un peu de virilité dans son personnage principal qui s'apparente par là même à un «bizarre androgyne»[1] : femme par son imagination, son goût de la séduction et de la poésie ; homme par sa rapidité d'action, sa capacité à se donner totalement et à profiter de la vie. Sartre reprend cette idée, en la complexifiant. Là où Baudelaire ne voyait qu'un simple hermaphrodisme au sein du personnage (Flaubert imprégnant son personnage de femme de sa propre force virile), Sartre y voit un «hermaphrodisme double»[2] car la féminité de Mme Bovary répond à celle de Flaubert : «Il pousse le *Il* jusqu'à *Elle* parce que sa sexualité et sa position économique lui font prendre *Elle* pour son *Il* authentique»[3]. On voit que Sartre s'attache ici à justifier le choix de Flaubert de se faire femme en Mme Bovary par deux éléments de sa constitution explicités dans les deux premiers tomes de *L'Idiot de la famille* : sa sexualité caractérisée par son inertie et sa dépendance économique au sein de la situation familiale.

Que nous dit Sartre de la sexualité de Flaubert ? Dans la deuxième partie du premier tome, consacrée à la personnalisation du jeune Flaubert, Sartre insiste sur le rôle essentiel du miroir dans le récit de jeunesse *Novembre*. Si Flaubert attache tant d'importance au reflet, c'est qu'il exprime son désir de fusionner avec son «*être de chair*»[4]. Or cette fusion, nécessaire pour corriger l'image qu'autrui peut avoir de lui, est, à ses yeux, l'apanage des femmes : si l'homme prend, la femme *est prise*, et elle est en cela seule capable de connaître la jouissance. Flaubert recherchera donc constamment la passivité dans ses relations amoureuses et sexuelles. Cette répartition flaubertienne des rôles trouve son origine dans l'enfance

1. C. Baudelaire, «M. Gustave Flaubert. *Madame Bovary. La Tentation de saint Antoine*», art. cit., p. 245-247. Notons que Sartre retrouve ce terme dans l' «excellent article» de Roger Kempf, cité à plusieurs reprises dans *L'Idiot de la famille*. Dans cet article, Roger Kempf notait que «dans les romans, au contraire, toutes les femmes se situent plus ou moins "du côté du mâle"». *Cf.* R. Kempf, «Le double pupitre», dans *Mœurs, ethnologie et fiction*, Paris, Seuil, 1976, p. 80 ; J.-P. Sartre, *L'Idiot de la famille. Gustave Flaubert de 1821 à 1857* [1971], t. I, Paris, Gallimard, 1988, p. 1048.

2. Cette expression était utilisée par Sartre dans le premier tome de *L'Idiot de la famille* pour caractériser le couple Emma-Léon, mais elle désigne parfaitement le mécanisme mis en évidence dans le quatrième tome. Voir *ibid.*, t. I, p. 712. On peut cependant noter que Sartre utilisa dans l'édition de 1971 le terme d'*hermaphroditisme*, synonyme rare d'*hermaphrodisme* (J.-P. Sartre, *L'Idiot de la famille. Gustave Flaubert de 1821 à 1857* [1971], t. I, Paris, Gallimard, 1971, p. 693). La rareté de l'expression a sans doute conduit A. Elkaïm-Sartre à la corriger dans l'édition de 1988.

3. J.-P. Sartre, *L'Idiot de la famille. Gustave Flaubert de 1821 à 1857* [1972], t. III, Paris, Gallimard, 1988, p. 769.

4. *Ibid.*, t. I, p. 684.

du jeune Gustave : dans toutes ses relations, Flaubert vise en fait à reconstituer « l'androgynie primitive »[1], celle originellement formée avec Caroline Flaubert qui, par ses soins maternels froids et sévères, a transformé le jeune Flaubert en patient en se faisant elle-même agent. Mais cette activité de Caroline est illusoire, parce qu'elle contredit sa situation de vassale dans ses rapports avec son mari. Cette illusion a, selon Sartre, condamné Flaubert à une sexualité tout imaginaire dans laquelle il tentera de s'identifier à la femme possédée : Flaubert aurait un sexe d'homme réel et un sexe de femme imaginaire, et il recherche chez sa compagne un sexe de femme réel et un sexe d'homme imaginaire. Louise Colet, par exemple, est d'abord vue comme un homme par Flaubert – ce qui lui permet d'être passif sous ses caresses –, mais sa féminité n'en est pas moins exaltée car elle est nécessaire à l'irréalisation de Flaubert.

Féminin par sa sexualité imaginaire, Flaubert le serait également par sa situation économique : ses maladies, notamment celle de 1840-1842, et la séquestration qu'elle implique, le conduisent à dépendre de son père : « S'il se bute dans la résistance passive, il faut qu'il crève ou qu'il vive de l'argent des autres. » Sartre met l'accent sur la complicité de Flaubert dans cette dépendance matérielle en proposant une compréhension « *circulaire* » de cette situation ; sa passivité le conduit à accepter l'argent paternel, mais il demeure dans cette passivité précisément pour obliger son père à l'entretenir[2]. Or cette complicité, quelle est-elle sinon celle de Caroline Flaubert par rapport au *pater familias* ? Sartre y insistait dès le premier tome de *L'Idiot de la famille* : Achille-Cléophas Flaubert a tout fait pour que sa femme demeure un « être relatif », et Caroline Flaubert a accepté cette situation (« elle était complice »)[3].

La sexualité et la dépendance économique de Flaubert sont dès lors les deux conditions de la féminisation de l'expérience propres à la composition de *Madame Bovary*, et sur lesquelles Sartre serait revenu dans son quatrième tome en insistant sur le double hermaphrodisme caractéristique du couple formé par Emma Bovary et son créateur. Or ce double hermaphrodisme – Emma est une « femme vue par un homme » (hermaphrodisme simple) *et* un « homme féminisé »[4] (hermaphrodisme double) –, Sartre devait en reconstituer la chronologie dans sa lecture de

---

1. J.-P. Sartre, *L'Idiot de la famille, op. cit.*, t. I, p. 696.
2. *Id., L'Idiot de la famille*, t. II, Paris, Gallimard, 1971, p. 1669.
3. *Ibid.*, t. I, p. 69. On peut remarquer que Sartre ne cite jamais Beauvoir pour appuyer son idée de relativité et de complicité inhérentes à la situation des femmes, mais Jules Michelet et Rétif de la Bretonne, manière de ne pas marquer son propos du sceau beauvoirien.
4. *Ibid.*, t. III, p. 798.

Madame Bovary : dans le roman, Emma est d'abord «femme-homme» avant de devenir «homme-femme»[1]. «Femme-homme», Emma l'est dans son couple avec Rodolphe ; c'est ce que Sartre avait déjà affirmé dans le premier tome de son essai :

> [...] Emma est androgyne : entre les mains de Rodolphe – «vrai» mâle, c'est-à-dire creux comme les macs de Genet – elle se pâme : c'est le moment du miroir ; nue, elle contemple son corps *désiré*, tente de le voir avec les yeux du chasseur dont elle est la proie. À cet instant, Flaubert se glisse en elle, pour s'admirer et rêver de l'abandon futur. Quand elle va faire l'amour avec Léon, le chasseur, c'est elle[2].

Sartre évoque sans doute ici la fin du chapitre IX de *Madame Bovary* où Emma, après l'amour avec Rodolphe, se contemple dans le miroir à barbe de ce dernier en glissant la pipe de son amant entre ses dents[3]. Femme dans ses rapports avec Rodolphe, elle tente de se voir à travers les yeux de ce dernier, créant l'androgynie évoquée par Sartre.

Mais Sartre repère une inversion dans ses rapports avec Léon : avec lui, Emma «se change en homme»[4]. Cette idée était déjà évoquée dans les deux premiers tomes de *L'Idiot de la famille*. Dans le premier, Sartre s'attardait notamment sur une phrase du roman dans laquelle Flaubert notait que Léon, acceptant tous les goûts d'Emma, «devenait sa maîtresse plutôt qu'elle n'était la sienne»[5]. Plus tard dans le roman, Emma reproche à son amant d'être «plus mou qu'une femme», avant de lui pardonner et de se déshabiller avec brutalité, «comme un mâle»[6]. Dans le second, Sartre proposait une comparaison entre le fameux épisode du fiacre et une scène opposant Louise Colet et Flaubert ; dans les deux cas, les femmes (Louise et Emma) jouent le rôle du mâle entreprenant, tandis que les hommes (Flaubert et Léon) subissent passivement les caresses de la séductrice[7]. Dans le quatrième tome, Sartre aurait développé la virilité d'Emma en insistant sur ses rapports avec Charles, qui n'étaient jamais évoqués dans les trois premiers tomes de *L'Idiot de la famille*. Sartre aurait analysé l'ellipse qui suit la nuit de noces d'Emma et Charles Bovary en termes de

---

1. *Ibid.*, p. 771.
2. *Ibid.*
3. G. Flaubert, *Madame Bovary* [1856], éd. T. Laget, Paris, Gallimard, 2001, p. 234.
4. J.-P. Sartre, *L'Idiot de la famille*, t. III, *op. cit.*, p. 771.
5. G. Flaubert, *Madame Bovary*, éd. cit., p. 364.
6. *Ibid.*, p. 369 ; J.-P. Sartre, *L'Idiot de la famille*, t. I, *op. cit.*, p. 711.
7. J.-P. Sartre, *L'Idiot de la famille*, t. II, p. 1295.

« substitution de sexes »[1] ; effectivement, Flaubert précise que c'est Charles « que l'on eût pris pour la vierge de la veille »[2].

« FLAUBERT N'EST PAS ENTIÈREMENT MME BOVARY » LES LIMITES DE LA FÉMINISATION DE L'EXPÉRIENCE

Pourquoi une telle insistance sur la virilité d'Emma, sinon pour remettre précisément en question le « Madame Bovary, c'est moi » attribué à Flaubert ? Sartre l'indique clairement dans les notes du quatrième tome : « [Mais] Flaubert n'est pas entièrement Mme Bovary. [Il] peint [un] homme féminisé », « un homme qui se croit femme »[3]. Le quatrième tome de *L'Idiot de la famille* aurait donc moins interrogé les conditions de la féminisation de l'expérience que ses *limites ;* Flaubert peut être femme en Emma Bovary, mais jusqu'à un certain point seulement. Cette réponse apportée par Sartre devance de quelques années les propos tenus par Beauvoir dans son entretien avec Alice Jardine dans lequel elle affirme la différence indépassable entre l'intériorité d'un personnage féminin décrite par un homme et par une femme. Sartre ne disait pas autre chose lorsqu'il répondait par la négative aux questions suivantes : « Est-ce qu'une femme serait telle ? [...] une *femme* vue de l'intérieur serait-elle Mme Bovary ? »[4]. Sartre reste convaincu qu'une femme racontant *Madame Bovary* conférerait au personnage une « autre subjectivité »[5]. Si Flaubert demeure masculin dans sa description d'Emma, c'est qu'il porte un jugement sur l'intériorité de son personnage, ce qui lui permet, selon Sartre, d'ironiser sur ses propres pratiques sentimentales et sexuelles – comme son goût pour l'adultère et les femmes viriles. Une femme racontant cette même histoire la raconterait sans se moquer de son personnage principal : « Une femme racontant la même histoire lui donnerait une autre subjectivité et ne se moquerait pas ; "peut-être" (ironie) »[6].

Sartre aurait de la sorte abouti, dans son quatrième tome, à la description de la misogynie de Flaubert, déjà esquissée dans le tome précédent. Partant du principe que Flaubert appartient à la catégorie des « hommes féminins » par son appartenance au champ littéraire – un mythe

---

1. J.-P. Sartre, *L'Idiot de la famille*, t. III, *op. cit.*, p. 747.
2. G. Flaubert, *Madame Bovary*, éd. cit., p. 79.
3. J.-P. Sartre, *L'Idiot de la famille*, t. III, *op. cit.*, p. 798 et p. 780.
4. *Ibid.*, p. 798.
5. *Ibid.*, p. 799.
6. *Ibid.*

d'époque voulant que les organisations artistiques soient réservées aux hommes nerveux et féminins –, Sartre insiste sur le fait que ces artistes féminisés par leur époque étaient malgré tout misogynes :

> C'est qu'ils reprochaient aux femmes – jugées alors, comme eux, impropres aux travaux masculins – le mauvais usage de leur riche sensibilité : la femme est en rut et veut être baisée[1].

Ce qui fait le fond de la misogynie flaubertienne selon Sartre, c'est d'abord l'assignation des femmes à « la pure matérialité de la chair »[2] ; les femmes, en faisant un usage erroné de leur sensibilité, « prennent leur cul pour leur cœur »[3], expression flaubertienne qui revient à plusieurs reprises sous la plume de Sartre pour désigner l'idée que les femmes ne peuvent faire l'amour sans y mêler l'amour. Outre qu'elle est l'incarnation du mensonge et de l'illusion, la femme est aussi pour Flaubert l'incarnation du conformisme bourgeois et du positivisme vulgaire[4]. Ainsi existe-t-il chez Flaubert la croyance en une nature féminine qui empêche, aux yeux de Sartre, l'aboutissement de la transformation d'Emma en homme dans sa relation avec Léon[5] et celle de l'auteur en sa créature. Le double hermaphrodisme mis en évidence par Sartre dans le premier tome de son ouvrage aurait été ainsi partiellement renversé dans l'analyse de *Madame Bovary*. Pourquoi partiellement? Parce que Flaubert, malgré son machisme, conserve malgré tout un « sens de la femme »[6] ; c'est ce que Sartre affirmera quelques années après l'abandon de *L'Idiot de la famille*.

« Se créer femme par les mots »[7] : voilà la relative impossibilité qu'aurait mise en évidence le quatrième tome de *L'Idiot de la famille* et la réponse qu'aurait apportée Sartre à la question de la spécificité de la création littéraire au féminin qui s'est posée dès la naissance du M.L.F. en France. Ce faisant, il s'intègre dans le débat ouvert dès 1949 au sein des

---

1. *Ibid.*, t. III, 167. On retrouve ici une citation du Baudelaire de *Mon cœur mis à nu*, pour qui la femme « est en rut » et « veut être foutue » (C. Baudelaire, *Mon cœur mis à nu*, dans A. Guyaux (éd.), *Fusées. Mon cœur mis à nu. La Belgique déshabillée, suivi de Amœnitates Belgicae*, Paris, Gallimard, 1986, p. 90).

2. J.-P. Sartre, *L'Idiot de la famille*, t. III, *op. cit.*, p. 613.

3. *Ibid.*, p. 167, 367, 682.

4. *Ibid.*, p. 613-615.

5. *Ibid.*, p. 771.

6. J.-P. Sartre, « Entretien avec Jean-Paul Sartre », propos réunis par C. Clément et B. Pingaud, *L'Arc*, 79, 1980, p. 37.

7. *Id.*, *L'Idiot de la famille*, t. I, *op. cit.*, p. 952.

pages du *Deuxième Sexe* consacrées à *Lamiel* – et non à *Madame Bovary*, qui est étonnamment absent de l'essai beauvoirien comme l'a remarqué Éliane Lecarme-Tabone[1]. Est-ce un hasard si Catherine Clément, dans *La Jeune Née*, insiste sur les « traits pertinents » de Flaubert « par rapport à la féminité »[2] en rapprochant l'hystérie de Flaubert du personnage de Mme Bovary ? Publié en 1975, l'essai de Catherine Clément et Hélène Cixous a peut-être été influencé sur ce point par les thèses sartriennes déjà partiellement développées dans les trois premiers volumes. La question de la possibilité d'une féminisation de l'expérience semble en tout cas l'un des horizons d'attente de la pensée sartrienne dès 1950, et ce jusque dans les années 1970. On en donnera pour preuve un passage du film sur Simone de Beauvoir entrepris par Josée Dayan et Malka Ribowska, dans lequel Sartre interroge Beauvoir sur sa vie de « dame de lettres » :

> Jean-Paul Sartre : « Dites-moi, pour finir, qu'est-ce que c'est que de se sentir dans la vie une dame de lettres ? »
> Simone de Beauvoir : « Une dame de lettres, c'est une drôle d'expression ! »
> Jean-Paul Sartre : « Je veux dire un écrivain qui sent qu'il écrit jusque dans ses plus petites perceptions, dans la plus petite aventure qu'il a. Il sent qu'il écrit, qu'il est écrivain. Qu'est-ce que cela implique, pour vivre ? Comment vit-on, quand on a cela ? »[3].

Cette question de Sartre, malgré sa formulation maladroite, semble revenir sur la problématique de *L'Idiot de la famille* ; il ne s'agit cependant plus d'interroger l'accès à l'intériorité féminine par l'écriture, mais de questionner directement Beauvoir sur l'intériorité d'une écrivaine. Dans tous les cas, Sartre tente d'approcher la spécificité d'écrire comme une femme, d'être une femme qui s'écrit.

Esther DEMOULIN
Université Paul-Valéry Montpellier 3

---

1. É. Lecarme-Tabone, « *Le Deuxième Sexe* » *de Simone de Beauvoir*, Paris, Gallimard, 2008, p. 175.
2. C. Clément, « Sorcière et hystérique », dans *La Jeune Née*, Paris, Union générale d'édition, 1975, p. 12-13.
3. *Simone de Beauvoir,* un film de J. Dayan et M. Ribowska, Paris, Gallimard, 1979, p. 79.

TABLE DES MATIÈRES

Achevé d'imprimer en décembre 2022
sur les presses de
La Manufacture - Imprimeur – 52200 Langres
Tél. : (33) 325 845 892

N° imprimeur : 221093 - Dépôt légal : décembre 2022
Imprimé en France